タイプと命数の調べ方

<<< **あなたのタイプをチェック！**

タイプはサイトからも調べられます

https://www.asahi-getters.com/2024/

五星三心占いとは？

ゲッターズ飯田が26年間で7万人以上を無償で占い続け、占いの勉強と実践のなかから編み出したもの。6つのタイプがあり、羅針盤座、インディアン座、鳳凰座、時計座、カメレオン座、イルカ座と、実際の星座に由来して名づけています。それぞれに「金」「銀」があり、さらに、もっている欲望をかけ合わせた、全120タイプで細かく性格を分析し、運命を読み解きます。

三心

羅針盤座　インディ　　　　　　　　　　　　イルカ座

金　銀　金　　　　　　　　　　　　　金　銀

10種類

五星

| 自我欲 | 食欲・性欲 | 金欲・財欲 | 権力・支配欲 | 創作欲 |

陽　陰　　陽　陰　　陽　陰　　陽　陰　　陽　陰

かけ合わせて全120!!

STEP 1 あなたの【命数】は?

五星三心占いでは、生年月日ごとに【命数】と呼ばれる数字が
割り当てられています。

命数の調べ方

1 P.18からの「命数表」で
「生まれた年」を探す。

2 横軸で「生まれた月」を探す。

3 縦軸で「生まれた日」を探す。

4 2と3が交差したマスにある数字が、
あなたの【命数】です。

※命数表の【命数】に、さらに別の数字を足したりかけたりする必要はありません。

例 1992年5月8日生まれの場合

1 生まれた年
2 生まれた月
3 生まれた日
4 この人の
【命数】は
「25」です

金
1992

日＼月	1	2	3	4	5	6	7
1	18	43	19	49	14	49	20
2	17	42	20	48	11	50	19
3	16	41	17	47	12	47	18
4	15	49	18	46	19	48	17
5	14	50	15	45	20	45	16
6	13	47	16	44	17	46	16
7	12	48	13	43	18	53	24
8	11	55	14	52	25	54	23
9	30	56	21	51	26	51	22
10	29	53	22	60	23	52	21
11	28	54	29	59	24	59	30
12	27	59	30	58	21	60	29
13	26	60	27	57	24	57	28
14	25	57	28	54	21	58	27
15	24	58	25	53	22	55	26
16	21	55	25	52	29	57	25
17	30	56	24	58	30	6	32

命数表の月と日が交わる箇所の数字が【**命数**】です。
1992年5月8日生まれの人は「**25**」になります。

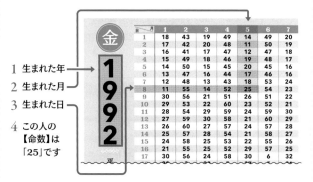

驚くような縁が
つながる年。

人のいいところを見つけて伝える

好みとは違う人からの
アプローチ

小さな幸せを探す

恩返しの1年に

損する役を
あえて
引き受ける

SILVER HOROLOGIUM

銀の時計座

実力不足に
気づく

どんな
ことからも
学ぶ

2024年のキーワード

感謝を忘れない

感情的な言葉を
使わない

挨拶と
お礼はいつも以上に

仕事、ポジションを失う

体調の異変は即病院へ

忍耐力

裏切られたら「その程度の関係
だった」と思えばいい

瞑想する

勉強をはじめる

アドバイスを聞いて
素直に行動

ネガティブ発言は禁止

大人のルールや
マナーを身につける

遠回りを
楽しむ

自分の甘えに気づこう

お世話になった人のために
最善をつくす

「本当の味方」
がわかる年

現状を
しっかり守る

恩着せがましくならない

風邪をひきやすい

大きな決断はしない

大出費

「人にはそれぞれ事情がある」
と思っておく

ポジティブ変換がカギ

愚痴、不満、文句は言わない

上手に振り回される

「当たり前のこと」に感謝する

失恋

他人への過度な期待はNG

CONTENTS

ときどき見返そう

第2部

銀の時計座が さらに運気を上げるために

この本を手にしたあなたへ

『ゲッターズ飯田の五星三心占い2024』をご購入いただき、ありがとうございます。占いは「当たった、外れた」と一喜一憂したり、「やみくもに信じるもの」ではなく、人生をよりよくするための道具のひとつ。いい結果なら当てにいき、悪い内容なら外れるよう努力することが重要です。この本を「読んでおしまい」にせず、読んで使って心の支えとし、「人生の地図」としてご活用いただけたら幸いです。

2024年は「金・銀の鳳凰座」「金のインディアン座」「金の羅針盤座」の運気がよく、個の力が強くなるような流れになります。個人の力を育て、しっかり根を張り芽を伸ばす大切な年。また2024年は辰年で、辰は目に見えない龍ですから、どれだけ水面下で頑張り、努力しておくかが重要になります。結果をすぐに出そうと焦らず、じっくりゆっくり力をつける1年を目指してみるといいでしょう。

この本の特長は、2024年の開運3か条（P.74）、毎月の開運3か条（P.96～）、命数別の開運アクション（P.175～）です。これらをできるだけ守って過ごせば開運できるようになっているので、何度も読み返してください。運気グラフ（P.72、94）を見ておくことも大事。大まかな運気の流れがわかると、計画を立てやすくなるでしょう。

また、「占いを使いこなす」には、他人を占い、それに応じた行動をしてこそ。2024年の人間関係をよくするためにも、ほかのタイプや気になる人の命数ページも読んでみるといいでしょう。

2024年の目標を立てる、他人のことを知る、話のネタにする……。自分も周りも笑顔にするために、この本をたくさん使ってください。

銀の時計座が

2024年をよりよく過ごすために

「銀の時計座」の2024年は、「乱気の年」。
「五星三心占い」ではもっとも注意が必要な年ですが、自ら大きな決断をしたり、環境を変えようとしなければ問題ありません。至らない点を指摘されることや弱点、欠点が出てしまう場合もありますが、すべては「今後の自分への課題」だと受け止めましょう。

問題が起きても、積み重ねてきた努力や人脈がなくなるわけではありません。目の前にある幸せや、やさしい人の存在を忘れなければ、つらいことがあっても乗り越えられるでしょう。

そして、良くも悪くも2023年の下半期に出た結果をしっかり受け止めることが大切です。努力が結果に表れたなら、周囲に感謝してさらに上を目指すこと。満足できなかった場合は、努力や勉強不足だと認めもっと真剣に取り組むようにしましょう。

お世話になった人には2023年の年末までにお礼を伝えるか、年賀状に一言お礼を添えて送ると、2024年にいい縁となってつながることもあるでしょう。2024年は、いまの自分があることに感謝し、少しでも人の役に立てるよう行動していきましょう。

ゲッターズ飯田

12タイプ別

2024年の相関図

銀のインディアン座

マイペースな
中学生タイプ

金の鳳《ほう》凰《おう》座

忍耐強い情熱家

働く気が出ない者同士

大切にしてくれる

銀の時《と》計《けい》座

思いやりがあり
人脈が広い

金のイルカ座

負けず嫌いな
頑張り屋

ズレを感じる

スピードについていけない

銀のイルカ座

遊び好きで華やか

ギクシャクしがち

金のカメレオン座

学習能力が高く
現実的

あなたを中心とした、2024年の全タイプとの関係を図にしました。
人間関係や付き合い方の参考にしてみてください。

裏表なく付き合える

金のインディアン座

好奇心旺盛で
楽観的

互いのよさがわかりづらい

銀のカメレオン座

冷静沈着で器用

反発してしまう

金の 時《と》計《けい》座

平等で人にやさしい

ほどほどの
距離感で

銀の 鳳《ほう》凰《おう》座

意志を貫く信念の塊

近況報告し合うことが大事

銀の 時《と》計《けい》座

（あなたと同じタイプの人）

互いに体調を気遣って

相手に合わせると
ラッキーなことが

金の 羅《ら》針《しん》盤《ばん》座

正義感が強く
礼儀正しい

銀の 羅《ら》針《しん》盤《ばん》座

気品があり真面目

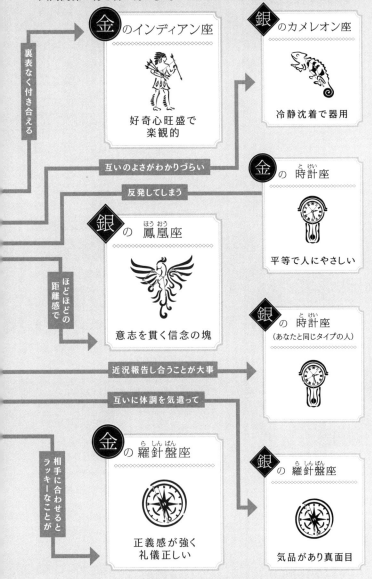

運気記号の説明

本書に出てくる「運気の記号」を解説します。

運気グラフ

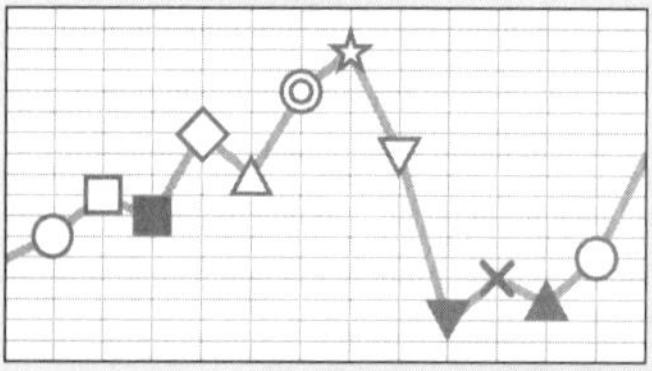

ATTENTION

運気のレベルは、タイプやその年によって変わります。

運気カレンダー

10（水）	◎	自信をもって仕事に取り組むことが大切 は堂々としておくことでいい結果につな みるとうまくいきそうです。
11（木）	☆	これまでの積み重ねがいいかたちになっ 役立つことがありそう。自分のことだけ 謝されたり、いつかあなたが困ったとき
12（金）	▽	順調に物事が進む日ですが、終業間際 で慌ただしくなったり、残業することがあ や部下の動きをチェックしておきましょう
13（土）	▼	うっかり約束を忘れてしまったり、操作 思った以上に油断しがちなので、気をつ
14（日）	×	手先が不器用なことを忘れて細かい作 りそう。得意な人にお願いして助けても 切ったり、ドアに指をはさんで痛い思い

チャレンジ ○

チャレンジの月

新しい環境に身をおくことや変化が多くなる月。不慣れなことも増えて苦労を感じる場合も多いですが、自分を鍛える時期だと受け止め、至らない部分を強化するように努めましょう。新しい出会いも増えて、長い付き合いになったり、いい経験ができたりしそうです。

チャレンジの日

新しいことへの積極的な挑戦が大事な日。ここでの失敗からは学べることがあるので、まずはチャレンジすることが重要です。新しい出会いも増えるので、知り合いや友人の集まりに参加したり、自ら人を集めたりすると運気が上がるでしょう。

開運アクション

- 「新しいこと」に注目する
- 「未体験」に挑む
- 迷ったら行動する
- 遠慮しない
- 経験と人脈を広げる
- 失敗を恐れない

健康管理 □

健康管理の月

求められることが増え、疲れがドンドンたまってしまう月。公私ともに予定がいっぱいになるので、計画をしっかり立てて健康的な生活リズムを心がける必要があるでしょう。とくに、下旬から体調を崩してしまうことがあるので、無理はしないように。

健康管理の日

計画的な行動が大事な日。予定にないことをすると夕方以降に体調を崩してしまうことがあるでしょう。日中は、何事にも積極的に取り組むことが重要ですが、慎重に細部までこだわりましょう。挨拶や礼儀などをしっかりしておくことも大切に。

開運アクション

- この先の目標を立てる
- 計画をしっかり立てる
- 軌道修正する
- 向き不向きを見極める
- 健康的な生活リズムをつくる
- 自分磨きをする

リフレッシュ■

リフレッシュの月

体力的な無理は避けたほうがいい月。「しっかり仕事をしてしっかり休む」ことが大事です。限界を感じる前に休み、スパやマッサージなどで心身を癒やしましょう。下旬になるとチャンスに恵まれるので、体調を万全にしておき、いい流れに乗りましょう。

リフレッシュの日

心身ともに無理は避け、リフレッシュを心がけることで運気の流れがよくなる日。とくに日中は疲れやすくなるため、体を休ませる時間をしっかりとり、集中力の低下や仕事の効率の悪化を避けるようにしましょう。夜にはうれしい誘いがありそう。

開運アクション

- 無理しない
- 頑張りすぎない
- しっかり休む
- 生活習慣を整える
- 心身ともにケアする
- 不調を放っておかない

解放◇

解放の月

良くも悪くも目立つ機会が増え、気持ちが楽になる出来事がある月。運気が微妙なときに決断したことから離れたり、相性が悪い人との縁が切れたりすることもあるでしょう。この時期は積極性が大事で、遠慮していると運気の流れも引いてしまいます。

解放の日

面倒なことやプレッシャーから解放される日。相性が悪い人と縁が切れて気持ちが楽になったり、あなたの魅力が輝いて、才能や努力が注目されたりすることがあるでしょう。恋愛面では答えが出る日。夜のデートはうまくいく可能性が高いでしょう。

開運アクション

- 自分らしさを出す
- 積極的に人と関わる
- 積極的に自分をアピールする
- 勇気を出して行動する
- 執着しない
- 思い切って判断する

準備△

準備の月

準備や情報の不足、確認ミスなどを自分でも実感してしまう月。事前の準備やスケジュールの確認を忘れずに。ただ、この月は「しっかり仕事をして計画的に遊ぶ」ことも大切。また、「遊び心をもつ」と運気がよくなるでしょう。

準備の日

何事にも準備と確認作業をしっかりすることが大事な日。うっかりミスが多いので、1日の予定を確認しましょう。この日は遊び心も大切なので、自分も周囲も楽しませて、なんでもゲーム感覚で楽しんでみると魅力が輝くこともあるでしょう。

開運アクション

- 事前準備と確認を怠らない
- うっかりミスに注意
- 最後まで気を抜かない
- 浮ついた気持ちに注意
- 遊び心を大切にする
- 遊ぶときは全力で

幸運◎	幸運の月	努力を続けてきたことがいいかたちとなって表れる月。遠慮せずにアピールし、実力を全力で出し切るといい流れに乗れるでしょう。また、頑張りを見ていた人から協力を得られることもあり、チャンスに恵まれる可能性も高くなります。	**開運アクション** ◆**過去の人やものとのつながりを大切にする** ◆**新しい人やものより、なじみのある人やものを選ぶ** ◆**諦め切れないことに再挑戦する** ◆**素直に評価を受け入れる** ◆**決断をする** ◆**スタートを切る**
	幸運の日	秘めていた力を発揮することができる日。勇気を出した行動でこれまで頑張ってきたことが評価され、幸運をつかめるでしょう。恋愛面では相性がいい人と結ばれたり、すでに知り合っている人と縁が強くなったりするので、好意を伝えるといい関係に進みそう。	
開運☆	開運の月	運気のよさを感じられて、能力や魅力を評価される月。今後のことを考えた決断をするにも最適です。運命的な出会いがある可能性も高いので、人との出会いを大切にしましょう。幸運を感じられない場合は、環境を変えてみるのがオススメです。	**開運アクション** ◆**夢を叶えるための行動を起こす** ◆**自分の意見や感覚を大事にする** ◆**自分から積極的に人に関わっていく** ◆**大きな決断をする** ◆**やりたいことのスタートを切る** ◆**自らチャンスをつかみにいく**
	開運の日	運を味方にできる最高の日。積極的に行動することで自分の思い通りに物事が運びます。告白、プロポーズ、結婚、決断、覚悟、買い物、引っ越し、契約などをするには最適なタイミング。ここで決めたら簡単に変えないことが大事です。	
ブレーキ▽	ブレーキの月	中旬までは積極的に行動し、前月にやり残したことを終えておくといい月。契約などの決断は中旬までに。それ以降に延長される場合は縁がないと思って見切りをつけるといいでしょう。中旬以降は、現状を守るための判断が必要となります。	**開運アクション** ◆**朝早くから活動する** ◆**やるべきことがあるなら明るいうちに済ます** ◆**昨日やり残したことを日中に終わらせる** ◆**夕方以降はゆったりと過ごす** ◆**夜は活動的にならない**
	ブレーキの日	日中は積極的に行動することでいい結果に結びつきますが、夕方あたりから判断ミスをするなど「裏の時期」の影響がジワジワ出てくる日。大事なことは早めに終わらせて、夜はゆっくり音楽を聴いたり、本を読んでのんびりするといいでしょう。	

開運☆・幸運◎の活かし方

いい運気を味方につけて
スタートを切ることが大事

運気のいい年、月、日には、「何かいいことがあるかも」と期待してしまいますが、**「これまでの積み重ねに結果が出るとき」**です。努力したご褒美として「いいこと」が起きるので、逆に言えば、積み重ねがなければ何も起きず、悪いことを積み重ねてしまったら、悪い結果が出てしまいます。また、**「決断とスタートのとき」**でもあります。運気のいいときの決断やスタートには運が味方してくれ、タイミングを合わせれば力を発揮しやすくもなります。「自分を信じて、決断し、行動する」。この繰り返しが人生ですが、見えない流れを味方につけると、よりうまくいきやすくなります。このいい流れのサイクルに入るには、「いい運気のときに行動する」。これを繰り返してみてください。

大切なのは、行動すること。いくら運気がよくても、行動しなければ何も起きません。運気のいい年、月、日に**タイミングを合わせて動いてみて**ください。

※運気により「☆、◎の月日」がない年もあります。その場合は「◇、○の月日」に行動してみてください。

2024年 銀の時計座

運気のいい時期（開運、幸運など）に心がけたい10のこと

❶ 他人に望むことがあるなら、自分が動いてそれをやる
❷ 10分間、スマホに触れない時間をつくり、読書する
❸ やさしい言葉を使うようにする
❹ 相手の幸せやよろこび、笑顔のために最善をつくす
❺ 人から真似されるような素敵な大人を目指す
❻ 「当たり前」「当然」と思うことに感謝する
❼ あなたを楽しませてくれる世の中に、もっと敏感になる
❽ 楽しむ気持ちをもち、楽しむために知恵をしぼる
❾ いまが幸せだと思い込む
❿ 「自分を変えることなんて簡単」と思って、諦めない

乱気▼	乱気の月	「五星三心占い」でもっとも注意が必要な月。人間関係や心の乱れ、判断ミスが起きやすく、現状を変える決断は避けるべきです。ここでの決断は、幸運、開運の時期にいい結果に結びつかなくなる可能性があります。新しい出会いはとくに注意。運命を狂わせる相手の場合も。	**開運アクション** ◆**現状を受け入れる** ◆**問題は100%自分の責任だと思う** ◆**マイナス面よりもプラス面を探す** ◆**何事もいい経験だと思う** ◆**周囲からのアドバイスにもっと素直になる** ◆**自分中心に考えない** ◆**流れに身を任せてみる** ◆**何事もポジティブ変換してみる** ◆**自分も他人も許す** ◆**感謝できることをできるだけ見つける**
	乱気の日	「五星三心占い」でもっとも注意が必要な日。判断ミスをしやすいので、新たな挑戦や大きな決断は避けることが大事。今日の出来事は何事も勉強だと受け止め、不運に感じることは「このくらいで済んでよかった」と考えましょう。	
裏運気✕	裏運気の月	裏目に出ることが多い月。体調を崩したり、いまの生活を変えたくなったりします。自分の裏側の才能が出る時期でもあり、これまでと違う興味や関係をもつことも。不慣れや苦手なことを知る経験はいい勉強になるので、しっかり受け止め、自分に課題が出たと思うようにしましょう。	
	裏運気の日	自分の裏の才能や個性が出る日。「運が悪い」のではなく、ふだん鍛えられない部分を強化する日で、自分でも気づかなかった能力に目覚めることもあります。何をすれば自分を大きく成長させられるのかを考えて行動するといいでしょう。	
整理▲	整理の月	裏運気から表の運気に戻ってくる月。本来の自分らしくなることで、不要なものが目について片付けたくなります。ドンドン捨てると運気の流れがよくなるでしょう。下旬になると出会いが増え、物事を前向きにとらえられるようになります。	**開運アクション** ◆**不要なものを手放す** ◆**身の回りの掃除をする** ◆**人間関係を見直す** ◆**去る者を追わない** ◆**物事に区切りをつける** ◆**執着をなくす**
	整理の日	裏運気から本来の自分である表の運気に戻る日。日中は運気が乱れやすく判断ミスが多いため、身の回りの整理整頓や掃除をしっかりすることが大事。行動的になるのは夕方以降がいいでしょう。恋愛面では失恋しやすいですが、覚悟を決めるきっかけもありそうです。	

= 運気の影響がない日……良くも悪くも運気に左右されない日

乱気▼・裏運気✕の乗りこなし方

「裏の欲望」がわかり「裏の自分」に会える

「五星三心占い」では、12年のうちの2年、12か月のうちの2か月、12日のうちの2日を、大きなくくりとして**「裏の時期（乱気+裏運気）」**と呼び、**「裏の欲望（才能）が出てくる時期」**と考えます。人は誰しも欲望をもっていますが、ほしいと思う「欲望の種類」が違うため、「うれしい、楽しい」と感じる対象や度合いは人により異なります。同じ欲望ばかり体験していても、いずれ飽きてしまい、違うものを求めたくなります。そのタイミングが「裏の時期」です。

「裏の時期」には「裏の自分」が出てきます。たとえば、人と一緒にいるのが好きなタイプはひとりの時間が増え、ひとりが心地いい人は、大勢と絡まなくてはならない状況になる。恋愛でも、好みではない人が気になってくる……。本来の「自分らしさ」とは逆のことが起こるので、「慣れなくてつらい」と感じるのです。

しかし、だからこそふだんの自分とは違った体験ができて、視野が広がり学べることも。**この時期を乗り越えると、大きく成長できます。**「悪い運気」というわけではないのです。

2024年 銀の時計座 裏の時期（乱気＋裏運気）に心にとどめたい10のこと

1. 失敗を前向きにとらえる癖をつける
2. 落ち込むときは落ち込み、悲しいときはしっかり泣く
3. 思い通りの人生を送っている人なんていないと気づく
4. 「生きているだけで運がいい」ということを忘れない
5. 前に進むとは「良いも悪いも受け入れること」と知る
6. 損な役割を受け入れる
7. 密かに勉強をする
8. 「なんとなく続けられる」くらいの努力をする
9. 苦しいのは、ないものねだりをするからだと気づく
10. 運より感謝が足りない自分になっていないか振り返る

命数を調べるときの注意点

命数は足したり引いたりしない

「五星三心占い」の基本は「四柱推命」という占いですが、計算が複雑なので、この本の命数表には、先に計算を済ませたものを載せています。ですから、命数表に載っている数字が、そのまま「あなたの命数」になります。生年月日を足したり引いたりする必要はありません。

深夜0時〜日の出前の時間帯に生まれた人

深夜0時から日の出前の時間帯に生まれた人は、前日の運気の影響を強く受けている可能性があります。本来の生年月日で占ってみて、内容がしっくりこない場合は、生年月日の1日前の日でも占ってみてください。もしかすると、前日の運気の影響を強く受けているタイプかもしれません。

また、日の出の時刻は季節により異なりますので、生まれた季節で考えてみてください。

戸籍と本当の誕生日が違う人

戸籍に記載されている日付と、実際に生まれた日が違う人は、「実際に生まれた日」で占ってください。

命数表

【命数】とはあなたの運命をつかさどる数字です。
生年月日ごとに割り当てられています。

タイプの区分

生まれた西暦年
- 偶数年… 金
- 奇数年… 銀

命数 1 ～ 10 羅針盤座

命数 11 ～ 20 インディアン座

命数 21 ～ 30 鳳凰座

命数 31 ～ 40 時計座

命数 41 ～ 50 カメレオン座

命数 51 ～ 60 イルカ座

詳しい調べ方は、巻頭の折込ページをチェック！

※ 1930（昭和5）～1938（昭和13）年の命数は『ゲッターズ飯田の「五星三心占い」新・決定版』

銀 1939 昭和14年生 ★ 満85歳

日＼月	1	2	3	4	5	6	7	8	9	10	11	12
1	36	1	40	8	31	10	39	10	32	1	37	1
2	35	10	37	7	32	7	38	9	39	10	38	2
3	34	9	38	6	39	8	37	8	40	9	45	19
4	33	8	35	5	40	5	36	7	47	18	46	20
5	32	8	36	4	37	6	35	16	48	17	43	17
6	31	15	33	3	37	13	44	15	45	16	43	18
7	50	16	34	12	45	14	43	14	46	15	41	15
8	49	13	41	11	46	11	42	14	43	14	42	16
9	48	14	42	20	43	12	41	11	44	13	49	13
10	47	11	49	19	44	19	50	12	41	12	50	14
11	46	12	50	18	41	20	49	19	42	11	47	11
12	45	19	47	17	42	17	48	20	49	20	48	12
13	44	18	48	16	49	18	47	17	50	19	55	29
14	43	15	45	15	42	15	46	18	57	28	56	30
15	42	16	46	14	49	16	45	25	58	27	53	24
16	49	23	43	11	50	23	54	30	55	26	60	28
17	58	24	43	30	57	25	53	27	56	25	57	25
18	57	21	52	29	58	24	60	28	53	24	58	26
19	54	30	51	23	55	23	59	25	53	29	55	24
20	53	27	60	24	56	22	58	26	52	28	56	23
21	52	28	59	21	59	21	51	23	51	24	53	22
22	51	25	58	22	60	30	60	24	59	27	54	21
23	60	26	57	29	57	29	59	29	59	28	9	40
24	59	23	56	30	58	28	58	30	8	35	10	39
25	58	24	55	27	55	27	57	37	7	36	7	38
26	57	31	54	28	56	36	6	38	6	33	8	37
27	6	32	53	35	3	33	5	35	5	34	5	36
28	5	39	2	36	4	32	4	36	4	31	6	35
29	4		1	33	1	31	3	33	3	32	3	34
30	3		10	34	2	40	2	34	2	39	4	33
31	2		9		9		1	31		40		32

金 1940 昭和15年生 ★ 満84歳

日＼月	1	2	3	4	5	6	7	8	9	10	11	12
1	31	16	34	12	45	14	43	14	46	15	41	15
2	48	15	41	11	46	11	42	13	43	14	42	16
3	49	14	42	20	43	12	41	12	44	13	49	13
4	48	13	49	19	44	19	50	11	41	12	50	14
5	47	11	50	18	41	20	49	20	42	11	47	11
6	46	12	47	17	42	17	48	19	49	20	48	12
7	45	19	48	16	49	18	47	18	50	19	55	29
8	44	20	45	15	50	15	46	18	57	28	56	30
9	43	17	46	14	47	16	45	25	58	27	53	27
10	42	18	43	13	48	23	54	26	55	26	54	30
11	41	25	44	22	55	24	53	23	56	25	51	25
12	60	26	51	21	56	21	52	24	53	24	52	26
13	59	21	52	30	53	22	51	21	54	23	59	23
14	58	22	59	29	56	29	60	22	51	22	60	24
15	57	29	60	26	53	30	59	29	52	21	53	21
16	57	30	57	25	54	27	58	24	59	30	54	22
17	53	27	57	24	51	29	55	21	60	29	1	39
18	52	28	56	30	52	28	54	22	7	34	2	39
19	59	25	55	27	59	27	53	39	7	33	9	38
20	58	24	54	28	60	36	6	40	6	32	10	37
21	57	31	53	35	3	35	5	37	5	34	7	36
22	6	32	2	36	4	34	4	38	4	31	6	35
23	5	39	1	33	1	33	3	33	3	32	3	34
24	4	40	10	34	2	32	2	34	2	39	4	33
25	3	37	9	31	9	31	1	31	1	40	1	32
26	2	38	8	32	10	38	10	32	10	37	2	31
27	1	35	7	39	7	37	9	39	9	38	19	50
28	10	36	6	40	8	36	8	40	18	45	20	49
29	9	33	5	37	5	35	7	47	17	46	17	48
30	8		4	38	6	44	16	48	16	43	18	47
31	7		3		13		15	45		44		46

命数が……　1～10 羅針盤座　11～20 インディアン座　21～30 鳳凰座

に載っています。

銀

1941

昭和16年生

★

満83歳

日＼月	1	2	3	4	5	6	7	8	9	10	11	12
1	45	20	47	17	42	17	48	19	49	20	48	12
2	44	19	48	16	49	18	47	18	50	19	55	29
3	43	18	45	15	50	15	46	17	57	28	56	30
4	42	18	50	14	47	16	45	26	58	27	53	27
5	41	25	47	13	43	23	54	25	55	26	54	28
6	60	26	44	22	52	24	53	24	56	25	51	25
7	59	23	56	21	56	21	52	21	53	24	52	26
8	58	24	52	30	53	22	51	21	54	24	59	23
9	57	21	59	29	54	29	60	22	51	22	60	24
10	56	22	60	28	51	30	59	29	52	21	57	21
11	55	29	57	27	52	27	58	30	59	30	58	22
12	54	21	58	26	59	28	57	27	60	29	5	39
13	53	25	55	25	60	25	56	28	7	38	6	40
14	52	26	56	24	59	26	55	35	8	37	3	37
15	51	33	53	21	60	33	4	36	5	36	4	38
16	8	34	54	40	7	34	3	37	6	35	7	35
17	7	31	2	39	8	34	10	38	3	34	8	36
18	6	32	1	33	5	33	9	35	4	33	5	34
19	3	37	10	34	6	32	8	36	2	38	6	33
20	2	38	9	31	3	31	1	33	1	37	3	32
21	1	35	8	32	10	40	10	34	10	36	4	31
22	10	36	7	39	7	39	9	31	9	38	11	50
23	9	33	6	40	8	38	8	40	18	45	20	49
24	8	34	5	37	5	37	7	47	17	46	17	48
25	7	41	4	38	6	46	16	48	16	43	18	47
26	17	42	3	45	13	45	15	45	15	44	15	46
27	15	49	12	46	14	42	14	46	14	41	16	45
28	14	50	11	43	11	41	13	43	13	42	13	44
29	13		20	44	12	50	12	44	12	49	14	43
30	12		19	41	19	50	11	41	11	50	11	42
31	11		18		20		20	42		47		41

金

1942

昭和17年生

★

満82歳

日＼月	1	2	3	4	5	6	7	8	9	10	11	12
1	60	25	44	22	55	24	53	24	56	25	51	25
2	59	24	51	21	56	21	52	23	53	24	52	26
3	58	23	52	30	53	22	51	22	54	23	59	23
4	57	21	59	29	54	29	60	21	51	22	60	24
5	56	22	60	28	51	30	59	30	52	21	57	21
6	55	29	57	27	52	27	58	29	59	28	58	22
7	54	30	58	26	59	28	57	28	60	29	5	39
8	53	27	55	25	60	25	56	28	7	38	6	40
9	52	28	56	24	57	26	55	35	8	37	3	37
10	51	35	53	23	58	33	4	36	5	36	4	38
11	10	36	54	32	5	34	3	33	6	35	1	35
12	9	31	1	31	6	31	2	34	2	34	2	36
13	8	32	2	40	3	32	1	31	4	33	9	33
14	7	39	9	39	6	39	10	32	1	32	10	34
15	6	40	10	36	3	40	9	39	2	31	7	31
16	3	37	7	35	4	37	8	34	9	40	4	32
17	2	38	7	34	1	39	7	31	10	39	11	49
18	1	35	6	40	2	38	4	32	17	48	12	50
19	8	34	5	37	9	37	3	49	17	43	19	48
20	7	41	4	38	10	46	12	50	16	42	20	47
21	16	42	3	45	13	45	15	47	15	41	17	46
22	15	49	12	46	14	44	14	48	14	41	18	45
23	14	50	11	43	11	43	13	43	13	42	13	44
24	13	47	20	44	12	42	12	44	12	49	14	43
25	12	48	19	41	19	41	11	41	11	50	11	42
26	11	45	18	42	20	50	20	42	20	47	12	41
27	20	46	17	49	17	47	19	49	19	48	29	60
28	19	43	16	50	18	46	18	50	28	55	30	59
29	18		15	47	15	45	17	57	27	56	27	58
30	17		14	48	16	54	26	58	26	53	28	57
31	26		13		23		25	55		54		56

31~40 時計座　41~50 カメレオン座　51~60 イルカ座

銀

1943

昭和18年生 ★ 満81歳

日＼月	1	2	3	4	5	6	7	8	9	10	11	12
1	55	30	57	27	52	27	58	29	59	30	58	22
2	54	29	58	26	59	28	57	28	60	29	5	39
3	53	28	55	25	60	25	56	27	7	38	6	40
4	51	27	56	24	57	26	55	36	8	37	3	37
5	51	35	53	23	58	33	4	35	5	36	4	38
6	10	36	54	32	3	34	3	34	6	35	1	35
7	9	33	1	31	6	31	2	33	3	37	2	36
8	8	34	2	40	3	32	1	31	4	33	9	33
9	7	31	9	39	4	39	10	32	1	32	10	34
10	6	32	10	38	1	40	9	39	2	31	7	31
11	5	39	7	37	2	37	8	40	9	40	8	32
12	4	40	8	36	9	38	7	37	10	39	15	49
13	3	35	5	35	10	35	6	38	17	48	16	50
14	2	36	6	34	1	36	5	45	18	47	13	47
15	1	43	3	33	2	43	14	46	15	46	14	48
16	18	44	4	50	17	44	13	47	16	45	17	45
17	17	41	12	49	18	44	12	48	13	44	18	46
18	16	42	11	48	15	43	19	45	14	43	17	45
19	13	49	20	44	16	42	18	46	12	48	16	46
20	12	48	19	41	13	41	17	43	11	47	13	43
21	11	45	18	42	20	50	20	44	20	46	14	44
22	20	46	17	49	17	49	19	41	19	48	21	51
23	19	43	16	50	18	48	18	50	28	55	30	60
24	18	44	15	47	15	47	17	57	27	56	27	57
25	17	51	14	48	16	56	26	58	26	53	28	58
26	26	52	13	55	23	55	25	55	25	54	25	55
27	25	59	22	56	24	52	24	56	24	51	26	55
28	24	60	21	53	21	51	23	53	23	52	23	54
29	23		30	54	22	60	22	54	22	59	24	53
30	22		29	51	29	59	21	51	21	60	21	52
31	25		28		30		30	52		57		51

金

1944

昭和19年生 ★ 満80歳

日＼月	1	2	3	4	5	6	7	8	9	10	11	12
1	10	35	1	31	6	31	2	33	3	34	2	36
2	9	34	2	38	3	32	1	32	4	33	9	33
3	8	33	9	39	4	39	10	31	1	32	10	34
4	7	32	10	38	1	40	9	40	2	31	7	31
5	6	32	7	37	2	37	8	39	9	40	8	32
6	5	39	8	36	9	38	8	38	10	39	15	49
7	4	40	5	35	10	35	6	35	17	48	16	50
8	3	37	6	34	7	36	5	45	18	47	13	47
9	2	38	3	33	8	43	14	46	15	46	14	48
10	2	45	4	42	15	44	13	43	16	45	11	45
11	19	46	11	41	16	41	12	44	13	44	12	46
12	19	43	12	50	13	42	11	41	14	43	19	43
13	18	42	19	49	14	49	20	42	11	42	20	44
14	17	49	20	48	13	50	19	49	12	41	17	41
15	16	50	17	45	14	47	18	50	19	50	14	42
16	13	47	18	44	11	48	17	41	20	49	21	59
17	15	48	16	43	12	48	14	42	27	58	22	60
18	11	45	15	47	19	47	13	59	28	53	29	58
19	18	46	14	45	19	56	22	60	26	52	30	57
20	17	51	13	55	27	55	25	57	25	51	27	56
21	26	52	22	56	24	54	24	58	27	51	28	55
22	25	59	21	53	21	53	23	55	23	52	23	54
23	24	60	28	54	22	52	22	54	22	59	24	53
24	23	57	29	51	29	51	21	51	21	60	21	52
25	22	58	28	52	30	60	30	52	30	57	22	51
26	21	55	27	59	27	59	29	59	29	58	39	10
27	30	56	26	60	28	56	28	60	38	5	40	9
28	29	53	25	57	25	55	27	7	37	6	37	8
29	28	54	24	58	26	4	36	8	36	3	38	7
30	27		23	5	33	3	35	5	35	4	35	6
31	36		32		34		34	6		1		5

命数が…… 1～10 羅針盤座　11～20 インディアン座　21～30 鳳凰座

銀

1945

昭和20年生 ★ 満79歳

日＼月	1	2	3	4	5	6	7	8	9	10	11	12
1	4	39	8	36	9	38	7	38	10	39	15	49
2	3	38	5	35	10	35	6	37	17	48	16	50
3	2	37	6	34	7	36	5	46	18	47	13	47
4	1	45	3	33	8	43	14	45	15	46	14	48
5	20	46	8	42	15	44	13	44	16	45	11	45
6	19	43	11	41	16	41	12	43	13	44	12	46
7	18	44	12	50	13	42	11	42	14	43	19	43
8	17	41	19	49	14	49	20	42	11	42	20	44
9	16	42	20	48	11	50	19	49	12	41	17	41
10	15	49	17	47	12	47	18	50	19	50	18	42
11	14	50	18	46	19	48	17	47	20	49	25	59
12	13	45	15	45	20	45	16	48	27	58	26	60
13	12	46	16	44	17	46	15	55	28	57	23	57
14	11	53	13	43	20	53	24	56	25	56	24	58
15	30	54	14	60	27	54	23	53	26	55	21	55
16	27	51	21	59	28	51	22	58	23	54	28	56
17	26	52	21	58	25	53	29	55	24	53	25	53
18	25	59	30	54	26	52	28	56	21	52	26	53
19	22	58	29	51	23	51	27	53	21	57	23	52
20	21	55	28	52	24	60	30	54	30	56	24	51
21	30	56	27	59	27	59	29	51	29	55	31	10
22	29	53	26	60	28	58	28	52	38	5	32	9
23	28	54	25	57	25	57	27	7	37	6	37	8
24	27	1	24	58	26	6	36	8	36	3	38	7
25	36	2	23	5	33	5	35	5	35	4	35	6
26	35	9	32	6	34	4	34	6	34	1	36	5
27	34	10	31	3	31	1	33	3	33	2	33	4
28	33	7	40	4	32	10	32	4	32	9	34	3
29	32		39	1	39	9	31	1	31	10	31	2
30	31		38	2	40	8	40	2	40	7	32	1
31	40		37		37		39	9		8		20

金

1946

昭和21年生 ★ 満78歳

日＼月	1	2	3	4	5	6	7	8	9	10	11	12
1	19	44	11	41	16	41	12	43	13	44	12	46
2	18	43	12	50	13	42	11	42	14	43	19	43
3	17	42	19	49	14	49	20	41	11	42	20	44
4	16	42	20	48	11	50	19	50	12	41	17	41
5	15	49	11	47	12	47	18	49	19	50	18	42
6	14	50	18	46	19	48	17	48	20	49	25	59
7	13	47	15	45	20	45	15	47	27	58	26	60
8	12	48	16	44	17	46	15	55	28	57	23	57
9	11	55	13	43	18	53	24	56	25	56	24	58
10	30	56	14	52	25	54	23	53	26	55	21	55
11	29	53	21	51	26	51	22	54	23	54	22	56
12	28	52	22	60	23	52	21	51	24	53	29	53
13	27	59	29	59	24	59	30	52	21	52	30	54
14	26	60	30	58	23	60	29	59	22	51	27	51
15	25	57	27	55	24	57	28	60	29	60	28	52
16	22	58	28	54	21	58	27	51	30	59	31	9
17	21	55	26	53	22	58	26	52	37	8	32	10
18	30	56	25	57	29	57	23	9	38	7	39	7
19	27	1	24	58	30	6	32	10	36	2	40	7
20	36	2	23	5	37	5	31	7	35	1	37	6
21	35	9	32	6	34	4	34	8	34	10	38	5
22	34	10	31	3	31	3	33	5	33	2	35	4
23	33	7	40	4	32	2	32	4	32	9	34	3
24	32	8	39	1	39	1	31	1	31	10	31	2
25	31	5	38	2	40	10	40	2	40	7	32	1
26	40	6	37	9	37	9	39	9	39	8	49	20
27	39	3	36	10	38	6	38	10	48	15	50	19
28	38	4	35	7	35	5	37	17	47	16	47	18
29	37		34	8	36	14	46	18	46	13	48	17
30	46		33	15	43	13	45	15	45	14	45	16
31	45		42		44		44	16		11		15

31~40 時計座　41~50 カメレオン座　51~60 イルカ座

銀

1947

昭和22年生 ★ 満77歳

日＼月	1	2	3	4	5	6	7	8	9	10	11	12
1	14	49	18	46	19	48	17	48	20	49	25	59
2	13	48	15	45	20	45	16	47	27	58	26	60
3	12	47	16	44	17	46	15	56	28	57	23	57
4	11	56	13	43	18	53	24	55	25	56	24	58
5	30	56	14	52	25	54	23	54	26	55	21	55
6	29	53	21	51	26	51	22	53	23	54	22	56
7	28	54	22	60	23	52	21	52	24	53	29	53
8	27	51	29	59	24	59	30	52	21	52	30	54
9	26	52	30	58	21	60	29	59	22	51	27	51
10	25	59	27	57	22	57	28	60	29	60	28	52
11	24	60	28	56	29	58	27	57	30	59	35	9
12	23	57	25	55	30	55	26	58	37	8	36	10
13	22	56	26	54	27	56	25	5	38	7	33	7
14	21	3	23	53	30	3	34	6	35	6	34	8
15	40	4	24	2	37	4	33	3	36	5	31	5
16	37	1	31	9	38	1	32	8	33	4	38	6
17	36	2	31	8	35	3	31	5	34	3	35	3
18	35	9	40	7	36	2	38	6	31	2	36	4
19	32	10	39	1	33	1	37	3	31	7	33	2
20	31	5	38	2	34	10	36	4	40	6	34	1
21	40	6	37	9	37	9	39	1	39	5	41	20
22	39	3	36	10	38	8	38	2	48	15	42	19
23	38	4	35	7	35	7	37	17	47	16	47	18
24	37	11	34	8	36	16	46	18	46	13	48	17
25	46	12	33	15	43	15	45	15	45	14	45	16
26	45	19	42	16	44	14	44	16	44	11	46	15
27	44	20	41	13	41	11	43	13	43	12	43	14
28	43	17	50	14	42	20	42	14	42	19	44	13
29	42		49	11	49	19	41	11	41	20	41	12
30	41		48	12	50	18	50	12	50	17	42	11
31	50		47		47		49	19		18		30

金

1948

昭和23年生 ★ 満76歳

日＼月	1	2	3	4	5	6	7	8	9	10	11	12
1	29	54	22	60	23	52	21	52	24	53	29	53
2	28	53	29	59	24	59	30	51	21	52	30	54
3	27	52	30	58	21	60	29	60	22	51	27	51
4	26	51	27	57	22	57	28	59	29	60	28	52
5	25	59	28	56	29	58	27	58	30	59	35	9
6	24	60	25	55	30	55	26	57	37	8	36	10
7	23	57	26	54	27	56	25	6	38	7	33	7
8	22	58	23	53	28	3	34	6	35	6	34	8
9	21	5	24	2	35	4	33	3	36	5	31	5
10	40	6	31	1	36	1	32	4	33	4	32	6
11	39	3	32	10	33	2	31	1	34	3	39	3
12	38	4	39	9	34	9	40	2	31	2	40	4
13	37	9	40	8	33	10	39	9	32	1	37	1
14	36	10	37	7	34	7	38	10	39	10	38	2
15	35	7	38	4	31	8	37	7	40	9	41	19
16	32	8	35	3	32	5	36	2	47	18	42	20
17	31	5	35	2	39	7	33	19	48	17	49	17
18	40	6	34	8	40	16	42	20	45	12	50	17
19	37	13	33	15	47	15	41	17	45	11	47	16
20	46	12	42	16	44	14	44	18	44	20	48	15
21	45	19	41	13	41	13	43	15	43	12	45	14
22	44	20	50	14	42	12	42	16	42	19	44	13
23	43	17	49	11	49	11	41	11	41	20	41	12
24	42	18	48	12	50	20	50	12	50	17	42	11
25	41	15	47	19	47	19	49	19	49	18	59	30
26	50	16	46	20	48	18	48	20	58	25	60	29
27	49	13	45	17	45	15	47	27	57	26	57	28
28	48	14	44	18	46	24	56	28	56	23	58	27
29	47	21	43	25	55	23	55	26	55	24	55	26
30	56		52	26	53	22	54	25	54	21	56	25
31	55		51		54		53	23		22		24

命数が…… 1~10 羅針盤座　11~20 インディアン座　21~30 鳳凰座

銀 1949 昭和24年生 ★ 満75歳

日＼月	1	2	3	4	5	6	7	8	9	10	11	12
1	23	58	25	55	30	55	26	57	37	8	36	10
2	22	57	26	54	27	56	25	6	38	7	33	7
3	21	6	23	53	28	3	34	5	35	6	34	8
4	40	6	24	2	35	4	33	4	36	5	31	5
5	39	3	31	1	36	1	32	3	33	4	32	6
6	38	4	32	10	33	2	31	2	34	3	39	3
7	37	1	39	9	34	9	40	1	31	2	40	4
8	36	2	40	8	31	10	39	9	32	1	37	1
9	35	9	37	7	32	7	38	10	39	10	38	2
10	34	10	38	6	39	8	37	7	40	9	45	19
11	33	7	35	5	40	5	36	8	47	18	46	20
12	32	6	36	4	37	6	35	15	48	17	43	17
13	31	13	33	3	38	13	44	16	45	16	44	18
14	50	14	34	12	47	14	43	13	46	15	41	15
15	49	11	41	19	48	11	42	14	43	14	42	16
16	46	12	42	18	45	12	41	15	44	13	45	13
17	45	19	50	17	46	12	48	16	41	12	46	14
18	44	20	49	11	43	11	47	13	42	11	43	12
19	41	15	48	12	44	20	46	14	50	16	44	11
20	50	16	47	19	41	19	49	11	49	15	51	30
21	49	13	46	20	48	18	48	12	58	24	52	29
22	48	14	45	17	45	17	47	29	57	26	59	28
23	47	21	44	18	46	26	56	28	56	23	58	27
24	56	22	43	25	53	25	55	25	55	24	55	26
25	55	29	52	26	54	24	54	26	54	21	56	25
26	54	30	51	23	51	21	53	23	53	22	53	24
27	53	27	60	24	52	30	52	24	52	29	54	23
28	52	28	59	21	59	29	51	21	51	30	51	22
29	51		58	22	60	28	60	22	60	27	52	21
30	60		57	29	57	27	59	29	59	28	9	40
31	59		56		58		58	30		35		39

金 1950 昭和25年生 ★ 満74歳

日＼月	1	2	3	4	5	6	7	8	9	10	11	12
1	38	3	32	10	33	2	31	2	34	3	39	3
2	37	2	39	9	34	9	40	1	31	2	40	4
3	36	1	40	8	31	10	39	10	32	1	37	1
4	35	9	37	7	32	7	38	9	39	10	38	2
5	34	10	38	6	39	8	37	8	40	9	45	19
6	33	7	35	5	40	5	36	7	47	18	46	20
7	32	8	36	4	37	6	35	16	48	17	43	17
8	31	15	33	3	38	13	44	16	45	16	44	18
9	50	16	34	12	45	14	43	13	46	15	41	15
10	49	13	41	11	46	11	42	14	43	14	42	16
11	48	14	42	20	43	12	41	11	44	13	49	13
12	47	19	49	19	44	19	50	12	41	12	50	14
13	46	20	50	18	41	20	49	19	42	11	47	11
14	45	17	47	17	44	17	48	20	49	20	48	12
15	44	18	48	14	41	18	47	17	50	19	55	29
16	41	15	45	13	42	15	46	12	57	28	52	30
17	50	16	45	12	49	17	45	29	58	27	59	27
18	49	23	44	18	50	26	52	30	55	26	60	28
19	56	22	43	25	57	25	51	27	55	21	57	26
20	55	29	52	26	58	24	60	28	54	30	58	25
21	54	30	51	23	51	23	53	25	53	29	55	24
22	53	27	60	24	52	22	52	26	52	29	56	23
23	52	28	59	21	59	21	51	21	51	30	51	22
24	51	25	58	22	60	30	60	22	60	27	52	21
25	60	26	57	29	57	29	59	29	59	28	9	40
26	59	23	56	30	58	28	58	30	8	35	10	39
27	58	24	55	27	55	25	57	37	7	36	7	38
28	57	31	54	28	56	34	6	38	6	33	8	37
29	6		53	35	3	33	5	35	5	34	5	36
30	5		2	36	4	32	4	36	4	31	6	35
31	4		1		1		3	33		32		34

31~40 時計座　41~50 カメレオン座　51~60 イルカ座

銀 1951

昭和26年生 ★ 満73歳

日＼月	1	2	3	4	5	6	7	8	9	10	11	12
1	33	8	35	5	40	5	36	7	47	18	46	20
2	32	7	36	4	37	6	35	16	48	17	43	17
3	31	16	33	3	38	13	44	15	45	16	44	18
4	50	15	34	12	45	14	43	14	46	15	41	15
5	49	13	41	11	46	11	42	13	43	14	42	16
6	48	14	42	20	43	12	41	12	44	13	49	13
7	47	11	49	19	44	19	50	11	41	12	50	14
8	46	12	50	18	41	20	49	19	42	11	47	11
9	45	19	47	17	42	17	48	20	49	20	48	12
10	44	20	48	16	49	18	47	17	50	19	55	29
11	43	17	45	15	50	15	46	18	57	28	56	30
12	42	18	46	14	47	16	45	25	58	27	53	27
13	41	23	43	13	48	23	54	26	55	26	54	28
14	60	24	44	22	57	24	53	23	56	25	51	25
15	59	21	51	21	58	21	52	24	53	24	52	26
16	56	22	52	28	55	22	51	25	54	23	55	23
17	55	29	60	27	56	22	60	26	51	22	56	24
18	54	30	59	26	53	21	57	23	52	21	53	21
19	51	27	58	22	54	30	56	24	60	26	54	21
20	60	26	57	29	51	29	55	21	59	25	1	40
21	59	23	56	30	58	28	58	22	8	34	2	39
22	58	24	55	27	55	27	57	39	7	36	9	38
23	57	31	54	28	56	36	6	38	6	33	8	37
24	6	32	53	35	3	35	5	35	5	34	5	36
25	5	39	2	36	4	34	4	36	4	31	6	35
26	4	40	1	33	1	33	3	33	3	32	3	34
27	3	37	10	34	2	40	2	34	2	39	4	33
28	2	38	9	31	9	39	1	31	1	40	1	32
29	1		8	32	10	38	10	32	10	37	2	31
30	10		7	39	7	37	9	39	9	38	19	50
31	9		6		8		8	40		45		49

金 1952

昭和27年生 ★ 満72歳

日＼月	1	2	3	4	5	6	7	8	9	10	11	12
1	48	13	49	19	44	19	50	11	41	12	50	14
2	47	12	50	18	41	20	49	20	42	11	47	11
3	46	11	47	17	42	17	48	19	49	20	48	12
4	45	20	48	16	49	18	47	18	50	19	55	29
5	44	20	45	15	50	15	46	17	57	28	56	30
6	43	17	46	14	47	16	45	26	58	27	53	27
7	42	18	43	13	48	23	54	26	55	26	54	28
8	41	25	44	22	55	24	53	23	56	25	51	25
9	60	26	51	21	56	21	52	24	53	24	52	26
10	59	23	52	30	53	22	51	21	54	23	59	23
11	58	24	59	29	54	29	60	22	51	22	60	24
12	57	21	60	28	51	30	59	29	52	21	57	21
13	56	30	57	27	54	27	58	30	59	30	58	22
14	55	27	58	26	51	28	57	27	60	29	5	39
15	54	28	55	23	52	25	56	22	7	38	2	40
16	51	25	56	22	59	26	55	39	8	37	9	37
17	60	26	54	21	60	36	2	40	5	36	10	38
18	59	33	53	35	7	35	1	37	6	31	7	36
19	6	34	2	36	8	34	10	38	4	40	8	35
20	5	39	1	33	1	33	3	35	3	39	5	34
21	4	40	10	34	2	32	2	36	2	39	6	33
22	3	37	9	31	9	31	1	31	1	40	1	32
23	2	38	8	32	10	40	10	32	10	37	2	31
24	1	35	7	39	7	39	9	39	9	38	19	50
25	10	36	6	40	8	38	8	40	18	45	20	49
26	9	33	5	37	5	37	7	47	17	46	17	48
27	8	34	4	38	6	44	16	48	16	43	18	47
28	7	41	3	45	13	43	15	45	15	44	15	46
29	16	42	12	46	14	42	14	46	14	41	16	45
30	15		11	43	11	41	13	43	13	42	13	44
31	14		20		12		12	44		49		43

命数が…… 1~10 羅針盤座　11~20 インディアン座　21~30 鳳凰座

銀 1953 昭和28年生 ★ 満71歳

日＼月	1	2	3	4	5	6	7	8	9	10	11	12
1	42	17	46	14	47	16	45	26	58	27	53	27
2	41	26	43	13	48	23	54	25	55	26	54	28
3	60	25	44	22	55	24	53	24	56	25	51	25
4	59	23	51	21	56	21	52	23	53	24	52	26
5	58	24	52	30	53	22	51	22	54	23	59	23
6	57	21	59	29	54	29	60	21	51	22	60	24
7	56	22	60	28	51	30	59	30	52	21	57	21
8	55	29	57	27	52	27	58	30	59	30	58	22
9	54	30	58	26	59	28	57	27	60	29	5	39
10	53	27	55	25	60	25	56	28	7	38	6	40
11	52	28	56	24	57	26	55	35	8	37	3	37
12	51	33	53	23	58	33	4	36	5	36	4	38
13	10	34	54	32	5	34	3	33	6	35	1	35
14	9	31	1	31	8	31	2	34	3	34	2	36
15	8	32	2	38	5	32	1	31	4	33	9	33
16	5	39	9	37	6	39	10	36	1	32	6	34
17	4	40	9	36	3	31	7	33	2	31	3	31
18	3	37	8	32	4	40	6	34	9	36	4	31
19	10	36	7	39	1	39	5	31	9	35	11	50
20	9	33	6	40	2	38	8	32	18	44	12	49
21	8	34	5	37	5	37	7	49	17	46	19	48
22	7	41	4	38	6	46	16	50	16	43	20	47
23	16	42	3	45	13	45	15	45	15	44	15	46
24	15	49	12	46	14	44	14	46	14	41	16	45
25	14	50	11	43	11	43	13	43	13	42	13	44
26	13	47	20	44	12	42	12	44	12	49	14	43
27	12	48	19	41	19	49	11	41	11	50	11	42
28	11	45	18	42	20	48	20	42	20	47	12	41
29	20		17	49	17	47	19	49	19	48	29	60
30	19		16	50	18	46	18	50	28	55	30	59
31	18		15		15		17	57		56		58

金 1954 昭和29年生 ★ 満70歳

日＼月	1	2	3	4	5	6	7	8	9	10	11	12
1	57	22	59	29	54	29	60	21	51	22	60	24
2	56	21	60	28	51	30	59	30	52	21	57	21
3	55	30	57	27	52	27	58	29	59	30	58	22
4	54	30	58	26	59	28	57	28	60	29	5	39
5	53	27	55	25	60	25	56	27	7	38	6	40
6	52	28	56	24	57	26	57	36	8	37	3	37
7	51	35	53	23	58	33	4	35	5	36	4	38
8	10	36	54	32	5	34	3	33	6	35	1	35
9	9	33	1	31	6	31	2	34	3	34	2	36
10	8	34	2	40	3	32	1	31	4	33	9	33
11	7	31	9	39	4	39	10	32	1	32	10	34
12	6	40	10	38	1	40	9	39	2	31	7	31
13	5	37	7	37	2	37	8	40	9	40	8	32
14	4	38	8	36	1	38	7	37	10	39	15	49
15	3	35	5	33	2	35	6	38	17	48	16	50
16	10	36	6	32	9	36	5	49	18	47	19	47
17	9	43	4	31	10	46	14	50	15	46	20	48
18	18	44	3	45	17	45	11	47	16	45	17	45
19	15	49	12	46	18	44	20	48	14	50	18	45
20	14	50	11	43	15	43	19	45	13	49	15	44
21	13	47	20	44	12	42	12	46	12	48	16	43
22	12	48	19	41	19	41	11	43	11	50	13	42
23	11	45	18	42	20	50	20	42	20	47	12	41
24	20	46	17	49	17	49	19	49	19	48	29	60
25	19	43	16	50	18	48	18	50	28	55	30	59
26	18	44	15	47	15	47	17	57	27	56	27	58
27	17	51	14	48	16	54	26	58	26	53	28	57
28	26	52	13	55	23	53	25	55	25	54	25	56
29	25		22	56	24	52	24	56	24	51	26	55
30	24		21	53	21	51	23	53	23	52	23	54
31	23		30		22		22	54		59		53

31~40 時計座　41~50 カメレオン座　51~60 イルカ座

銀

1955

昭和30年生
★
満69歳

日＼月	1	2	3	4	5	6	7	8	9	10	11	12
1	52	27	56	24	57	26	55	36	8	37	3	37
2	51	36	53	23	58	33	4	35	5	36	4	38
3	10	35	54	32	5	34	3	34	6	35	1	35
4	9	33	1	31	6	31	2	33	3	34	2	36
5	8	34	2	40	3	32	1	32	4	33	9	33
6	7	31	9	39	4	39	10	31	1	32	10	34
7	6	32	10	38	1	40	9	40	2	31	7	31
8	5	39	7	37	2	37	8	40	9	40	8	32
9	4	40	8	36	9	38	7	37	10	39	15	49
10	3	37	5	35	10	35	6	38	17	48	16	50
11	2	38	6	34	7	36	5	45	18	47	13	47
12	1	43	3	33	8	43	14	46	15	46	14	48
13	20	44	4	42	15	44	13	43	16	45	11	45
14	19	41	11	41	18	41	12	44	13	44	12	46
15	18	42	12	48	15	42	11	41	14	43	19	43
16	15	49	19	47	16	49	20	46	11	42	16	44
17	14	50	19	46	13	41	19	43	12	41	13	41
18	13	47	18	42	14	50	16	44	19	50	14	42
19	20	46	17	49	11	49	15	41	19	45	21	60
20	19	43	16	50	12	48	14	42	28	54	22	59
21	18	44	15	47	15	47	17	59	27	53	29	58
22	17	51	14	48	16	56	26	60	26	53	30	57
23	26	52	13	55	23	55	25	55	25	54	25	56
24	25	59	22	56	24	54	24	56	24	51	26	55
25	24	60	21	53	21	53	23	53	23	52	23	54
26	23	57	30	54	22	52	22	54	22	59	24	53
27	22	58	29	51	29	59	21	51	21	60	21	52
28	21	55	28	52	30	58	30	52	30	57	22	51
29	30		27	59	27	57	29	59	29	58	39	10
30	29		26	60	28	56	28	60	38	5	40	9
31	28		25		25		27	7		6		8

金

1956

昭和31年生
★
満68歳

日＼月	1	2	3	4	5	6	7	8	9	10	11	12
1	7	32	10	38	1	40	9	40	2	31	7	31
2	6	31	7	37	2	37	8	39	9	40	8	32
3	5	40	8	36	9	38	7	38	10	39	15	49
4	4	39	5	35	10	35	6	37	17	48	16	50
5	3	37	6	34	7	36	5	46	18	47	13	47
6	2	38	3	33	8	43	14	45	15	46	14	48
7	1	45	4	42	15	44	13	43	16	45	11	45
8	20	46	11	41	16	41	12	44	13	44	12	46
9	19	43	12	50	13	42	11	41	14	43	19	43
10	18	44	19	49	14	49	20	42	11	42	20	44
11	17	41	20	48	11	50	19	49	12	41	17	41
12	16	42	17	47	12	47	18	50	19	50	18	42
13	15	47	18	46	11	48	17	47	20	49	25	59
14	14	48	15	45	12	45	16	48	27	58	26	60
15	13	45	16	42	19	46	15	59	28	57	29	57
16	20	46	14	41	20	53	24	60	25	56	30	58
17	19	53	13	60	27	55	21	57	26	55	27	55
18	28	54	22	56	28	54	30	58	23	60	28	55
19	25	51	21	53	25	53	29	55	23	59	25	54
20	24	60	30	54	22	52	22	56	22	58	26	53
21	23	57	29	51	29	51	21	53	21	60	23	52
22	22	58	28	52	30	60	30	52	30	57	22	51
23	21	55	27	59	27	59	30	59	29	58	39	10
24	30	56	26	60	28	58	28	60	38	5	40	9
25	29	53	25	57	25	57	27	7	37	6	37	8
26	28	54	24	58	26	6	36	8	36	3	38	7
27	27	1	23	5	33	3	35	5	35	4	35	6
28	36	2	32	6	34	2	34	6	34	1	36	5
29	35	9	31	3	31	1	33	3	33	2	33	4
30	34		40	4	32	10	32	4	32	9	34	3
31	33		39		39		31	1		10		2

命数が……　1~10 羅針盤座　11~20 インディアン座　21~30 鳳凰座

銀 1957

昭和32年生 ★ 満67歳

日＼月	1	2	3	4	5	6	7	8	9	10	11	12
1	1	46	3	33	8	43	14	45	15	46	14	48
2	20	45	4	42	15	44	13	44	16	45	11	45
3	19	44	11	41	16	41	12	43	13	44	12	46
4	18	44	12	50	13	42	11	42	14	43	19	43
5	17	41	19	49	14	49	20	41	11	42	20	44
6	16	42	20	48	11	50	19	50	12	41	17	41
7	15	49	17	47	12	47	18	49	19	50	18	42
8	14	50	18	46	19	48	17	47	20	49	25	59
9	13	47	15	45	20	45	16	48	27	58	26	60
10	12	48	16	44	17	46	15	55	28	57	23	57
11	11	55	13	43	18	53	24	56	25	56	24	58
12	30	54	14	52	25	54	23	53	26	55	21	55
13	29	51	21	51	26	51	22	54	23	54	22	56
14	28	52	22	60	25	52	21	51	24	53	29	53
15	25	59	29	57	26	59	30	52	21	52	30	54
16	24	60	30	56	23	60	29	53	22	51	23	51
17	23	57	28	55	24	60	26	54	29	60	24	52
18	30	58	27	59	21	59	25	51	30	55	31	10
19	29	53	26	60	22	58	24	52	38	4	32	9
20	28	54	25	57	29	57	27	9	37	3	39	8
21	27	1	24	58	26	6	36	10	36	3	40	7
22	36	2	23	5	33	5	35	7	35	4	37	6
23	35	9	32	6	34	4	34	6	34	1	36	5
24	34	10	31	3	31	3	33	3	33	2	33	4
25	33	7	40	4	32	2	32	4	32	9	34	3
26	32	8	39	1	39	1	31	1	31	10	31	2
27	31	5	38	2	40	8	40	2	40	7	32	1
28	40	6	37	9	37	7	39	9	39	8	49	20
29	39		36	10	38	6	38	10	48	15	50	19
30	38		35	7	35	5	37	17	47	16	47	18
31	37		34		36		46	18		13		17

金 1958

昭和33年生 ★ 満66歳

日＼月	1	2	3	4	5	6	7	8	9	10	11	12
1	16	41	20	48	11	50	19	50	12	41	17	41
2	15	50	17	47	12	47	18	49	19	50	18	42
3	14	49	18	46	19	48	17	48	20	49	25	59
4	13	47	15	45	20	45	16	47	27	58	26	60
5	12	48	16	44	17	46	15	56	28	57	23	57
6	11	55	13	43	18	53	24	55	25	56	24	58
7	30	56	14	52	25	54	23	54	26	55	21	55
8	29	53	21	51	26	51	22	54	23	54	22	56
9	28	54	22	60	23	52	21	51	24	53	29	53
10	27	51	29	59	24	59	30	52	21	52	30	54
11	26	52	30	58	21	60	29	59	22	51	27	51
12	25	57	27	57	22	57	28	60	29	60	28	52
13	24	58	28	56	29	58	27	57	30	59	35	9
14	23	55	25	55	22	55	26	58	37	8	36	10
15	22	56	26	52	29	56	25	5	38	7	33	7
16	29	3	23	51	30	3	34	10	35	6	40	8
17	38	4	23	10	37	5	33	7	36	5	37	5
18	37	1	32	6	38	4	40	8	33	4	38	5
19	34	10	31	3	35	3	39	5	33	9	35	4
20	33	7	40	4	36	2	38	6	32	8	36	3
21	32	8	39	1	39	1	31	3	31	7	33	2
22	31	5	38	2	40	10	40	4	40	7	34	1
23	40	6	37	9	37	9	39	9	39	8	49	20
24	39	3	36	10	38	8	38	10	48	15	50	19
25	38	4	35	7	35	7	37	17	47	16	47	18
26	37	11	34	8	36	16	46	18	46	13	48	17
27	46	12	33	15	43	13	45	15	45	14	45	16
28	45	19	42	16	44	12	44	16	44	11	46	15
29	44		41	13	41	11	43	13	43	12	43	14
30	43		50	14	42	20	42	14	42	19	44	13
31	42		49		49		41	11		20		12

31~40 時計座　41~50 カメレオン座　51~60 イルカ座

銀

1959

昭和34年生 ★ 満65歳

日＼月	1	2	3	4	5	6	7	8	9	10	11	12
1	11	56	13	43	18	53	24	55	25	56	24	58
2	30	55	14	52	25	54	23	54	26	55	21	55
3	29	54	21	51	26	51	22	53	23	54	22	56
4	28	54	22	60	23	52	21	52	24	53	29	53
5	27	51	29	59	24	59	30	51	21	52	30	54
6	26	52	30	58	21	60	29	60	22	51	27	51
7	25	59	27	57	22	57	28	59	29	60	28	52
8	24	60	28	56	29	58	27	57	30	59	35	9
9	23	57	25	55	30	55	26	58	37	8	36	10
10	22	58	26	54	27	56	25	5	38	7	33	7
11	21	5	23	53	28	3	34	6	35	6	34	8
12	40	4	24	2	35	4	33	3	36	5	31	5
13	39	1	31	1	36	1	32	4	33	4	32	6
14	38	2	32	10	35	2	31	1	34	3	39	3
15	37	9	39	7	36	9	40	2	31	2	40	4
16	34	10	40	6	33	10	39	3	32	1	33	1
17	33	7	38	5	34	10	38	4	39	10	34	2
18	32	8	37	9	31	9	35	1	40	9	41	19
19	39	3	36	10	32	8	34	2	48	14	42	19
20	38	4	35	7	39	7	33	19	47	13	49	18
21	37	11	34	8	36	16	46	20	46	12	50	17
22	46	12	33	15	43	15	45	17	45	14	47	16
23	45	19	42	16	44	14	44	16	44	11	46	15
24	44	20	41	13	41	13	43	13	43	12	43	14
25	43	17	50	14	42	12	42	14	42	19	44	13
26	42	18	49	11	49	11	41	11	41	20	41	12
27	41	15	48	12	50	18	50	12	50	17	42	11
28	50	16	47	19	47	17	49	19	49	18	59	30
29	49		46	20	48	16	48	20	58	25	60	29
30	48		45	17	45	15	47	27	57	26	57	28
31	47		44		46		56	28		23		27

金

1960

昭和35年生 ★ 満64歳

日＼月	1	2	3	4	5	6	7	8	9	10	11	12
1	26	51	27	57	22	57	28	59	29	60	28	52
2	25	60	28	56	29	58	27	58	30	59	35	9
3	24	59	25	55	30	55	26	57	37	8	36	10
4	23	58	26	54	27	56	25	6	38	7	33	7
5	22	58	23	53	28	3	34	5	35	6	34	8
6	21	5	24	2	35	4	33	4	36	5	31	5
7	40	6	31	1	36	1	32	4	33	4	32	6
8	39	3	32	10	33	2	31	1	34	3	39	3
9	38	4	39	9	34	9	40	2	31	2	40	4
10	37	1	40	8	31	10	39	9	32	1	37	1
11	36	2	37	7	32	7	38	10	39	10	38	2
12	35	9	38	6	39	8	37	7	40	9	45	19
13	34	8	35	5	32	5	36	8	47	18	46	20
14	33	5	36	4	39	6	35	15	48	17	43	17
15	32	6	33	1	40	13	44	20	45	16	50	18
16	39	13	33	20	47	14	43	17	46	15	47	15
17	48	14	42	19	48	14	50	18	43	14	48	16
18	47	11	41	13	45	13	49	15	44	19	45	14
19	44	12	50	14	46	12	48	16	42	18	46	13
20	43	17	49	11	49	11	41	13	41	17	43	12
21	42	18	48	12	50	20	50	14	50	17	44	11
22	41	15	47	19	47	19	49	19	49	18	59	30
23	50	16	46	20	48	18	48	20	58	25	60	29
24	49	13	45	17	45	17	47	27	57	26	57	28
25	48	14	44	18	46	26	56	28	56	23	58	27
26	47	21	43	25	53	25	55	25	55	24	55	26
27	56	22	52	26	54	22	54	26	54	21	56	25
28	55	29	51	23	51	21	53	23	53	22	53	24
29	54	30	60	24	52	30	52	24	52	29	54	23
30	53		59	21	59	29	51	21	51	30	51	22
31	52		58		60		60	22		27		21

命数が…… 1～10 羅針盤座　11～20 インディアン座　21～30 鳳凰座

銀

1961

昭和36年生 ★ 満63歳

日＼月	1	2	3	4	5	6	7	8	9	10	11	12
1	40	5	24	2	35	4	33	4	36	5	31	5
2	39	4	31	1	36	1	32	3	33	4	32	6
3	38	3	32	10	33	2	31	2	34	3	39	3
4	37	1	39	9	34	9	40	1	31	2	40	4
5	36	2	34	8	31	10	39	10	32	1	37	1
6	35	9	37	7	32	7	38	9	39	10	38	2
7	34	10	38	6	39	8	37	8	40	9	45	19
8	33	7	35	5	40	5	36	8	47	18	46	20
9	32	8	36	4	37	6	35	15	48	17	43	17
10	31	15	33	3	38	13	44	16	45	16	44	18
11	50	16	34	12	45	14	43	13	46	15	41	15
12	49	11	41	11	46	11	42	14	43	14	42	16
13	48	12	42	20	43	12	41	11	44	13	49	13
14	47	19	49	19	46	19	50	12	41	12	50	14
15	44	20	50	16	43	20	49	19	42	11	47	11
16	43	17	47	15	44	17	48	14	49	20	44	12
17	42	18	47	14	41	19	45	11	50	19	51	29
18	49	15	46	20	42	18	44	12	57	24	52	29
19	48	14	45	17	49	17	43	29	57	23	59	28
20	47	21	44	18	50	26	56	30	56	22	60	27
21	56	22	43	25	53	25	55	27	55	24	57	26
22	55	29	52	26	54	24	54	28	54	21	58	25
23	54	30	51	23	51	23	53	23	53	22	53	24
24	53	27	60	24	52	22	52	24	52	29	54	23
25	52	28	59	21	59	21	51	21	51	30	51	22
26	51	25	58	22	60	30	60	22	60	27	52	21
27	60	26	57	29	57	27	59	29	59	28	9	40
28	59	23	56	30	58	26	58	30	8	35	10	39
29	58		55	27	55	25	57	37	7	36	7	38
30	57		54	28	56	34	6	38	6	33	8	37
31	6		53		3		5	35		34		36

金

1962

昭和37年生 ★ 満62歳

日＼月	1	2	3	4	5	6	7	8	9	10	11	12
1	35	10	37	7	32	7	38	9	39	10	38	2
2	34	9	38	6	39	8	37	8	40	9	45	19
3	33	8	35	5	40	5	36	7	47	18	46	20
4	32	8	36	4	37	6	35	16	48	17	43	17
5	31	15	33	3	38	13	44	15	45	16	44	18
6	50	16	34	12	45	14	43	14	46	15	41	15
7	49	13	41	11	46	11	42	13	43	14	42	16
8	48	14	42	20	43	12	41	11	44	13	49	13
9	47	11	49	19	44	19	50	12	41	12	50	14
10	46	12	50	18	41	20	49	19	42	11	47	11
11	45	19	47	17	42	17	48	20	49	20	48	12
12	44	18	48	16	49	18	47	17	50	19	55	29
13	43	15	45	15	50	15	46	18	57	28	56	30
14	42	16	46	14	49	16	45	25	58	27	53	27
15	41	23	43	11	50	23	54	26	55	26	54	28
16	58	24	44	30	57	24	53	27	56	25	57	25
17	57	21	52	29	58	24	60	28	53	24	58	26
18	56	22	51	23	55	23	59	25	54	23	55	24
19	53	27	60	24	56	22	58	26	52	28	56	23
20	52	28	59	21	53	21	51	23	51	27	53	22
21	51	25	58	22	60	30	60	24	60	26	54	21
22	60	26	57	29	57	29	59	21	59	28	1	40
23	59	23	56	30	58	28	58	30	8	35	10	39
24	58	24	55	27	55	27	57	37	7	36	7	38
25	57	31	54	28	56	36	6	38	6	33	8	37
26	6	32	53	35	3	35	5	35	5	34	5	36
27	5	39	2	36	4	32	4	36	4	31	6	35
28	4	40	1	33	1	31	3	33	3	32	3	34
29	3		10	34	2	40	2	34	2	39	4	33
30	2		9	31	9	39	1	31	1	40	1	32
31	1		8		10		10	32		37		31

31~40 時計座　41~50 カメレオン座　51~60 イルカ座

銀 1963 昭和38年生 ★ 満61歳

日＼月	1	2	3	4	5	6	7	8	9	10	11	12
1	50	15	34	12	45	14	43	14	46	15	41	15
2	49	14	41	11	46	11	42	13	43	14	42	16
3	48	13	42	20	43	12	41	12	44	13	49	13
4	47	11	49	19	44	19	50	11	41	12	50	14
5	46	12	50	18	41	20	49	20	42	11	47	11
6	45	19	47	17	42	17	48	19	49	20	48	12
7	44	20	48	16	49	18	47	18	50	19	55	29
8	43	17	45	15	50	15	46	18	57	28	56	30
9	42	18	46	14	47	16	45	25	58	27	53	27
10	41	25	43	13	48	23	54	26	55	26	54	28
11	60	26	44	22	55	24	53	23	56	25	51	25
12	59	21	51	21	56	21	52	24	53	24	52	26
13	58	22	52	30	53	22	51	21	54	23	59	23
14	57	29	59	29	56	29	60	22	51	22	60	24
15	56	30	60	26	53	30	59	29	52	21	57	21
16	53	27	57	25	54	27	58	24	59	30	54	22
17	52	28	57	24	51	29	57	21	60	29	1	39
18	51	25	56	30	52	28	54	22	7	38	2	40
19	58	24	55	27	59	27	53	39	7	33	9	38
20	57	31	54	28	60	36	2	40	6	32	10	37
21	6	32	53	35	3	35	5	37	5	31	7	36
22	5	39	2	36	4	34	4	38	4	31	8	35
23	4	40	1	33	1	33	3	33	3	32	3	34
24	3	37	10	34	2	32	2	34	2	39	4	33
25	2	38	9	31	9	31	1	31	1	40	1	32
26	1	35	8	32	10	40	10	32	10	37	2	31
27	10	36	7	39	7	37	9	39	9	38	19	50
28	9	33	6	40	8	36	8	40	18	45	20	49
29	8		5	37	5	35	7	47	17	46	17	48
30	7		4	38	6	44	16	48	16	43	18	47
31	16		3		13		15	45		44		46

金 1964 昭和39年生 ★ 満60歳

日＼月	1	2	3	4	5	6	7	8	9	10	11	12
1	45	20	48	16	49	18	47	18	50	19	55	29
2	44	19	45	15	50	15	46	17	57	28	56	30
3	43	18	46	14	47	16	45	26	58	27	53	27
4	42	17	43	13	48	23	54	25	55	26	54	28
5	41	25	44	22	55	24	53	24	56	25	51	25
6	60	26	51	21	56	21	52	23	53	24	52	26
7	59	23	52	30	53	22	51	21	54	23	59	23
8	58	24	59	29	54	29	60	22	51	22	60	24
9	57	21	60	28	51	30	59	29	52	21	57	21
10	56	22	57	27	52	27	58	30	59	30	58	22
11	55	29	58	26	59	28	57	27	60	29	5	39
12	54	30	55	25	60	25	56	28	7	38	6	40
13	53	25	56	24	59	26	55	35	8	37	3	37
14	52	26	53	23	60	33	4	36	5	36	4	38
15	51	33	54	40	7	34	3	37	6	35	7	35
16	8	34	2	39	8	31	2	38	3	34	8	36
17	7	31	1	38	5	33	9	35	4	33	5	33
18	6	32	10	34	6	32	8	36	2	38	6	33
19	3	39	9	31	3	31	7	33	1	37	3	32
20	2	38	8	32	10	40	10	34	10	36	4	31
21	1	35	7	39	7	39	9	31	9	38	11	50
22	10	36	6	40	8	38	8	40	18	45	20	49
23	9	33	5	37	5	37	7	47	17	46	17	48
24	8	34	4	38	6	46	16	48	16	43	18	47
25	7	41	3	45	13	45	15	45	15	44	15	46
26	16	42	12	46	14	44	14	46	14	41	16	45
27	15	49	11	43	11	41	13	43	13	42	13	44
28	14	50	20	44	12	50	12	44	12	49	14	43
29	13	47	19	41	19	49	11	41	11	50	11	42
30	12		18	42	20	48	20	42	20	47	12	41
31	11		17		17		19	49		48		60

命数が……1~10 羅針盤座　11~20 インディアン座　21~30 鳳凰座

日＼月	1	2	3	4	5	6	7	8	9	10	11	12
1	59	24	51	21	56	21	52	23	53	24	52	26
2	58	23	52	30	53	22	51	22	54	23	59	23
3	57	22	59	29	54	29	60	21	51	22	60	24
4	56	22	60	28	51	30	59	30	52	21	57	21
5	55	29	57	27	52	27	58	29	59	30	58	22
6	54	30	58	26	59	28	57	28	60	29	5	39
7	53	27	55	25	60	25	56	27	7	38	6	40
8	52	28	56	24	57	26	55	35	8	37	3	37
9	51	35	53	23	58	33	4	36	5	36	4	38
10	10	36	54	32	5	34	3	33	6	35	1	35
11	9	33	1	31	6	31	2	34	3	34	2	36
12	8	32	2	40	3	32	1	31	4	33	9	33
13	7	39	9	39	4	39	10	32	1	32	10	34
14	6	40	10	38	3	40	9	39	2	31	7	31
15	3	37	7	35	4	37	8	40	9	40	4	32
16	2	38	8	34	1	38	7	31	10	39	11	49
17	1	35	6	33	2	38	4	32	17	48	12	50
18	8	36	5	37	9	37	3	49	18	43	19	48
19	7	41	4	38	10	46	12	50	16	42	20	47
20	16	42	3	45	17	45	15	47	15	41	17	46
21	15	49	12	46	14	44	14	48	14	41	18	45
22	14	50	11	43	11	43	13	45	13	42	15	44
23	13	47	20	44	12	42	12	44	12	49	14	43
24	12	48	19	41	19	41	11	41	11	50	11	42
25	11	45	18	42	20	50	20	42	20	47	12	41
26	20	46	17	49	17	49	19	49	19	48	29	60
27	19	43	16	50	18	46	18	50	28	55	30	59
28	18	44	15	47	15	45	17	57	27	56	27	58
29	17		14	48	16	54	26	58	26	53	28	57
30	26		13	55	23	53	25	55	25	54	25	56
31	25		22		24		24	56		51		55

銀

1965

昭和40年生

★

満59歳

日＼月	1	2	3	4	5	6	7	8	9	10	11	12
1	54	29	58	26	59	28	57	28	60	29	5	39
2	53	28	55	25	60	25	56	27	7	38	6	40
3	52	27	56	24	57	26	55	36	8	37	3	37
4	51	35	53	23	58	33	4	35	5	36	4	38
5	10	36	54	32	5	34	3	34	6	35	1	35
6	9	33	1	31	6	31	2	33	3	34	2	36
7	8	34	2	40	3	32	1	32	4	33	9	33
8	7	31	9	39	4	39	10	32	1	32	10	34
9	6	32	10	38	1	40	9	39	2	31	7	31
10	5	39	7	37	2	37	8	40	9	40	8	32
11	4	40	8	36	9	38	7	37	10	39	15	49
12	3	35	5	35	10	35	6	38	17	48	16	50
13	2	36	6	34	7	36	5	45	18	47	13	47
14	1	43	3	33	10	43	14	46	15	46	14	48
15	20	44	4	50	17	44	13	43	16	45	11	45
16	17	41	11	49	18	41	12	48	13	44	18	46
17	16	42	11	48	15	43	19	45	14	43	15	43
18	15	49	20	44	16	42	18	46	11	42	16	43
19	12	48	19	41	13	41	17	43	11	47	13	42
20	11	45	18	42	14	50	20	44	20	46	14	41
21	20	46	17	49	17	49	19	41	19	45	21	60
22	19	43	16	50	18	48	18	42	28	55	22	59
23	18	44	15	47	15	47	17	57	27	56	27	58
24	17	51	14	48	16	56	26	58	26	53	28	57
25	26	52	13	55	23	55	25	55	25	54	25	56
26	25	59	22	56	24	54	24	56	24	51	26	55
27	24	60	21	53	21	51	23	53	23	52	23	54
28	23	57	30	54	22	60	22	54	22	59	24	53
29	22		29	51	29	59	21	51	21	60	21	52
30	21		28	52	30	58	30	52	30	57	22	51
31	30		27		27		29	59		58		10

金

1966

昭和41年生

★

満58歳

31~40 時計座　41~50 カメレオン座　51~60 イルカ座

銀 1967

昭和42年生 ★ 満57歳

日＼月	1	2	3	4	5	6	7	8	9	10	11	12
1	9	34	1	31	6	31	2	33	3	34	2	36
2	8	33	2	40	3	32	1	32	4	33	9	33
3	7	32	9	39	4	39	10	31	1	32	10	34
4	6	32	10	38	1	40	9	40	2	31	7	31
5	5	39	7	37	2	37	8	39	9	40	8	32
6	4	40	8	36	9	38	7	38	10	39	15	49
7	3	37	5	35	10	35	6	37	17	48	16	50
8	2	38	6	34	7	36	5	45	18	47	13	47
9	1	45	3	33	8	43	14	46	15	46	14	48
10	20	46	4	42	15	44	13	43	16	45	11	45
11	19	43	11	41	16	41	12	44	13	44	12	46
12	18	42	12	50	13	42	11	41	14	43	19	43
13	17	49	19	49	14	49	20	42	11	42	20	44
14	16	50	20	48	13	50	19	49	12	41	17	41
15	15	47	17	45	14	47	18	50	19	50	18	42
16	12	48	18	44	11	48	17	41	20	49	21	59
17	11	45	16	43	12	48	16	42	27	58	22	60
18	20	46	15	47	19	47	13	59	28	57	29	57
19	17	51	14	48	20	56	22	60	26	52	30	57
20	26	52	13	55	27	55	21	57	25	51	27	56
21	25	59	22	56	24	54	24	58	24	60	28	55
22	24	60	21	53	21	53	23	55	23	52	25	54
23	23	57	30	54	22	52	22	54	22	59	24	53
24	22	58	29	51	29	51	21	51	21	60	21	52
25	21	55	28	52	30	60	30	52	30	57	22	51
26	30	56	27	59	27	57	29	59	29	58	39	10
27	29	53	26	60	28	56	28	60	38	5	40	9
28	28	54	25	57	25	55	27	7	37	6	37	8
29	27		24	58	26	4	36	8	36	3	38	7
30	36		23	5	33	3	35	5	35	4	35	6
31	35		32		34		34	6		1		5

金 1968

昭和43年生 ★ 満56歳

日＼月	1	2	3	4	5	6	7	8	9	10	11	12
1	4	39	5	35	10	35	6	37	17	48	16	50
2	3	38	6	34	7	36	5	46	18	47	13	47
3	2	37	3	33	8	43	14	45	15	46	14	48
4	1	46	4	42	15	44	13	44	16	45	11	45
5	20	46	11	41	16	41	12	43	13	44	12	46
6	19	43	12	50	13	42	11	42	14	43	19	43
7	18	44	19	49	14	49	20	42	11	42	20	44
8	17	41	20	48	11	50	19	49	12	41	17	41
9	16	42	17	47	12	47	18	50	19	50	18	42
10	15	49	18	46	19	48	17	47	20	49	25	59
11	14	50	15	45	20	45	16	48	27	58	26	60
12	13	47	16	44	17	46	15	55	28	57	23	57
13	12	46	13	43	20	53	24	56	25	56	24	58
14	11	53	14	52	27	54	23	53	26	55	21	55
15	30	54	21	59	28	51	22	58	23	54	28	56
16	27	51	21	58	25	52	21	55	24	53	25	53
17	26	52	30	57	26	52	28	56	21	52	26	54
18	25	59	29	51	23	51	27	53	21	57	23	52
19	22	60	28	52	24	60	26	54	30	56	24	51
20	21	55	27	59	27	59	29	51	29	55	31	10
21	30	56	26	60	28	58	28	52	38	5	32	9
22	29	53	25	57	25	57	27	7	37	6	37	8
23	28	54	24	58	26	6	36	8	36	3	38	7
24	27	1	23	5	33	5	35	5	35	4	35	6
25	36	2	32	6	34	4	34	6	34	1	36	5
26	35	9	31	3	31	3	33	3	33	2	33	4
27	34	10	40	4	32	10	32	4	32	9	34	3
28	33	7	39	1	39	9	31	1	31	10	31	2
29	32	8	38	2	40	8	40	2	40	7	32	1
30	31		37	9	37	7	39	9	39	8	49	20
31	40		36		38		38	10		15		19

命数が…… 1~10 羅針盤座　11~20 インディアン座　21~30 鳳凰座

銀

1969

昭和44年生

★

満55歳

日＼月	1	2	3	4	5	6	7	8	9	10	11	12
1	18	43	12	50	13	42	11	42	14	43	19	43
2	17	42	19	49	14	49	20	41	11	42	20	44
3	16	41	20	48	11	50	19	50	12	41	17	41
4	15	49	17	47	12	47	18	49	19	50	18	42
5	14	50	18	46	19	48	17	48	20	49	25	59
6	13	47	15	45	20	45	16	47	27	58	26	60
7	12	48	16	44	17	46	15	56	28	57	23	57
8	11	55	13	43	18	53	24	56	25	56	24	58
9	30	56	14	52	25	54	23	53	26	55	21	55
10	29	53	21	51	26	51	22	54	23	54	22	56
11	28	54	22	60	23	52	21	51	24	53	29	53
12	27	59	29	59	24	59	30	52	21	52	30	54
13	26	60	30	58	21	60	29	59	22	51	27	51
14	25	57	27	57	24	57	28	60	29	60	28	52
15	22	58	28	54	21	58	27	57	30	59	31	9
16	21	55	25	53	22	55	26	52	37	8	32	10
17	30	56	25	52	29	57	23	9	38	7	39	7
18	27	3	24	58	30	6	32	10	35	2	40	7
19	36	2	23	5	37	5	31	7	35	1	37	6
20	35	9	32	6	38	4	34	8	34	10	38	5
21	34	10	31	3	31	3	33	5	33	2	35	4
22	33	7	40	4	32	2	32	6	32	9	34	3
23	32	8	39	1	39	1	31	1	31	10	31	2
24	31	5	38	2	40	10	40	2	40	7	32	1
25	40	6	37	9	37	9	39	9	39	8	49	20
26	39	3	36	10	38	8	38	10	48	15	50	19
27	38	4	35	7	35	5	37	17	47	16	47	18
28	37	11	34	8	36	14	46	18	46	13	48	17
29	46		33	15	43	13	45	15	45	14	45	16
30	45		42	16	44	12	44	16	44	11	46	15
31	44		41		41		43	13		12		14

金

1970

昭和45年生

★

満54歳

日＼月	1	2	3	4	5	6	7	8	9	10	11	12
1	13	48	15	45	20	45	16	47	27	58	26	60
2	12	47	16	44	17	46	15	56	28	57	23	57
3	11	56	13	43	18	53	24	55	25	56	24	58
4	30	56	14	52	25	54	23	54	26	55	21	55
5	29	53	21	51	28	51	22	53	23	54	22	56
6	28	54	22	60	23	52	21	52	24	53	29	53
7	27	51	29	59	24	59	30	51	21	52	30	54
8	26	52	30	58	21	60	29	59	22	51	27	51
9	25	59	27	57	22	57	28	60	29	60	28	52
10	24	60	28	56	29	58	27	57	30	59	35	9
11	23	57	25	55	30	55	26	58	37	8	36	10
12	22	56	26	54	27	56	25	5	38	7	33	7
13	21	3	23	53	28	3	34	6	35	6	34	8
14	40	4	24	2	37	4	33	3	36	5	31	5
15	39	1	31	9	38	1	32	4	33	4	32	6
16	36	2	32	8	35	2	31	5	34	3	35	3
17	35	9	40	7	36	2	38	6	31	2	36	4
18	34	10	39	1	33	1	37	3	32	1	33	2
19	31	5	38	2	34	10	36	4	40	6	34	1
20	40	6	37	9	31	9	39	1	39	5	41	20
21	39	3	36	10	38	8	38	2	48	14	42	19
22	38	4	35	7	35	7	37	19	47	16	49	18
23	37	11	34	8	36	16	46	18	46	13	48	17
24	46	12	33	15	43	15	45	15	45	14	45	16
25	45	19	42	16	44	14	44	16	44	11	46	15
26	44	20	41	13	41	13	43	13	43	12	43	14
27	43	17	50	14	42	20	42	14	42	19	44	13
28	42	18	49	11	49	19	41	11	41	20	41	12
29	41		48	12	50	18	50	12	50	17	42	11
30	50		47	19	47	17	49	19	49	18	59	30
31	49		46		48		48	20		25		29

31~40 時計座　41~50 カメレオン座　51~60 イルカ座

銀

1971

昭和46年生 ★ 満53歳

日＼月	1	2	3	4	5	6	7	8	9	10	11	12
1	28	53	22	60	23	52	21	52	24	53	29	53
2	27	52	29	59	24	59	30	51	21	52	30	54
3	26	51	30	58	21	60	29	60	22	51	27	51
4	25	59	27	57	22	57	28	59	29	60	28	52
5	24	60	28	56	29	58	27	58	30	59	35	9
6	23	57	25	55	30	55	26	57	37	8	36	10
7	22	58	26	54	27	56	25	6	38	7	33	7
8	21	5	23	53	28	3	34	6	35	6	34	8
9	40	6	24	2	35	4	33	3	36	5	31	5
10	39	3	31	1	36	1	32	4	33	4	32	6
11	38	4	32	10	33	2	31	1	34	3	39	3
12	37	9	39	9	34	9	40	2	31	2	40	4
13	36	10	40	8	31	10	39	9	32	1	37	1
14	35	7	37	7	34	7	38	10	39	10	38	2
15	34	8	38	4	31	8	37	7	40	9	45	19
16	31	5	35	3	32	5	36	2	47	18	42	20
17	40	6	35	2	39	7	35	19	48	17	49	17
18	39	13	34	8	40	16	42	20	45	16	50	18
19	46	12	33	15	47	15	41	17	45	11	47	16
20	45	19	42	16	48	14	50	18	44	20	48	15
21	44	20	41	13	41	13	43	15	43	19	45	14
22	43	17	50	14	42	12	42	16	42	19	46	13
23	42	18	49	11	49	11	41	11	41	20	41	12
24	41	15	48	12	50	20	50	12	50	17	42	11
25	50	16	47	19	47	19	49	19	49	18	59	30
26	49	13	46	20	48	18	48	20	58	25	60	29
27	48	14	45	17	45	15	47	27	57	26	57	28
28	47	21	44	18	46	24	56	28	56	23	58	27
29	56		43	25	53	23	55	25	55	24	55	26
30	55		52	26	54	22	54	26	54	21	56	25
31	54		51		51		53	23		22		24

金

1972

昭和47年生 ★ 満52歳

日＼月	1	2	3	4	5	6	7	8	9	10	11	12
1	23	58	26	54	27	56	25	6	38	7	33	7
2	22	57	23	53	28	3	34	5	35	6	34	8
3	21	6	24	2	35	4	33	4	36	5	31	5
4	40	5	31	1	36	1	32	3	33	4	32	6
5	39	3	32	10	33	2	31	2	34	3	39	3
6	38	4	39	9	34	9	40	1	31	2	33	4
7	37	1	40	8	31	10	39	9	32	1	37	1
8	36	2	37	7	32	7	38	10	39	10	38	2
9	35	9	38	6	39	8	37	7	40	9	45	19
10	34	10	35	5	40	5	36	8	47	18	46	20
11	33	7	36	4	37	6	35	15	48	17	43	17
12	32	8	33	3	38	13	44	16	45	16	44	18
13	31	13	34	12	47	14	43	13	46	15	41	15
14	50	14	41	11	48	11	42	14	43	14	42	16
15	49	11	42	18	45	12	41	15	44	13	45	13
16	46	12	50	17	46	12	50	16	41	12	46	14
17	45	19	49	16	43	11	47	13	42	11	43	11
18	44	20	48	12	44	20	46	14	50	16	44	11
19	41	17	47	19	41	19	45	11	49	15	51	30
20	50	16	46	20	48	18	48	12	58	24	52	29
21	49	13	45	17	45	17	47	29	57	26	59	28
22	48	14	44	18	46	26	56	28	56	23	58	27
23	47	21	43	25	53	25	55	25	55	24	55	26
24	56	22	52	26	54	24	54	26	54	21	56	25
25	55	29	51	23	51	23	53	23	53	22	53	24
26	54	30	60	24	52	30	52	24	52	29	54	23
27	53	27	59	21	59	29	51	21	51	30	51	22
28	52	28	58	22	60	28	60	22	60	27	52	21
29	51	25	57	29	57	27	59	29	59	28	9	40
30	60		56	30	58	26	58	30	8	35	10	39
31	59		55		55		57	37		36		38

命数が…… 1~10 羅針盤座　11~20 インディアン座　21~30 鳳凰座

銀 1973 昭和48年生 ★ 満51歳

日＼月	1	2	3	4	5	6	7	8	9	10	11	12
1	37	2	39	9	34	9	40	1	31	2	40	4
2	36	1	40	8	31	10	39	10	32	1	37	1
3	35	10	37	7	32	7	38	9	39	10	38	2
4	34	10	38	6	39	8	37	8	40	9	45	19
5	33	7	35	5	40	5	36	7	47	18	46	20
6	32	8	36	4	37	6	35	16	48	17	43	17
7	31	15	33	3	38	13	44	15	45	16	44	18
8	50	16	34	12	45	14	43	13	46	15	41	15
9	49	13	41	11	46	11	42	14	43	14	42	16
10	48	14	42	20	43	12	41	11	44	13	49	13
11	47	11	49	19	44	19	50	12	41	12	50	14
12	46	20	50	18	41	20	49	19	42	11	47	11
13	45	17	47	17	42	17	48	20	49	20	48	12
14	44	18	48	16	41	18	47	17	50	19	55	29
15	41	15	45	13	42	15	46	18	57	28	52	30
16	50	16	46	12	49	16	45	29	58	27	59	27
17	49	23	44	11	50	26	52	30	55	26	60	28
18	56	24	43	25	57	25	51	27	56	21	57	26
19	55	29	52	26	58	24	60	28	54	30	58	25
20	54	30	51	23	55	23	53	25	53	29	55	24
21	53	27	60	24	52	22	52	26	52	29	56	23
22	52	28	59	21	59	21	51	23	51	30	51	22
23	51	25	58	22	60	30	60	22	60	27	52	21
24	60	26	57	29	57	29	59	29	59	28	9	40
25	59	23	56	30	58	28	58	30	8	35	10	39
26	58	24	55	27	55	25	57	37	7	36	7	38
27	57	31	54	28	56	34	6	38	6	33	8	37
28	6	32	53	35	3	33	5	35	5	34	5	36
29	5		2	36	4	32	4	36	4	31	6	35
30	4		1	33	1	31	3	33	3	32	3	34
31	3		10		2		2	34		39		33

金 1974 昭和49年生 ★ 満50歳

日＼月	1	2	3	4	5	6	7	8	9	10	11	12
1	32	7	36	4	37	6	35	16	48	17	43	17
2	31	16	33	3	38	13	44	15	45	16	44	18
3	50	15	34	12	45	14	43	14	46	15	41	15
4	49	13	41	11	46	11	42	13	43	14	42	16
5	48	14	42	20	43	12	41	12	44	13	49	13
6	47	11	49	19	44	19	50	11	41	12	50	14
7	46	12	50	18	41	20	49	20	42	11	47	11
8	45	19	47	17	42	17	48	20	49	20	48	12
9	44	20	48	16	49	18	47	17	50	19	55	29
10	43	17	45	15	50	15	46	18	57	28	56	30
11	42	18	46	14	47	16	45	25	58	27	53	27
12	41	23	43	13	48	23	54	26	55	26	54	28
13	60	24	44	22	55	24	53	23	56	25	51	25
14	59	21	51	21	58	21	52	24	53	24	52	26
15	58	22	52	28	55	22	51	21	54	23	59	23
16	55	29	59	27	56	29	60	26	51	22	56	24
17	54	30	59	26	53	21	57	23	52	21	53	21
18	53	27	58	22	54	30	56	24	59	30	54	21
19	60	26	57	29	51	29	55	21	59	25	1	40
20	59	23	56	30	52	28	58	22	8	34	2	39
21	58	24	55	27	55	27	57	39	7	33	9	38
22	57	31	54	28	56	36	6	40	6	33	10	37
23	6	32	53	35	3	35	5	35	5	34	5	36
24	5	39	2	36	4	34	4	36	4	31	6	35
25	4	40	1	33	1	33	3	33	3	32	3	34
26	3	37	10	34	2	32	2	34	2	39	4	33
27	2	38	9	31	9	39	1	31	1	40	1	32
28	1	35	8	32	10	38	10	32	10	37	2	31
29	10		7	39	7	37	9	39	9	38	19	50
30	9		6	40	8	36	8	40	18	45	20	49
31	8		5		5		7	47		46		48

31~40 時計座　41~50 カメレオン座　51~60 イルカ座

銀

1975

昭和50年生 ★ 満49歳

日＼月	1	2	3	4	5	6	7	8	9	10	11	12
1	47	12	49	19	44	19	50	11	41	12	50	14
2	46	11	50	18	41	20	49	20	42	11	47	11
3	45	20	47	17	42	17	48	19	49	20	48	12
4	44	20	48	16	49	18	47	18	50	19	55	29
5	43	17	45	15	50	15	46	17	57	28	56	30
6	42	18	46	14	47	16	45	26	58	27	53	27
7	41	25	43	13	48	23	54	25	55	26	54	28
8	60	26	44	22	55	24	53	23	56	25	51	25
9	59	23	51	21	56	21	52	24	53	24	52	26
10	58	24	52	30	53	22	51	21	54	23	59	23
11	57	21	59	29	54	29	60	22	51	22	60	24
12	56	30	60	28	51	30	59	29	52	21	57	21
13	55	27	57	27	52	27	58	30	59	30	58	22
14	54	28	58	26	51	28	57	27	60	29	5	39
15	53	25	55	23	52	25	56	28	7	38	6	40
16	60	26	56	22	59	26	55	39	8	37	9	37
17	59	33	54	21	60	36	4	40	5	36	10	38
18	8	34	53	35	7	35	1	37	6	35	7	35
19	5	39	2	36	8	34	10	38	4	40	8	35
20	4	40	1	33	5	33	9	35	3	39	5	34
21	3	37	10	34	2	32	2	36	2	38	6	33
22	2	38	9	31	9	31	1	33	1	40	3	32
23	1	35	8	32	10	40	10	32	10	37	2	31
24	10	36	7	39	7	39	9	39	9	38	19	50
25	9	33	6	40	8	38	8	40	18	45	20	49
26	8	34	5	37	5	37	7	47	17	46	17	48
27	7	41	4	38	6	44	16	48	16	43	18	47
28	16	42	3	45	13	43	15	45	15	44	15	46
29	15		12	46	14	42	14	46	14	41	16	45
30	14		11	43	11	41	13	43	13	42	13	44
31	13		20		12		12	44		49		43

金

1976

昭和51年生 ★ 満48歳

日＼月	1	2	3	4	5	6	7	8	9	10	11	12
1	42	17	43	13	48	23	54	25	55	26	54	28
2	41	26	44	22	55	24	53	24	56	25	51	25
3	60	25	51	21	56	21	52	23	53	24	52	26
4	59	24	52	30	53	22	51	22	54	23	59	23
5	58	24	59	29	54	29	60	21	51	22	60	24
6	57	21	60	28	51	30	59	30	52	21	57	21
7	56	22	57	27	52	27	58	30	59	30	58	22
8	55	29	58	26	59	28	57	27	60	29	5	39
9	54	30	55	25	60	25	56	28	7	38	6	40
10	53	27	56	24	57	26	55	35	8	37	3	37
11	52	28	53	23	58	33	4	36	5	36	4	38
12	51	35	54	32	5	34	3	33	6	35	1	35
13	10	34	1	31	8	31	2	34	3	34	2	36
14	9	31	2	40	5	32	1	31	4	33	9	33
15	8	32	9	37	6	39	10	36	1	32	6	34
16	5	39	9	36	3	31	9	33	2	31	3	31
17	4	40	8	35	4	40	6	34	9	40	4	32
18	3	37	7	39	1	39	5	31	9	35	11	50
19	10	38	6	40	2	38	4	32	18	44	12	49
20	9	33	5	37	5	37	7	49	17	43	19	48
21	8	34	4	38	6	46	16	50	16	43	20	47
22	7	41	3	45	13	45	15	45	15	44	15	46
23	16	42	12	46	14	44	14	46	14	41	16	45
24	15	49	11	43	11	43	13	43	13	42	13	44
25	14	50	20	44	12	42	12	44	12	49	14	43
26	13	47	19	41	19	49	11	41	11	50	11	42
27	12	48	18	42	20	48	20	42	20	47	12	41
28	11	45	17	49	17	47	19	49	19	48	29	60
29	20	46	16	50	18	46	18	50	28	55	30	59
30	19		15	47	15	45	17	57	27	56	27	58
31	18		14		16		26	58		53		57

命数が…… 1~10 羅針盤座　11~20 インディアン座　21~30 鳳凰座

銀 1977

昭和52年生 ★ 満47歳

日＼月	1	2	3	4	5	6	7	8	9	10	11	12
1	56	21	60	28	51	30	59	30	52	21	57	21
2	55	30	57	27	52	27	58	29	59	30	58	22
3	54	29	58	26	59	28	57	28	60	29	5	39
4	53	27	55	25	60	25	56	27	7	38	6	40
5	52	28	56	24	57	26	55	36	8	37	3	37
6	51	35	53	23	58	33	4	35	5	36	4	38
7	10	36	54	32	5	34	3	34	6	35	1	35
8	9	33	1	31	6	31	2	34	3	34	2	36
9	8	34	2	40	3	32	1	31	4	33	9	33
10	7	31	9	39	4	39	10	32	1	32	10	34
11	6	32	10	38	1	40	9	39	2	31	7	31
12	5	37	7	37	2	37	8	40	9	40	8	32
13	4	38	8	36	9	38	7	37	10	39	15	49
14	3	35	5	35	2	35	6	38	17	48	16	50
15	10	36	6	32	9	36	5	45	18	47	19	47
16	9	43	3	31	10	43	14	50	15	46	20	48
17	18	44	3	50	17	45	11	47	16	45	17	45
18	15	41	12	46	18	44	20	48	13	50	18	45
19	14	50	11	43	15	43	19	45	13	49	15	44
20	13	47	20	44	16	42	12	46	12	48	16	43
21	12	48	19	41	19	41	11	43	11	50	13	42
22	11	45	18	42	20	50	20	44	20	47	12	41
23	20	46	17	49	17	49	19	49	19	48	29	60
24	19	43	16	50	18	48	18	50	28	55	30	59
25	18	44	15	47	15	47	17	57	27	56	27	58
26	17	51	14	48	16	56	26	58	26	53	28	57
27	26	52	13	55	23	53	25	55	25	54	25	56
28	25	59	22	56	24	52	24	56	24	51	26	55
29	24		21	53	21	51	23	53	23	52	23	54
30	23		30	54	22	60	22	54	22	59	24	53
31	22		29		29		21	51		60		52

金 1978

昭和53年生 ★ 満46歳

日＼月	1	2	3	4	5	6	7	8	9	10	11	12
1	51	36	53	23	58	33	4	35	5	36	4	38
2	10	35	54	32	5	34	3	34	6	35	1	35
3	9	34	1	31	6	31	2	33	3	34	2	36
4	8	34	2	40	3	32	1	32	4	33	9	33
5	7	31	9	39	4	39	10	31	1	32	10	34
6	6	32	10	38	1	40	9	40	2	31	7	31
7	5	39	7	37	2	37	8	39	9	40	8	32
8	4	40	8	36	9	38	7	37	10	39	15	49
9	3	37	5	35	10	35	6	38	17	48	16	50
10	2	38	6	34	7	36	5	45	18	47	13	47
11	1	45	3	33	8	43	14	46	15	46	14	48
12	20	44	4	42	15	44	13	43	16	45	11	45
13	19	41	11	41	16	41	12	44	13	44	12	46
14	18	42	12	50	15	42	11	41	14	43	19	43
15	17	49	19	47	16	49	20	42	11	42	20	44
16	14	50	20	46	13	50	19	43	12	41	13	41
17	13	47	18	45	14	50	16	44	19	50	14	42
18	12	48	17	49	11	49	15	41	20	49	21	60
19	19	43	16	50	12	48	14	42	28	54	22	59
20	18	44	15	47	19	47	17	59	27	53	29	58
21	17	51	14	48	16	56	26	60	26	52	30	57
22	26	52	13	55	23	55	25	57	25	54	27	56
23	25	59	22	56	24	54	24	56	24	51	26	55
24	24	60	21	53	21	53	23	53	23	52	23	54
25	23	57	30	54	22	52	22	54	22	59	24	53
26	22	58	29	51	29	51	21	51	21	60	21	52
27	21	55	28	52	30	58	30	52	30	57	22	51
28	30	56	27	59	27	57	29	59	29	58	39	10
29	29		26	60	28	56	28	60	38	5	40	9
30	28		25	57	25	55	27	7	37	6	37	8
31	27		24		26		36	8		3		7

31~40 時計座　41~50 カメレオン座　51~60 イルカ座

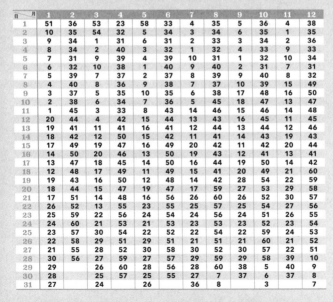

銀 1979

昭和54年生 ★ 満45歳

日＼月	1	2	3	4	5	6	7	8	9	10	11	12
1	6	31	10	38	1	40	9	40	2	31	7	31
2	5	40	7	37	2	37	8	39	9	40	8	32
3	4	39	8	36	9	38	7	38	10	39	15	49
4	3	37	5	35	10	35	6	37	17	48	16	50
5	2	38	6	34	7	36	5	46	18	47	13	47
6	1	45	3	33	8	43	14	45	15	46	14	48
7	20	46	4	42	15	44	13	44	16	45	11	45
8	19	43	11	41	16	41	12	44	13	44	12	46
9	18	44	12	50	13	42	11	41	14	43	19	43
10	17	41	19	49	14	49	20	42	11	42	20	44
11	16	42	20	48	11	50	19	49	12	41	17	41
12	15	47	17	47	12	47	18	50	19	50	18	42
13	14	48	18	46	19	48	17	47	20	49	25	59
14	13	45	15	45	12	45	16	48	27	58	26	60
15	12	46	16	42	19	46	15	55	28	57	23	57
16	19	53	13	41	20	53	24	60	25	56	30	58
17	28	54	13	60	27	55	23	57	26	55	27	55
18	27	51	22	56	28	54	30	58	23	54	28	56
19	24	60	21	53	25	53	29	55	23	59	25	54
20	23	57	30	54	26	52	28	56	22	58	26	53
21	22	58	29	51	29	51	21	53	21	57	23	52
22	21	55	28	52	30	60	30	54	30	57	24	51
23	30	56	27	59	27	59	29	59	29	58	39	10
24	29	53	26	60	28	58	28	60	38	5	40	9
25	28	54	25	57	25	57	27	7	37	6	37	8
26	27	1	24	58	26	6	36	8	36	3	38	7
27	36	2	23	5	33	3	35	5	35	4	35	6
28	35	9	32	6	34	2	34	6	34	1	36	5
29	34		31	3	31	1	33	3	33	2	33	4
30	33		40	4	32	10	32	4	32	9	34	3
31	32		39		39		31	1		10		2

金 1980

昭和55年生 ★ 満44歳

日＼月	1	2	3	4	5	6	7	8	9	10	11	12
1	1	46	4	42	15	44	13	44	16	45	11	45
2	20	45	11	41	16	41	12	43	13	44	12	46
3	19	44	12	50	13	42	11	42	14	43	19	43
4	18	43	19	49	14	49	20	41	11	42	20	44
5	17	41	20	48	11	50	19	50	12	41	17	41
6	16	42	17	47	12	47	17	49	19	50	18	42
7	15	49	18	46	19	48	17	47	20	49	25	59
8	14	50	15	45	20	45	16	48	27	58	26	60
9	13	47	16	44	17	46	15	55	28	57	23	57
10	12	48	13	43	18	53	24	56	25	56	24	58
11	11	55	14	52	25	54	23	53	26	55	21	55
12	30	56	21	51	26	51	22	54	23	54	22	56
13	29	51	22	60	25	52	21	51	24	53	29	53
14	28	52	29	57	26	59	30	52	21	52	30	54
15	27	59	30	56	23	60	29	53	22	51	23	51
16	24	60	28	55	24	60	28	54	29	60	24	52
17	23	57	27	59	21	59	25	51	30	59	31	9
18	22	58	26	60	22	58	24	52	38	4	32	9
19	29	55	25	57	29	57	23	9	37	3	39	8
20	28	54	24	58	26	6	36	10	36	2	40	7
21	27	1	23	5	33	5	35	7	35	4	37	6
22	36	2	32	6	34	4	34	6	34	1	36	5
23	35	9	31	3	31	3	33	3	33	2	33	4
24	34	10	40	4	32	2	32	4	32	9	34	3
25	33	7	39	1	39	1	31	1	31	10	31	2
26	32	8	38	2	40	8	40	2	40	7	32	1
27	31	5	37	9	37	7	39	9	39	8	49	20
28	40	6	36	10	38	6	38	10	48	15	50	19
29	39	3	35	7	35	5	37	17	47	16	47	18
30	38		34	8	36	14	46	18	46	13	48	17
31	37		33		43		45	15		14		16

命数が……　1~10 羅針盤座　11~20 インディアン座　21~30 鳳凰座

銀

1981

昭和56年生★満43歳

日＼月	1	2	3	4	5	6	7	8	9	10	11	12
1	15	50	17	47	12	47	18	49	19	50	18	42
2	14	49	18	46	19	48	17	48	20	49	25	59
3	13	48	15	45	20	45	16	47	27	58	26	60
4	12	48	16	44	17	46	15	56	28	57	23	57
5	11	55	17	43	18	53	24	55	25	56	24	58
6	30	56	14	52	25	54	23	54	26	55	21	55
7	29	53	21	51	26	51	22	54	23	54	22	56
8	28	54	22	60	23	52	21	51	24	53	29	53
9	27	51	29	59	24	59	30	52	21	52	30	54
10	26	52	30	58	21	60	29	59	22	51	27	51
11	25	59	27	57	22	57	28	60	29	60	28	52
12	24	58	28	56	29	58	27	57	30	59	35	9
13	23	55	25	55	22	55	26	58	37	8	36	10
14	22	56	26	54	29	56	25	5	38	7	33	7
15	21	3	23	51	30	3	34	10	35	6	40	8
16	38	4	24	10	37	4	33	7	36	5	37	5
17	37	1	32	9	38	4	40	8	33	4	38	6
18	36	2	31	3	35	3	39	5	34	9	35	4
19	33	7	40	4	36	2	38	6	32	8	36	3
20	32	8	39	1	39	1	31	3	31	7	33	2
21	31	5	38	2	40	10	40	4	40	7	34	1
22	40	6	37	9	37	9	39	9	39	8	49	20
23	39	3	36	10	38	8	38	10	48	15	50	19
24	38	4	35	7	35	7	37	17	47	16	47	18
25	37	11	34	8	36	16	46	18	46	13	48	17
26	46	12	33	15	43	15	45	15	45	14	45	16
27	45	19	42	16	44	12	44	16	44	11	46	15
28	44	20	41	13	41	11	43	13	43	12	43	14
29	43		50	14	42	20	42	14	42	19	44	13
30	42		49	11	49	19	41	11	41	20	41	12
31	41		48		50		50	12		17		11

金

1982

昭和57年生★満42歳

日＼月	1	2	3	4	5	6	7	8	9	10	11	12
1	30	55	14	52	25	54	23	54	26	55	21	55
2	29	54	21	51	26	51	22	53	23	54	22	56
3	28	53	22	60	23	52	21	52	24	53	29	53
4	27	51	29	59	24	59	30	51	21	52	30	54
5	26	52	24	58	21	60	29	60	22	51	27	51
6	25	59	27	57	22	57	28	59	29	60	28	52
7	24	60	28	56	29	58	27	58	30	59	35	9
8	23	57	25	55	30	55	26	58	37	8	36	10
9	22	58	26	54	27	56	25	5	38	7	33	7
10	21	5	23	53	28	3	34	6	35	6	34	8
11	40	6	24	2	35	4	33	3	36	5	31	5
12	39	1	31	1	36	1	32	4	33	4	32	6
13	38	2	32	10	33	2	31	1	34	3	39	3
14	37	9	39	9	36	9	40	2	31	2	40	4
15	36	10	40	6	33	10	39	9	32	1	37	1
16	33	7	37	5	34	7	38	4	39	10	34	2
17	32	8	37	4	31	9	35	1	40	9	41	19
18	31	5	36	10	32	8	34	2	47	14	42	19
19	38	4	35	7	39	7	33	19	47	13	49	18
20	37	11	34	8	40	16	46	20	46	12	50	17
21	46	12	33	15	43	15	45	17	45	14	47	16
22	45	19	42	16	44	14	44	18	44	11	48	15
23	44	20	41	13	41	13	43	13	43	12	43	14
24	43	17	50	14	42	12	42	14	42	19	44	13
25	42	18	49	11	49	11	41	11	41	20	41	12
26	41	15	48	12	50	20	50	12	50	17	42	11
27	50	16	47	19	47	17	49	19	49	18	59	30
28	49	13	46	20	48	16	48	20	58	25	60	29
29	48		45	17	45	15	47	27	57	26	57	28
30	47		44	18	46	24	56	28	56	23	58	27
31	56		43		53		55	25		24		26

31~40 時計座　41~50 カメレオン座　51~60 イルカ座

銀 1983 昭和58年生 ★ 満41歳

日＼月	1	2	3	4	5	6	7	8	9	10	11	12
1	25	60	27	57	22	57	28	59	29	60	28	52
2	24	59	28	56	29	58	27	58	30	59	35	9
3	23	58	25	55	30	55	26	57	37	8	36	10
4	22	58	26	54	27	56	25	6	38	7	33	7
5	21	5	23	53	28	3	34	5	35	6	34	8
6	40	6	24	2	35	4	33	4	36	5	31	5
7	39	3	31	1	36	1	31	3	33	4	32	6
8	38	4	32	10	33	2	31	1	34	3	39	3
9	37	1	39	9	34	9	40	2	31	2	40	4
10	36	2	40	8	31	10	39	9	32	1	37	1
11	35	9	37	7	32	7	38	10	39	10	38	2
12	34	8	38	6	39	8	37	7	40	9	45	19
13	33	5	35	5	40	5	36	8	47	18	46	20
14	32	6	36	4	39	6	35	15	48	17	43	17
15	31	13	33	1	40	13	44	16	45	16	44	18
16	48	14	34	20	47	14	43	17	46	15	47	15
17	47	11	42	19	48	14	42	18	43	14	48	16
18	46	12	41	13	45	13	49	15	44	13	45	13
19	43	17	50	14	46	12	48	16	42	18	46	13
20	42	18	49	11	43	11	47	13	41	17	43	12
21	41	15	48	12	50	20	50	14	50	16	44	11
22	50	16	47	19	47	19	49	11	49	18	51	30
23	49	13	46	20	48	18	48	20	58	25	60	29
24	48	14	45	17	45	17	47	27	57	26	57	28
25	47	21	44	18	46	26	56	28	56	23	58	27
26	56	22	43	25	53	25	55	25	55	24	55	26
27	55	29	52	26	54	22	54	26	54	21	56	25
28	54	30	51	23	51	21	53	23	53	22	53	24
29	53		60	24	52	30	52	24	52	29	54	23
30	52		59	21	59	29	51	21	51	30	51	22
31	51		58		60		60	22		27		21

金 1984 昭和59年生 ★ 満40歳

日＼月	1	2	3	4	5	6	7	8	9	10	11	12
1	40	5	31	1	36	1	32	3	33	4	32	6
2	39	4	32	10	33	2	31	2	34	3	39	3
3	38	3	39	9	34	9	40	1	31	2	40	4
4	37	2	40	8	31	10	39	10	32	1	37	1
5	36	2	37	7	32	7	38	9	39	10	38	2
6	35	9	38	6	39	8	38	8	40	9	45	19
7	34	10	35	5	40	5	36	8	47	18	46	20
8	33	7	36	4	37	6	35	15	48	17	43	17
9	32	8	33	3	38	13	44	16	45	16	44	18
10	31	15	34	12	45	14	43	13	46	15	41	15
11	50	16	41	11	46	11	42	14	43	14	42	16
12	49	13	42	20	43	12	41	11	44	13	49	13
13	48	12	49	19	46	19	50	12	41	12	50	14
14	47	19	50	16	43	20	49	19	42	11	47	11
15	46	20	47	15	44	17	48	14	49	20	44	12
16	43	17	47	14	41	19	47	11	50	19	51	29
17	42	18	46	20	42	18	44	12	57	28	52	30
18	41	15	45	17	49	17	43	29	57	23	59	28
19	48	16	44	18	50	26	52	30	56	22	60	27
20	47	21	43	25	53	25	55	27	55	21	57	26
21	56	22	52	26	54	24	54	28	54	21	58	25
22	55	29	51	23	51	23	53	23	53	22	53	24
23	54	30	60	24	52	22	52	24	52	29	54	23
24	53	27	59	21	59	21	51	21	51	30	51	22
25	52	28	58	22	60	30	60	22	60	27	52	21
26	51	25	57	29	57	27	59	29	59	28	9	40
27	60	26	56	30	58	26	58	30	8	35	10	39
28	59	23	55	27	55	25	57	37	7	36	7	38
29	58	24	54	28	56	34	6	38	6	33	8	37
30	57		53	35	3	33	5	35	5	34	5	36
31	6		2		4		4	36		31		35

命数が…… 1~10 羅針盤座　11~20 インディアン座　21~30 鳳凰座

日＼月	1	2	3	4	5	6	7	8	9	10	11	12
1	34	9	38	6	39	8	37	8	40	9	45	19
2	33	8	35	5	40	5	36	7	47	18	46	20
3	32	7	36	4	37	6	35	16	48	17	43	17
4	31	15	33	3	38	13	44	15	45	16	44	18
5	50	16	38	12	45	14	43	14	46	15	41	15
6	49	13	41	11	46	11	42	13	43	14	42	16
7	48	14	42	20	43	12	41	11	44	13	49	13
8	47	11	49	19	44	19	50	12	41	12	50	14
9	46	12	50	18	41	20	49	19	42	11	47	11
10	45	19	47	17	42	17	48	20	49	20	48	12
11	44	20	48	16	49	18	47	17	50	19	55	29
12	43	15	45	15	50	15	46	18	57	28	56	30
13	42	16	46	14	49	16	45	25	58	27	53	27
14	41	23	43	13	50	23	54	26	55	26	54	28
15	58	24	44	30	57	24	53	27	56	25	57	25
16	57	21	51	29	58	21	52	28	53	24	58	26
17	56	22	51	28	55	23	59	25	54	23	55	23
18	53	29	60	24	56	22	58	26	51	28	56	23
19	52	28	59	21	53	21	57	23	51	27	53	22
20	51	25	58	22	60	30	60	24	60	26	54	21
21	60	26	57	29	57	29	59	21	59	28	1	40
22	59	23	56	30	58	28	58	30	8	35	10	39
23	58	24	55	27	55	27	57	37	7	36	7	38
24	57	31	54	28	56	36	6	38	6	33	8	37
25	6	32	53	35	3	35	5	35	5	34	5	36
26	5	39	2	36	4	32	4	36	4	31	6	35
27	4	40	1	33	1	31	3	33	3	32	3	34
28	3	37	10	34	2	40	2	34	2	39	4	33
29	2		9	31	9	39	1	31	1	40	1	32
30	1		8	32	10	38	10	32	10	37	2	31
31	10		7		7		9	39		38		50

銀

1985

昭和60年生
★
満39歳

日＼月	1	2	3	4	5	6	7	8	9	10	11	12
1	49	14	41	11	46	11	42	13	43	14	42	16
2	48	13	42	20	43	12	41	12	44	13	49	13
3	47	12	49	19	44	19	50	11	41	12	50	14
4	46	12	50	18	41	20	49	20	42	11	47	11
5	45	19	41	17	42	17	48	19	49	20	48	12
6	44	20	48	16	49	18	47	18	50	19	55	29
7	43	17	45	15	50	15	46	17	57	28	56	30
8	42	18	46	14	47	16	45	25	58	27	53	27
9	41	25	43	13	48	23	54	26	55	26	54	28
10	60	26	44	22	55	24	53	23	56	25	51	25
11	59	23	51	21	56	21	52	24	53	24	52	26
12	58	22	52	30	53	22	51	21	54	23	59	23
13	57	29	59	29	54	29	60	22	51	22	60	24
14	56	30	60	28	53	30	59	29	52	21	57	21
15	55	27	57	25	54	27	58	30	59	30	58	22
16	52	28	58	24	51	28	57	21	60	29	1	39
17	51	25	56	23	52	28	54	22	7	38	2	40
18	60	26	55	27	59	27	53	39	8	33	9	38
19	57	31	54	28	60	36	2	40	6	32	10	37
20	6	32	53	35	7	35	5	37	5	31	7	36
21	5	39	2	36	4	34	4	38	4	31	8	35
22	4	40	1	33	1	33	3	35	3	32	5	34
23	3	37	10	34	2	32	2	34	2	39	4	33
24	2	38	9	31	9	31	1	31	1	40	1	32
25	1	35	8	32	10	40	10	32	10	37	2	31
26	10	36	7	39	7	39	9	39	9	38	19	50
27	9	33	6	40	8	36	8	40	18	45	20	49
28	8	34	5	37	5	35	7	47	17	46	17	48
29	7		4	38	6	44	16	48	16	43	18	47
30	16		3	45	13	43	15	45	15	44	15	46
31	15		12		14		14	46		41		45

金

1986

昭和61年生
★
満38歳

31~40 時計座　41~50 カメレオン座　51~60 イルカ座

銀 1987

昭和62年生 ★ 満37歳

日＼月	1	2	3	4	5	6	7	8	9	10	11	12
1	44	19	48	16	49	18	47	18	50	19	55	29
2	43	18	45	15	50	15	46	17	57	28	56	30
3	42	17	46	14	47	16	45	26	58	27	53	27
4	41	25	43	13	48	23	54	25	55	26	54	28
5	60	26	48	22	55	24	53	24	56	25	51	25
6	59	23	51	21	56	21	52	23	53	24	52	26
7	58	24	52	30	53	22	52	22	54	23	59	23
8	57	21	59	29	54	29	60	22	51	22	60	24
9	56	22	60	28	51	30	59	29	52	21	57	21
10	55	29	57	27	52	27	58	30	59	30	58	22
11	54	30	58	26	59	28	57	27	60	29	5	39
12	53	25	55	25	60	25	56	28	7	38	6	40
13	52	26	56	24	57	26	55	35	8	37	3	37
14	51	33	53	23	60	33	4	36	5	36	4	38
15	10	34	54	40	7	34	3	33	6	35	1	35
16	7	31	1	39	8	31	2	38	3	34	8	36
17	6	32	1	38	5	33	1	35	4	33	5	33
18	5	39	10	34	6	32	8	36	1	32	6	34
19	2	38	9	31	3	31	7	33	1	37	3	32
20	1	35	8	32	4	40	6	34	10	36	4	31
21	10	36	7	39	7	39	9	31	9	35	11	50
22	9	33	6	40	8	38	8	32	18	45	12	49
23	8	34	5	37	5	37	7	47	17	46	17	48
24	7	41	4	38	6	46	16	48	16	43	18	47
25	16	42	3	45	13	45	15	45	15	44	15	46
26	15	49	12	46	14	44	14	46	14	41	16	45
27	14	50	11	43	11	41	13	43	13	42	13	44
28	13	47	20	44	12	50	12	44	12	49	14	43
29	12		19	41	19	49	11	41	11	50	11	42
30	11		18	42	20	48	20	42	20	47	12	41
31	20		17		17		19	49		48		60

金 1988

昭和63年生 ★ 満36歳

日＼月	1	2	3	4	5	6	7	8	9	10	11	12
1	59	24	52	30	53	22	51	22	54	23	59	23
2	58	23	59	29	54	29	60	21	51	22	60	24
3	57	22	60	28	51	30	59	30	52	21	57	21
4	56	22	57	27	52	27	58	29	59	30	58	22
5	55	29	58	26	59	28	57	28	60	29	5	39
6	54	30	55	25	60	25	55	27	7	38	6	40
7	53	27	56	24	57	26	55	35	8	37	3	37
8	52	28	53	23	58	33	4	36	5	36	4	38
9	51	35	54	32	5	34	3	33	6	35	1	35
10	10	36	1	31	6	31	2	34	3	34	2	36
11	9	33	2	40	3	32	1	31	4	33	9	33
12	8	32	9	39	4	39	10	32	1	32	10	34
13	7	39	10	38	3	40	9	39	2	31	7	31
14	6	40	7	35	4	37	8	40	9	40	8	32
15	5	37	8	34	1	38	7	31	10	39	11	49
16	2	38	6	33	2	38	6	32	17	48	12	50
17	1	35	5	37	9	37	3	49	18	47	19	47
18	10	36	4	38	10	46	12	50	16	42	20	47
19	7	41	3	45	17	45	11	47	15	41	17	46
20	16	42	12	46	14	44	14	48	14	50	18	45
21	15	49	11	43	11	43	13	45	13	42	15	44
22	14	50	20	44	12	42	12	44	12	49	14	43
23	13	47	19	41	19	41	11	41	11	50	11	42
24	12	48	18	42	20	50	20	42	20	47	12	41
25	11	45	17	49	17	49	19	49	19	48	29	60
26	20	46	16	50	18	46	18	50	28	55	30	59
27	19	43	15	47	15	45	17	57	27	56	27	58
28	18	44	14	48	16	54	26	58	26	53	28	57
29	17	51	13	55	23	53	25	55	25	54	25	56
30	26		22	56	24	52	24	56	24	51	26	55
31	25		21		21		23	53		52		54

命数が…… 1〜10 羅針盤座　11〜20 インディアン座　21〜30 鳳凰座

銀 1989

昭和64年生 平成元年生

★ 満35歳

日＼月	1	2	3	4	5	6	7	8	9	10	11	12
1	53	28	55	25	60	25	56	27	7	38	6	40
2	52	27	56	24	57	26	55	36	8	37	3	37
3	51	36	53	23	58	33	4	35	5	36	4	38
4	10	36	54	32	5	34	3	34	6	35	1	35
5	9	33	1	31	6	31	2	33	3	34	2	36
6	8	34	2	40	3	32	1	32	4	33	9	33
7	7	31	9	39	4	39	10	32	1	32	10	34
8	6	32	10	38	1	40	9	39	2	31	7	31
9	5	39	7	37	2	37	8	40	9	40	8	32
10	4	40	8	36	9	38	7	37	10	39	15	49
11	3	37	5	35	10	35	6	38	17	48	16	50
12	2	36	6	34	7	36	5	45	18	47	13	47
13	1	43	3	33	10	43	14	46	15	46	14	48
14	20	44	4	42	17	44	13	43	16	45	11	45
15	17	41	11	49	18	41	12	48	13	44	18	46
16	16	42	11	48	15	42	11	45	14	43	15	43
17	15	49	20	47	16	42	18	46	11	42	16	44
18	12	50	19	41	13	41	17	43	12	47	13	42
19	11	45	18	42	14	50	16	44	20	46	14	41
20	20	46	17	49	17	49	19	41	19	45	21	60
21	19	43	16	50	18	48	18	42	28	55	22	59
22	18	44	15	47	15	47	17	57	27	56	27	58
23	17	51	14	48	16	56	26	58	26	53	28	57
24	26	52	13	55	23	55	25	55	25	54	25	56
25	25	59	22	56	24	54	24	56	24	51	26	55
26	24	60	21	53	21	53	23	53	23	52	23	54
27	23	57	30	54	22	60	22	54	22	59	24	53
28	22	58	29	51	29	59	21	51	21	60	21	52
29	21		28	52	30	58	30	52	30	57	22	51
30	30		27	59	27	57	29	59	29	58	39	10
31	29		26		28		28	60		5		9

金 1990

平成2年生

★ 満34歳

日＼月	1	2	3	4	5	6	7	8	9	10	11	12
1	8	33	2	40	3	32	1	32	4	33	9	33
2	7	32	9	39	4	39	10	31	1	32	10	34
3	6	31	10	38	1	40	9	40	2	31	7	31
4	5	39	7	37	2	37	8	39	9	40	8	32
5	4	40	2	36	9	38	7	38	10	39	15	49
6	3	37	5	35	10	35	6	37	17	48	16	50
7	2	38	6	34	7	36	5	46	18	47	13	47
8	1	45	3	33	8	43	14	46	15	46	14	48
9	20	46	4	42	15	44	13	43	16	45	11	45
10	19	43	11	41	16	41	12	44	13	44	12	46
11	18	44	12	50	13	42	11	41	14	43	19	43
12	17	49	19	49	14	49	20	42	11	42	20	44
13	16	50	20	48	11	50	19	49	12	41	17	41
14	15	47	17	47	14	47	18	50	19	50	18	42
15	12	48	18	44	11	48	17	47	20	49	25	59
16	11	45	15	43	12	45	16	42	27	58	22	60
17	20	46	15	42	19	47	13	59	28	57	29	57
18	17	53	14	48	20	56	22	60	25	52	30	57
19	26	52	13	55	27	55	21	57	25	51	27	56
20	25	59	22	56	28	54	24	58	24	60	28	55
21	24	60	21	53	21	53	23	55	23	52	25	54
22	23	57	30	54	22	52	22	56	22	59	26	53
23	22	58	29	51	29	51	21	51	21	60	21	52
24	21	55	28	52	30	60	30	52	30	57	22	51
25	30	56	27	59	27	59	29	59	29	58	39	10
26	29	53	26	60	28	58	28	60	38	5	40	9
27	28	54	25	57	25	55	27	7	37	6	37	8
28	27	1	24	58	26	4	36	8	36	3	38	7
29	36		23	5	33	3	35	5	35	4	35	6
30	35		32	6	34	2	34	6	34	1	36	5
31	34		31		31		33	3		2		4

31~40 時計座　41~50 カメレオン座　51~60 イルカ座

銀 1991

平成3年生 ★ 満33歳

日＼月	1	2	3	4	5	6	7	8	9	10	11	12
1	3	38	5	35	10	35	6	37	17	48	16	50
2	2	37	6	34	7	36	5	46	18	47	13	47
3	1	46	3	33	8	43	14	45	15	46	14	48
4	20	46	4	42	15	44	13	44	16	45	11	45
5	19	43	15	41	16	41	12	43	13	44	12	46
6	18	44	12	50	13	42	11	42	14	43	19	43
7	17	41	19	49	14	49	20	41	11	42	20	44
8	16	42	20	48	11	50	19	49	12	41	17	41
9	15	49	17	47	12	47	18	50	19	50	18	42
10	14	50	18	46	19	48	17	47	20	49	25	59
11	13	47	15	45	20	45	16	48	27	58	26	60
12	12	46	16	44	17	46	15	55	28	57	23	57
13	11	53	13	43	18	53	24	56	25	56	24	58
14	30	54	14	52	27	54	23	53	26	55	21	55
15	29	51	21	59	28	51	22	54	23	54	22	56
16	26	52	22	58	25	52	21	55	24	53	25	53
17	25	59	30	57	26	52	28	56	21	52	26	54
18	24	60	29	51	23	51	27	53	22	51	23	51
19	21	55	28	52	24	60	26	54	30	56	24	51
20	30	56	27	59	21	59	29	51	29	55	31	10
21	29	53	26	60	28	58	28	52	38	4	32	9
22	28	54	25	57	25	57	27	9	37	6	39	8
23	27	1	24	58	26	6	36	8	36	3	38	7
24	36	2	23	5	33	5	35	5	35	4	35	6
25	35	9	32	6	34	4	34	6	34	1	36	5
26	34	10	31	3	31	1	33	3	33	2	33	4
27	33	7	40	4	32	10	32	4	32	9	34	3
28	32	8	39	1	39	9	31	1	31	10	31	2
29	31		38	2	40	8	40	2	40	7	32	1
30	40		37	9	37	7	39	9	39	8	49	20
31	39		36		38		38	10		15		19

金 1992

平成4年生 ★ 満32歳

日＼月	1	2	3	4	5	6	7	8	9	10	11	12
1	18	43	19	49	14	49	20	41	11	42	20	44
2	17	42	20	48	11	50	19	50	12	41	17	41
3	16	41	17	47	12	47	18	49	19	50	18	42
4	15	49	18	46	19	48	17	48	20	49	25	59
5	14	50	15	45	20	45	16	47	27	58	26	60
6	13	47	16	44	17	46	16	56	28	57	23	57
7	12	48	13	43	18	53	24	56	25	56	24	58
8	11	55	14	52	25	54	23	53	26	55	21	55
9	30	56	21	51	26	51	22	54	23	54	22	56
10	29	53	22	60	23	52	21	51	24	53	29	53
11	28	54	29	59	24	59	30	52	21	52	30	54
12	27	59	30	58	21	60	29	59	22	51	27	51
13	26	60	27	57	24	57	28	60	29	60	28	52
14	25	57	28	54	21	58	27	57	30	59	35	9
15	24	58	25	53	22	55	26	52	37	8	32	10
16	21	55	25	52	29	57	25	9	38	7	39	7
17	30	56	24	58	30	6	32	10	35	6	40	8
18	29	3	23	5	37	5	31	7	35	1	37	6
19	36	2	32	6	38	4	40	8	34	10	38	5
20	35	9	31	3	31	3	33	5	33	9	35	4
21	34	10	40	4	32	2	32	6	32	9	36	3
22	33	7	39	1	39	1	31	1	31	10	31	2
23	32	8	38	2	40	10	40	2	40	7	32	1
24	31	5	37	9	37	9	39	9	39	8	49	20
25	40	6	36	10	38	8	38	10	48	15	50	19
26	39	3	35	7	35	5	37	17	47	16	47	18
27	38	4	34	8	36	14	46	18	46	13	48	17
28	37	11	33	15	43	13	45	15	45	14	45	16
29	46	12	42	16	44	12	44	16	44	11	46	15
30	45		41	13	41	11	43	13	43	12	43	14
31	44		50		42		42	14		19		13

命数が……　1~10 羅針盤座　11~20 インディアン座　21~30 鳳凰座

銀

1993

平成5年生★満31歳

日＼月	1	2	3	4	5	6	7	8	9	10	11	12
1	12	47	16	44	17	46	15	56	28	57	23	57
2	11	56	13	43	18	53	24	55	25	56	24	58
3	30	55	14	52	25	54	23	54	26	55	21	55
4	29	53	21	51	26	51	22	53	23	54	22	56
5	28	54	22	60	23	52	21	52	24	53	29	53
6	27	51	29	59	24	59	30	51	21	52	30	54
7	26	52	30	58	21	60	30	59	22	51	27	51
8	25	59	27	57	22	57	28	60	29	60	28	52
9	24	60	28	56	29	58	27	57	30	59	35	9
10	23	57	25	55	30	55	26	58	37	8	36	10
11	22	58	26	54	27	56	25	5	38	7	33	7
12	21	3	23	53	28	3	34	6	35	6	34	8
13	40	4	24	2	37	4	33	3	36	5	31	5
14	39	1	31	1	38	1	32	4	33	4	32	6
15	36	2	32	8	35	2	31	5	34	3	35	3
16	35	9	40	7	36	9	40	6	31	2	36	4
17	34	10	39	6	33	1	39	3	32	1	33	1
18	31	7	38	2	34	10	36	4	39	6	34	1
19	40	6	37	9	31	9	35	1	39	5	41	20
20	39	3	36	10	38	8	34	2	48	14	42	19
21	38	4	35	7	35	7	37	19	47	16	49	18
22	37	11	34	8	36	16	46	18	46	13	48	17
23	46	12	33	15	43	15	45	15	45	14	45	16
24	45	19	42	16	44	14	44	16	44	11	46	15
25	44	20	41	13	41	13	43	13	43	12	43	14
26	43	17	50	14	42	12	42	14	42	19	44	13
27	42	18	49	11	49	19	41	11	41	20	41	12
28	41	15	48	12	50	18	50	12	50	17	42	11
29	50		47	19	47	17	49	19	49	18	59	30
30	49		46	20	48	16	48	20	58	25	60	29
31	48		45		45		47	27		26		28

金

1994

平成6年生★満30歳

日＼月	1	2	3	4	5	6	7	8	9	10	11	12
1	27	52	29	59	24	59	30	51	21	52	30	54
2	26	51	30	58	21	60	29	60	22	51	27	51
3	25	60	27	57	22	57	28	59	29	60	28	52
4	24	60	28	56	29	58	27	58	30	59	35	9
5	23	57	29	55	30	55	26	57	37	8	36	10
6	22	58	26	54	27	56	25	6	38	7	33	7
7	21	5	23	53	28	3	34	5	35	6	34	8
8	40	6	24	2	35	4	33	3	36	5	31	5
9	39	3	31	1	36	1	32	4	33	4	32	6
10	38	4	32	10	33	2	31	1	34	3	39	3
11	37	1	39	9	34	9	40	2	31	2	40	4
12	36	10	40	8	31	10	39	9	32	1	37	1
13	35	7	37	7	32	7	38	10	39	10	38	2
14	34	8	38	6	31	8	37	7	40	9	45	19
15	31	5	35	3	32	5	36	8	47	18	46	20
16	40	6	36	2	39	6	35	19	48	17	49	17
17	39	13	34	1	40	16	42	20	45	16	50	18
18	46	14	33	15	47	15	41	17	46	11	47	16
19	45	19	42	16	48	14	50	18	44	20	48	15
20	44	20	41	13	45	13	43	15	43	19	45	14
21	43	17	50	14	42	12	42	16	42	19	46	13
22	42	18	49	11	49	11	41	13	41	20	43	12
23	41	15	48	12	50	20	50	12	50	17	42	11
24	50	16	47	19	47	19	49	19	49	18	59	30
25	49	13	46	20	48	18	48	20	58	25	60	29
26	48	14	45	17	45	17	47	27	57	26	57	28
27	47	21	44	18	46	24	56	28	56	23	58	27
28	56	22	43	25	53	23	55	25	55	24	55	26
29	55		52	26	54	22	54	26	54	21	56	25
30	54		51	23	51	21	53	23	53	22	53	24
31	53		60		52		52	24		29		23

31~40 時計座　41~50 カメレオン座　51~60 イルカ座

銀

1995

平成7年生

★

満29歳

日＼月	1	2	3	4	5	6	7	8	9	10	11	12
1	22	57	26	54	27	56	25	6	38	7	33	7
2	21	6	23	53	28	3	34	5	35	6	34	8
3	40	5	24	2	35	4	33	4	36	5	31	5
4	39	3	31	1	36	1	32	3	33	4	32	6
5	38	4	32	10	33	2	31	2	34	3	39	3
6	37	1	39	9	34	9	40	1	31	2	40	4
7	36	2	40	8	31	10	39	10	32	1	37	1
8	35	9	37	7	32	7	38	10	39	10	38	2
9	34	10	38	6	39	8	37	7	40	9	45	19
10	33	7	35	5	40	5	36	8	47	18	46	20
11	32	8	36	4	37	6	35	15	48	17	43	17
12	31	13	33	3	38	13	44	16	45	16	44	18
13	50	14	34	12	45	14	43	13	46	15	41	15
14	49	11	41	11	48	11	42	14	43	14	42	16
15	48	12	42	18	45	12	41	11	44	13	49	13
16	45	19	49	17	46	19	50	16	41	12	46	14
17	44	20	49	16	43	11	47	13	42	11	43	11
18	43	17	48	12	44	20	46	14	49	20	44	11
19	50	16	47	19	41	19	45	11	49	15	51	30
20	49	13	46	20	42	18	48	12	58	24	52	29
21	48	14	45	17	45	17	47	29	57	23	59	28
22	47	21	44	18	46	26	56	30	56	23	60	27
23	56	22	43	25	53	25	55	25	55	24	55	26
24	55	29	52	26	54	24	54	26	54	21	56	25
25	54	30	51	23	51	23	53	23	53	22	53	24
26	53	27	60	24	52	22	52	24	52	29	54	23
27	52	28	59	21	59	29	51	21	51	30	51	22
28	51	25	58	22	60	28	60	22	60	27	52	21
29	60		57	29	57	27	59	29	59	28	9	40
30	59		56	30	58	26	58	30	8	35	10	39
31	58		55		55		57	37		36		38

金

1996

平成8年生

★

満28歳

日＼月	1	2	3	4	5	6	7	8	9	10	11	12
1	37	2	40	8	31	10	39	10	32	1	37	1
2	36	1	37	7	32	7	38	9	39	10	38	2
3	35	10	38	6	39	8	37	8	40	9	45	19
4	34	10	35	5	40	5	36	7	47	18	46	20
5	33	7	36	4	37	6	35	16	48	17	43	17
6	32	8	33	3	38	13	43	15	45	16	44	18
7	31	15	34	12	45	14	43	13	46	15	41	15
8	50	16	41	11	46	11	42	14	43	14	42	16
9	49	13	42	20	43	12	41	11	44	13	49	13
10	48	14	49	19	44	19	50	12	41	12	50	14
11	47	11	50	18	41	20	49	19	42	11	47	11
12	46	20	47	17	42	17	48	20	49	20	48	12
13	45	17	48	16	41	18	47	17	50	19	55	29
14	44	18	45	13	42	15	46	18	57	28	56	30
15	43	15	46	12	49	16	45	29	58	27	59	27
16	50	16	44	11	50	26	54	30	55	26	60	28
17	49	23	43	25	57	25	51	27	56	25	57	25
18	58	24	52	26	58	24	60	28	54	30	58	25
19	55	29	51	23	55	23	59	25	53	29	55	24
20	54	30	60	24	52	22	52	26	52	28	56	23
21	53	27	59	21	59	21	51	23	51	30	53	22
22	52	28	58	22	60	30	60	22	60	27	52	21
23	51	25	57	29	57	29	59	29	59	28	9	40
24	60	26	56	30	58	28	58	30	8	35	10	39
25	59	23	55	27	55	27	57	37	7	36	7	38
26	58	24	54	28	56	34	6	38	6	33	8	37
27	57	31	53	35	3	33	5	35	5	34	5	36
28	6	32	2	36	4	32	4	36	4	31	6	35
29	5	39	1	33	1	31	3	33	3	32	3	34
30	4		10	34	2	40	2	34	2	39	4	33
31	3		9		9		1	31		40		32

命数が……　1~10 羅針盤座　11~20 インディアン座　21~30 鳳凰座

銀 1997

平成9年生 ★ 満27歳

日＼月	1	2	3	4	5	6	7	8	9	10	11	12
1	31	16	33	3	38	13	44	15	45	16	44	18
2	50	15	34	12	45	14	43	14	46	15	41	15
3	49	14	41	11	46	11	42	13	43	14	42	16
4	48	14	42	20	43	12	41	12	44	13	49	13
5	47	11	49	19	44	19	50	11	41	12	50	14
6	46	12	50	18	41	20	49	20	42	11	47	11
7	45	19	47	17	42	17	48	20	49	20	48	12
8	44	20	48	16	49	18	47	17	50	19	55	29
9	43	17	45	15	50	15	46	18	57	28	56	30
10	42	18	46	14	47	16	45	25	58	27	53	27
11	41	25	43	13	48	23	54	26	55	26	54	28
12	60	24	44	22	55	24	53	23	56	25	51	25
13	59	21	51	21	58	21	52	24	53	24	52	26
14	58	22	52	30	55	22	51	21	54	23	59	23
15	55	29	59	27	56	29	60	26	51	22	56	24
16	54	30	59	26	53	30	59	23	52	21	53	21
17	53	27	58	25	54	30	56	24	59	30	54	22
18	60	28	57	29	51	29	55	21	59	25	1	40
19	59	23	56	30	52	28	54	22	8	34	2	39
20	58	24	55	27	55	27	57	39	7	33	9	38
21	57	31	54	28	56	36	6	40	6	33	10	37
22	6	32	53	35	3	35	5	35	5	34	5	36
23	5	39	2	36	4	34	4	36	4	31	6	35
24	4	40	1	33	1	33	3	33	3	32	3	34
25	3	37	10	34	2	32	2	34	2	39	4	33
26	2	38	9	31	9	39	1	31	1	40	1	32
27	1	35	8	32	10	38	10	32	10	37	2	31
28	10	36	7	39	7	37	9	39	9	38	19	50
29	9		6	40	8	36	8	40	18	45	20	49
30	8		5	37	5	35	7	47	17	46	17	48
31	7		4		6		16	48		43		47

金 1998

平成10年生 ★ 満26歳

日＼月	1	2	3	4	5	6	7	8	9	10	11	12
1	46	11	50	18	41	20	49	20	42	11	47	11
2	45	20	47	17	42	17	48	19	49	20	48	12
3	44	19	48	16	49	18	47	18	50	19	55	29
4	43	17	45	15	50	15	46	17	57	28	56	30
5	42	18	50	14	47	16	45	26	58	27	53	27
6	41	25	43	13	48	23	54	25	55	26	54	28
7	60	26	44	22	55	24	53	24	56	25	51	25
8	59	23	51	21	56	21	52	24	53	24	52	26
9	58	24	52	30	53	22	51	21	54	23	59	23
10	57	21	59	29	54	29	60	22	51	22	60	24
11	56	22	60	28	51	30	59	29	52	21	57	21
12	55	27	57	27	52	27	58	30	59	30	58	22
13	54	28	58	26	59	28	57	27	60	29	5	39
14	53	25	55	25	52	25	56	28	7	38	6	40
15	60	26	56	22	59	26	55	35	8	37	3	37
16	59	33	53	21	60	33	4	40	5	36	10	38
17	8	34	53	40	7	35	1	37	6	35	7	35
18	5	31	2	36	8	34	10	38	3	40	8	35
19	4	40	1	33	5	33	9	35	3	39	5	34
20	3	37	10	34	6	32	2	36	2	38	6	33
21	2	38	9	31	9	31	1	33	1	40	3	32
22	1	35	8	32	10	40	10	34	10	37	4	31
23	10	36	7	39	7	39	9	39	9	38	19	50
24	9	33	6	40	8	38	8	40	18	45	20	49
25	8	34	5	37	5	37	7	47	17	46	17	48
26	7	41	4	38	6	46	16	48	16	43	18	47
27	16	42	3	45	13	43	15	45	15	44	15	46
28	15	49	12	46	14	42	14	46	14	41	16	45
29	14		11	43	11	41	13	43	13	42	13	44
30	13		20	44	12	50	12	44	12	49	14	43
31	12		19		19		11	41		50		42

31~40 時計座　41~50 カメレオン座　51~60 イルカ座

銀

1999

平成11年生
★
満25歳

日＼月	1	2	3	4	5	6	7	8	9	10	11	12
1	41	26	43	13	48	23	54	25	55	26	54	28
2	60	25	44	22	55	24	53	24	56	25	51	25
3	59	24	51	21	56	21	52	23	53	24	52	26
4	58	24	52	30	53	22	51	22	54	23	59	23
5	57	21	53	29	54	29	60	21	51	22	60	24
6	56	22	60	28	51	30	59	30	52	21	57	21
7	55	29	57	27	52	27	58	29	59	30	58	22
8	54	30	58	26	59	28	57	27	60	29	5	39
9	53	27	55	25	60	25	56	28	7	38	6	40
10	52	28	56	24	57	26	55	35	8	37	3	37
11	51	35	53	23	58	33	4	36	5	36	4	38
12	10	34	54	32	5	34	3	33	6	35	1	35
13	9	31	1	31	6	31	2	34	3	34	2	36
14	8	32	2	40	5	32	1	31	4	33	9	33
15	7	39	9	37	6	39	10	32	1	32	10	34
16	4	40	10	36	3	40	9	33	2	31	3	31
17	3	37	8	35	4	40	6	34	9	40	4	32
18	2	38	7	39	1	39	5	31	10	39	11	50
19	9	33	6	40	2	38	4	32	18	44	12	49
20	8	34	5	37	9	37	7	49	17	43	19	48
21	7	41	4	38	6	46	16	50	16	42	20	47
22	16	42	3	45	13	45	15	47	15	44	17	46
23	15	49	12	46	14	44	14	46	14	41	16	45
24	14	50	11	43	11	43	13	43	13	42	13	44
25	13	47	20	44	12	42	12	44	12	49	14	43
26	12	48	19	41	19	41	11	41	11	50	11	42
27	11	45	18	42	20	48	20	42	20	47	12	41
28	20	46	17	49	17	47	19	49	19	48	29	60
29	19		16	50	18	46	18	50	28	55	30	59
30	18		15	47	15	45	17	57	27	56	27	58
31	17		14		16		26	58		53		57

金

2000

平成12年生
★
満24歳

日＼月	1	2	3	4	5	6	7	8	9	10	11	12
1	56	21	57	27	52	27	58	29	59	30	58	22
2	55	30	58	26	59	28	57	28	60	29	5	39
3	54	29	55	25	60	25	56	27	7	38	6	40
4	53	27	56	24	57	26	55	36	8	37	3	37
5	52	28	53	23	58	33	4	35	5	36	4	38
6	51	35	54	32	5	34	4	34	6	35	1	35
7	10	36	1	31	6	31	2	34	3	34	2	36
8	9	33	2	40	3	32	1	31	4	33	9	33
9	8	34	9	39	4	39	10	32	1	32	10	34
10	7	31	10	38	1	40	9	39	2	31	7	31
11	6	32	7	37	2	37	8	40	9	40	8	32
12	5	37	8	36	9	38	7	37	10	39	15	49
13	4	38	5	35	2	35	6	38	17	48	16	50
14	3	35	6	32	9	36	5	45	18	47	13	47
15	2	36	3	31	10	43	14	50	15	46	20	48
16	9	43	3	50	17	45	13	47	16	45	17	45
17	18	44	12	46	18	44	20	48	13	44	18	46
18	17	41	11	43	15	43	19	45	13	49	15	44
19	14	50	20	44	16	42	18	46	12	48	16	43
20	13	47	19	41	19	41	11	43	11	47	13	42
21	12	48	18	42	20	50	20	44	20	47	14	41
22	11	45	17	49	17	49	19	49	19	48	29	60
23	20	46	16	50	18	48	18	50	28	55	30	59
24	19	43	15	47	15	47	17	57	27	56	27	58
25	18	44	14	48	16	56	26	58	26	53	28	57
26	17	51	13	55	23	53	25	55	25	54	25	56
27	26	52	22	56	24	52	24	56	24	51	26	55
28	25	59	21	53	21	51	23	53	23	52	23	54
29	24	60	30	54	22	60	22	54	22	59	24	53
30	23		29	51	29	59	21	51	21	60	21	52
31	22		28		30		30	52		57		51

命数が……　1~10 羅針盤座　11~20 インディアン座　21~30 鳳凰座

銀

2001

平成13年生

★

満23歳

日＼月	1	2	3	4	5	6	7	8	9	10	11	12
1	10	35	54	32	5	34	3	34	6	35	1	35
2	9	34	1	31	6	31	2	33	3	34	2	36
3	8	33	2	40	3	32	1	32	4	33	9	33
4	7	31	9	39	4	39	10	31	1	32	10	34
5	6	32	10	38	1	40	9	40	2	31	7	31
6	5	39	7	37	2	37	7	39	9	40	8	32
7	4	40	8	36	9	38	7	37	10	39	15	49
8	3	37	5	35	10	35	6	38	17	48	16	50
9	2	38	6	34	7	36	5	45	18	47	13	47
10	1	45	3	33	8	43	14	46	15	46	14	48
11	20	46	4	42	15	44	13	43	16	45	11	45
12	19	41	11	41	16	41	12	44	13	44	12	46
13	18	42	12	50	15	42	11	41	14	43	19	43
14	17	49	19	49	16	49	20	42	11	42	20	44
15	14	50	20	46	13	50	19	43	12	41	13	41
16	13	47	18	45	14	50	18	44	19	50	14	42
17	12	48	17	44	11	49	15	41	20	49	21	59
18	19	45	16	50	12	48	14	42	28	54	22	59
19	18	44	15	47	19	47	13	59	27	53	29	58
20	17	51	14	48	16	56	26	60	26	52	30	57
21	26	52	13	55	23	55	25	57	25	54	27	56
22	25	59	22	56	24	54	24	56	24	51	26	55
23	24	60	21	53	21	53	23	53	23	52	23	54
24	23	57	30	54	22	52	22	54	22	59	24	53
25	22	58	29	51	29	51	21	51	21	60	21	52
26	21	55	28	52	30	58	30	52	30	57	22	51
27	30	56	27	59	27	57	29	59	29	58	39	10
28	29	53	26	60	28	56	28	60	38	5	40	9
29	28		25	57	25	55	27	7	37	6	37	8
30	27		24	58	26	4	36	8	36	3	38	7
31	36		23		33		35	5		4		6

金

2002

平成14年生

★

満22歳

日＼月	1	2	3	4	5	6	7	8	9	10	11	12
1	5	40	7	37	2	37	8	39	9	40	8	32
2	4	39	8	36	9	38	7	38	10	39	15	49
3	3	38	5	35	10	35	6	37	17	48	16	50
4	2	38	6	34	7	36	5	46	18	47	13	47
5	1	45	7	33	8	43	14	45	15	46	14	48
6	20	46	4	42	15	44	13	44	16	45	11	45
7	19	43	11	41	16	41	12	43	13	44	12	46
8	18	44	12	50	13	42	11	41	14	43	19	43
9	17	41	19	49	14	49	20	42	11	42	20	44
10	16	42	20	48	11	50	19	49	12	41	17	41
11	15	49	17	47	12	47	18	50	19	50	18	42
12	14	48	18	46	19	48	17	47	20	49	25	59
13	13	45	15	45	20	45	16	48	27	58	26	60
14	12	46	16	44	19	46	15	55	28	57	23	57
15	19	53	13	41	20	53	24	56	25	56	30	58
16	28	54	14	60	27	54	23	57	26	55	27	55
17	27	51	22	59	28	54	30	58	23	54	28	56
18	24	52	21	53	25	53	29	55	24	59	25	54
19	23	57	30	54	26	52	28	56	22	58	26	53
20	22	58	29	51	23	51	21	53	21	57	23	52
21	21	55	28	52	30	60	30	54	30	57	24	51
22	30	56	27	59	27	59	29	51	29	58	39	10
23	29	53	26	60	28	58	28	60	38	5	40	9
24	28	54	25	57	25	57	27	7	37	6	37	8
25	27	1	24	58	26	6	36	8	36	3	38	7
26	36	2	23	5	33	5	35	5	35	4	35	6
27	35	9	32	6	34	2	34	6	34	1	36	5
28	34	10	31	3	31	1	33	3	33	2	33	4
29	33		40	4	32	10	32	4	32	9	34	3
30	32		39	1	39	9	31	1	31	10	31	2
31	31		38		40		40	2		7		1

31~40 時計座　41~50 カメレオン座　51~60 イルカ座

銀

2003

平成15年生 ★ 満21歳

日＼月	1	2	3	4	5	6	7	8	9	10	11	12
1	20	45	4	42	15	44	13	44	16	45	11	45
2	19	44	11	41	16	41	12	43	13	44	12	46
3	18	43	12	50	13	42	11	42	14	43	19	43
4	17	41	19	49	14	49	20	41	11	42	20	44
5	16	42	14	48	11	50	19	50	12	41	17	41
6	15	49	17	47	12	47	18	49	19	50	18	42
7	14	50	18	46	19	48	17	48	20	49	25	59
8	13	47	15	45	20	45	16	48	27	58	26	60
9	12	48	16	44	17	46	15	55	28	57	23	57
10	11	55	13	43	18	53	24	56	25	56	24	58
11	30	56	14	52	25	54	23	53	26	55	21	55
12	29	51	21	51	26	51	22	54	23	54	22	56
13	28	52	22	60	23	52	21	51	24	53	29	53
14	27	59	29	59	26	59	30	52	21	52	30	54
15	26	60	30	56	23	60	29	59	22	51	27	51
16	23	57	27	55	24	57	28	54	29	60	24	52
17	22	58	27	54	21	59	25	51	30	59	31	9
18	21	55	26	60	22	58	24	52	37	8	32	9
19	28	54	25	57	29	57	23	9	37	3	39	8
20	27	1	24	58	30	6	36	10	36	2	40	7
21	36	2	23	5	33	5	35	7	35	1	37	6
22	35	9	32	6	34	4	34	8	34	1	38	5
23	34	10	31	3	31	3	33	3	33	2	33	4
24	33	7	40	4	32	2	32	4	32	9	34	3
25	32	8	39	1	39	1	31	1	31	10	31	2
26	31	5	38	2	40	10	40	2	40	7	32	1
27	40	6	37	9	37	7	39	9	39	8	49	20
28	39	3	36	10	38	6	38	10	48	15	50	19
29	38		35	7	35	5	37	17	47	16	47	18
30	37		34	8	36	14	46	18	46	13	48	17
31	46		33		43		45	15		14		16

金

2004

平成16年生 ★ 満20歳

日＼月	1	2	3	4	5	6	7	8	9	10	11	12
1	15	50	18	46	19	48	17	48	20	49	25	59
2	14	49	15	45	20	45	16	47	27	58	26	60
3	13	48	16	44	17	46	15	56	28	57	23	57
4	12	48	13	43	18	53	24	55	25	56	24	58
5	11	55	14	52	25	54	23	54	26	55	21	55
6	30	56	21	51	26	51	21	53	23	54	22	56
7	29	53	22	60	23	52	21	51	24	53	29	53
8	28	54	29	59	24	59	30	52	21	52	30	54
9	27	51	30	58	21	60	29	59	22	51	27	51
10	26	52	27	57	22	57	28	60	29	60	28	52
11	25	59	28	56	29	58	27	57	30	59	35	9
12	24	58	25	55	30	55	26	58	37	8	36	10
13	23	55	26	54	29	56	25	5	38	7	33	7
14	22	56	23	51	30	3	34	6	35	6	34	8
15	21	3	24	10	37	4	33	7	36	5	37	5
16	38	4	32	9	38	4	32	8	33	4	38	6
17	37	1	31	3	35	3	39	5	34	3	35	3
18	36	2	40	4	36	2	38	6	32	8	36	3
19	33	7	39	1	33	1	37	3	31	7	33	2
20	32	8	38	2	40	10	40	4	40	6	34	1
21	31	5	37	9	37	9	39	1	39	8	41	20
22	40	6	36	10	38	8	38	10	48	15	50	19
23	39	3	35	7	35	7	37	17	47	16	47	18
24	38	4	34	8	36	16	46	18	46	13	48	17
25	37	11	33	15	43	15	45	15	45	14	45	16
26	46	12	42	16	44	12	44	16	44	11	46	15
27	45	19	41	13	41	11	43	13	43	12	43	14
28	44	20	50	14	42	20	42	14	42	19	44	13
29	43	17	49	11	49	19	41	11	41	20	41	12
30	42		48	12	50	18	50	12	50	17	42	11
31	41		47		47		49	19		18		30

命数が…… 1~10 羅針盤座　11~20 インディアン座　21~30 鳳凰座

銀 2005

平成17年生 ★ 満19歳

日＼月	1	2	3	4	5	6	7	8	9	10	11	12
1	29	54	21	51	26	51	22	53	23	54	22	56
2	28	53	22	60	23	52	21	52	24	53	29	53
3	27	52	29	59	24	59	30	51	21	52	30	54
4	26	52	30	58	21	60	29	60	22	51	27	51
5	25	59	27	57	22	57	28	59	29	60	28	52
6	24	60	28	56	29	58	28	58	30	59	35	9
7	23	57	25	55	30	55	26	58	37	8	36	10
8	22	58	26	54	27	56	25	5	38	7	33	7
9	21	5	23	53	28	3	34	6	35	6	34	8
10	40	6	24	2	35	4	33	3	36	5	31	5
11	39	3	31	1	36	1	32	4	33	4	32	6
12	38	2	32	10	33	2	31	1	34	3	39	3
13	37	9	39	9	36	9	40	2	31	2	40	4
14	36	10	40	8	33	10	39	9	32	1	37	1
15	33	7	37	5	34	7	38	4	39	10	34	2
16	32	8	37	4	31	9	37	1	40	9	41	19
17	31	5	36	3	32	8	34	2	47	18	42	20
18	38	6	35	7	39	7	33	19	47	13	49	18
19	37	11	34	8	40	16	42	20	46	12	50	17
20	46	12	33	15	43	15	45	17	45	11	47	16
21	45	19	42	16	44	14	44	18	44	11	48	15
22	44	20	41	13	41	13	43	13	43	12	43	14
23	43	17	50	14	42	12	42	14	42	19	44	13
24	42	18	49	11	49	11	41	11	41	20	41	12
25	41	15	48	12	50	20	50	12	50	17	42	11
26	50	16	47	19	47	17	49	19	49	18	59	30
27	49	13	46	20	48	16	48	20	58	25	60	29
28	48	14	45	17	45	15	47	27	57	26	57	28
29	47		44	18	46	24	56	28	56	23	58	27
30	56		43	25	53	23	55	25	55	24	55	26
31	55		52		54		54	26		21		25

金 2006

平成18年生 ★ 満18歳

日＼月	1	2	3	4	5	6	7	8	9	10	11	12
1	24	59	28	56	29	58	27	58	30	59	35	9
2	23	58	25	55	30	55	26	57	37	8	36	10
3	22	57	26	54	27	56	25	6	38	7	33	7
4	21	5	23	53	28	3	34	5	35	6	34	8
5	40	6	28	2	35	4	33	4	36	5	31	5
6	39	3	31	1	36	1	32	3	33	4	32	6
7	38	4	32	10	33	2	31	2	34	3	39	3
8	37	1	39	9	34	9	40	2	31	2	40	4
9	36	2	40	8	31	10	39	9	32	1	37	1
10	35	9	37	7	32	7	38	10	39	10	38	2
11	34	10	38	6	39	8	37	7	40	9	45	19
12	33	5	35	5	40	5	36	8	47	18	46	20
13	32	6	36	4	37	6	35	15	48	17	43	17
14	31	13	33	3	40	13	44	16	45	16	44	18
15	48	14	34	20	47	14	43	13	46	15	47	15
16	47	11	41	19	48	11	42	18	43	14	48	16
17	46	12	41	18	45	13	49	15	44	13	45	13
18	43	19	50	14	46	12	48	16	41	18	46	13
19	42	18	49	11	43	11	47	13	41	17	43	12
20	41	15	48	12	44	20	50	14	50	16	44	11
21	50	16	47	19	47	19	49	11	49	18	51	30
22	49	13	46	20	48	18	48	12	58	25	60	29
23	48	14	45	17	45	17	47	27	57	26	57	28
24	47	21	44	18	46	26	56	28	56	23	58	27
25	56	22	43	25	53	25	55	25	55	24	55	26
26	55	29	52	26	54	24	54	26	54	21	56	25
27	54	30	51	23	51	21	53	23	53	22	53	24
28	53	27	60	24	52	30	52	24	52	29	54	23
29	52		59	21	59	29	51	21	51	30	51	22
30	51		58	22	60	28	60	22	60	27	52	21
31	60		57		57		59	29		28		40

31~40 時計座　41~50 カメレオン座　51~60 イルカ座

銀

2007

平成19年生 ★ 満17歳

日＼月	1	2	3	4	5	6	7	8	9	10	11	12
1	39	4	31	1	36	1	32	3	33	4	32	6
2	38	3	32	10	33	2	31	2	34	3	39	3
3	37	2	39	9	34	9	40	1	31	2	40	4
4	36	2	40	8	31	10	39	10	32	1	37	1
5	35	9	37	7	32	7	38	9	39	10	38	2
6	34	10	38	6	39	8	37	8	40	9	45	19
7	33	7	35	5	40	5	36	7	47	18	46	20
8	32	8	36	4	37	6	35	15	48	17	43	17
9	31	15	33	3	38	13	44	16	45	16	44	18
10	50	16	34	12	45	14	43	13	46	15	41	15
11	49	13	41	11	46	11	42	14	43	14	42	16
12	48	12	42	20	43	12	41	11	44	13	49	13
13	47	19	49	19	44	19	50	12	41	12	50	14
14	46	20	50	18	43	20	49	19	42	11	47	11
15	45	17	47	15	44	17	48	20	49	20	48	12
16	42	18	48	14	41	18	47	11	50	19	51	29
17	41	15	46	13	42	18	44	12	57	28	52	30
18	50	16	45	17	49	17	43	29	58	27	59	28
19	47	21	44	18	50	26	52	30	56	22	60	27
20	56	22	43	25	57	25	55	27	55	21	57	26
21	55	29	52	26	54	24	54	28	54	30	58	25
22	54	30	51	23	51	23	53	25	53	22	55	24
23	53	27	60	24	52	22	52	24	52	29	54	23
24	52	28	59	21	59	21	51	21	51	30	51	22
25	51	25	58	22	60	30	60	22	60	27	52	21
26	60	26	57	29	57	29	59	29	59	28	9	40
27	59	23	56	30	58	26	58	30	8	35	10	39
28	58	24	55	27	55	25	57	37	7	36	7	38
29	57		54	28	56	34	6	38	6	33	8	37
30	6		53	35	3	33	5	35	5	34	5	36
31	5		2		4		4	36		31		35

金

2008

平成20年生 ★ 満16歳

日＼月	1	2	3	4	5	6	7	8	9	10	11	12
1	34	9	35	5	40	5	36	7	47	18	46	20
2	33	8	36	4	37	6	35	16	48	17	43	17
3	32	7	33	3	38	13	44	15	45	16	44	18
4	31	15	34	12	45	14	43	14	46	15	41	15
5	50	16	41	11	46	11	42	13	43	14	42	16
6	49	13	42	20	43	12	42	12	44	13	49	13
7	48	14	49	19	44	19	50	12	41	12	50	14
8	47	11	50	18	41	20	49	19	42	11	47	11
9	46	12	47	17	42	17	48	20	49	20	48	12
10	45	19	48	16	49	18	47	17	50	19	55	29
11	44	20	45	15	50	15	46	18	57	28	56	30
12	43	15	46	14	47	16	45	25	58	27	53	27
13	42	16	43	13	50	23	54	26	55	26	54	28
14	41	23	44	30	57	24	53	23	56	25	51	25
15	60	24	51	29	58	21	52	28	53	24	58	26
16	57	21	51	28	55	23	51	25	54	23	55	23
17	56	22	60	24	56	22	58	26	51	22	56	24
18	55	29	59	21	53	21	57	23	51	27	53	22
19	52	28	58	22	54	30	56	24	60	26	54	21
20	51	25	57	29	57	29	59	21	59	25	1	40
21	60	26	56	30	58	28	58	22	8	35	2	39
22	59	23	55	27	55	27	57	37	7	36	7	38
23	58	24	54	28	56	36	6	38	6	33	8	37
24	57	31	53	35	3	35	5	35	5	34	5	36
25	6	32	2	36	4	34	4	36	4	31	6	35
26	5	39	1	33	1	31	3	33	3	32	3	34
27	4	40	10	34	2	40	2	34	2	39	4	33
28	3	37	9	31	9	39	1	31	1	40	1	32
29	2	38	8	32	10	38	10	32	10	37	2	31
30	1		7	39	7	37	9	39	9	38	19	50
31	10		6		8		8	40		45		49

命数が…… 1~10 羅針盤座 11~20 インディアン座 21~30 鳳凰座

銀

2009

平成21年生 ★ 満15歳

日＼月	1	2	3	4	5	6	7	8	9	10	11	12
1	48	13	42	20	43	12	41	12	44	13	49	13
2	47	12	49	19	44	19	50	11	41	12	50	14
3	46	11	50	18	41	20	49	20	42	11	47	11
4	45	19	47	17	42	17	48	19	49	20	48	12
5	44	20	48	16	49	18	47	18	50	19	55	29
6	43	17	45	15	50	15	46	17	57	28	56	30
7	42	18	46	14	47	16	45	25	58	27	53	27
8	41	25	43	13	48	23	54	26	55	26	54	28
9	60	26	44	22	55	24	53	23	56	25	51	25
10	59	23	51	21	56	21	52	24	53	24	52	26
11	58	24	52	30	53	22	51	21	54	23	59	23
12	57	29	59	29	54	29	60	22	51	22	60	24
13	56	30	60	28	53	30	59	29	52	21	57	21
14	55	27	57	27	54	27	58	30	59	30	58	22
15	52	28	58	24	51	28	57	21	60	29	1	39
16	51	25	56	23	52	28	56	22	7	38	2	40
17	60	26	55	22	59	27	53	39	8	37	9	37
18	57	33	54	28	60	36	2	40	6	32	10	37
19	6	32	53	35	7	35	1	37	5	31	7	36
20	5	39	2	36	4	34	4	38	4	40	8	35
21	4	40	1	33	1	33	3	35	3	32	5	34
22	3	37	10	34	2	32	2	34	2	39	4	33
23	2	38	9	31	9	31	1	31	1	40	1	32
24	1	35	8	32	10	40	10	32	10	37	2	31
25	10	36	7	39	7	39	9	39	9	38	19	50
26	9	33	6	40	8	36	8	40	18	45	20	49
27	8	34	5	37	5	35	7	47	17	46	17	48
28	7	41	4	38	6	44	16	48	16	43	18	47
29	16		3	45	13	43	15	45	15	44	15	46
30	15		12	46	14	42	14	46	14	41	16	45
31	14		11		11		13	43		42		44

金

2010

平成22年生 ★ 満14歳

日＼月	1	2	3	4	5	6	7	8	9	10	11	12
1	43	18	45	15	50	15	46	17	57	28	56	30
2	42	17	46	14	47	16	45	26	58	27	53	27
3	41	26	43	13	48	23	54	25	55	26	54	28
4	60	26	44	22	55	24	53	24	56	25	51	25
5	59	23	55	21	56	21	52	23	53	24	52	26
6	58	24	52	30	53	22	51	22	54	23	59	23
7	57	21	59	29	54	29	60	22	51	22	60	24
8	56	22	60	28	51	30	59	29	52	21	57	21
9	55	29	57	27	52	27	58	30	59	30	58	22
10	54	30	58	26	59	28	57	27	60	29	5	39
11	53	27	55	25	60	25	56	28	7	38	6	40
12	52	26	56	24	57	26	55	35	8	37	3	37
13	51	33	53	23	60	33	4	36	5	36	4	38
14	10	34	54	32	7	34	3	33	6	35	1	35
15	7	31	1	39	8	31	2	38	3	34	8	36
16	6	32	2	38	5	32	1	35	4	33	5	33
17	5	39	10	37	6	32	8	36	1	32	6	34
18	2	40	9	31	3	31	7	33	2	37	3	32
19	1	35	8	32	4	40	6	34	10	36	4	31
20	10	36	7	39	7	39	9	31	9	35	11	50
21	9	33	6	40	8	38	8	32	18	45	12	49
22	8	34	5	37	5	37	7	47	17	46	17	48
23	7	41	4	38	6	46	16	48	16	43	18	47
24	16	42	3	45	13	45	15	45	15	44	15	46
25	15	49	12	46	14	44	14	46	14	41	16	45
26	14	50	11	43	11	43	13	43	13	42	13	44
27	13	47	20	44	12	50	12	44	12	49	14	43
28	12	48	19	41	19	49	11	41	11	50	11	42
29	11		18	42	20	48	20	42	20	47	12	41
30	20		17	49	17	47	19	49	19	48	29	60
31	19		16		18		18	50		55		59

31~40 時計座　41~50 カメレオン座　51~60 イルカ座

銀

2011

平成23年生 ★ 満13歳

日＼月	1	2	3	4	5	6	7	8	9	10	11	12
1	58	23	52	30	53	22	51	22	54	23	59	23
2	57	22	59	29	54	29	60	21	51	22	60	24
3	56	21	60	28	51	30	59	30	52	21	57	21
4	55	29	57	27	52	27	58	29	59	30	58	22
5	54	30	52	26	59	28	57	28	60	29	5	39
6	53	27	55	25	60	25	56	27	7	38	6	40
7	52	28	56	24	57	26	55	36	8	37	3	37
8	51	35	53	23	58	33	4	36	5	36	4	38
9	10	36	54	32	5	34	3	33	6	35	1	35
10	9	33	1	31	6	31	2	34	3	34	2	36
11	8	34	2	40	3	32	1	31	4	33	9	33
12	7	39	9	39	4	39	10	32	1	32	10	34
13	6	40	10	38	1	40	9	39	2	31	7	31
14	5	37	7	37	4	37	8	40	9	40	8	32
15	4	38	8	34	1	38	7	37	10	39	15	49
16	1	35	5	33	2	35	6	32	17	48	12	50
17	10	36	5	32	9	37	3	49	18	47	19	47
18	9	43	4	38	10	46	12	50	15	46	20	47
19	16	42	3	45	17	45	11	47	15	41	17	46
20	15	49	12	46	18	44	14	48	14	50	18	45
21	14	50	11	43	11	43	13	45	13	49	15	44
22	13	47	20	44	12	42	12	46	12	49	16	43
23	12	48	19	41	19	41	11	41	11	50	11	42
24	11	45	18	42	20	50	20	42	20	47	12	41
25	20	46	17	49	17	49	19	49	19	48	29	60
26	19	43	16	50	18	48	18	50	28	55	30	59
27	18	44	15	47	15	45	17	57	27	56	27	58
28	17	51	14	48	16	54	26	58	26	53	28	57
29	26		13	55	23	53	25	55	25	54	25	56
30	25		22	56	24	52	24	56	24	51	26	55
31	24		21		21		23	53		52		54

金

2012

平成24年生 ★ 満12歳

日＼月	1	2	3	4	5	6	7	8	9	10	11	12
1	53	28	56	24	57	26	55	36	8	37	3	37
2	52	27	53	23	58	33	4	35	5	36	4	38
3	51	36	54	32	5	34	3	34	6	35	1	35
4	10	36	1	31	6	31	2	33	3	34	2	36
5	9	33	2	40	3	32	1	32	4	33	9	33
6	8	34	9	39	4	39	9	31	1	32	10	34
7	7	31	10	38	1	40	9	39	2	31	7	31
8	6	32	7	37	2	37	8	40	9	40	8	32
9	5	39	8	36	9	38	7	37	10	39	15	49
10	4	40	5	35	10	35	6	38	17	48	16	50
11	3	37	6	34	7	36	5	45	18	47	13	47
12	2	36	3	33	8	43	14	46	15	46	14	48
13	1	43	4	42	17	44	13	43	16	45	11	45
14	20	44	11	49	18	41	12	44	13	44	12	46
15	19	41	12	48	15	42	11	45	14	43	15	43
16	16	42	20	47	16	42	20	46	11	42	16	44
17	15	49	19	41	13	41	17	43	12	41	13	41
18	14	50	18	42	14	50	16	44	20	46	14	41
19	11	45	17	49	11	49	15	41	19	45	21	60
20	20	46	16	50	18	48	18	42	28	54	22	59
21	19	43	15	47	15	47	17	59	27	56	29	58
22	18	44	14	48	16	56	26	58	26	53	28	57
23	17	51	13	55	23	55	25	55	25	54	25	56
24	26	52	22	56	24	54	24	56	24	51	26	55
25	25	59	21	53	21	53	23	53	23	52	23	54
26	24	60	30	54	22	60	22	54	22	59	24	53
27	23	57	29	51	29	59	21	51	21	60	21	52
28	22	58	28	52	30	58	30	52	30	57	22	51
29	21	55	27	59	27	57	29	59	29	58	39	10
30	30		26	60	28	56	28	60	38	5	40	9
31	29		25		25		27	7		6		8

命数が……　1~10 羅針盤座　11~20 インディアン座　21~30 鳳凰座

銀

2013

平成25年生★満11歳

日＼月	1	2	3	4	5	6	7	8	9	10	11	12
1	7	32	9	39	4	39	10	31	1	32	10	34
2	6	31	10	38	1	40	9	40	2	31	7	31
3	5	40	7	37	2	37	8	39	9	40	8	32
4	4	40	8	36	9	38	7	38	10	39	15	49
5	3	37	5	35	10	35	6	37	17	48	16	50
6	2	38	6	34	7	36	6	46	18	47	13	47
7	1	45	3	33	8	43	14	46	15	46	14	48
8	20	46	4	42	15	44	13	43	16	45	11	45
9	19	43	11	41	16	41	12	44	13	44	12	46
10	18	44	12	50	13	42	11	41	14	43	19	43
11	17	41	19	49	14	49	20	42	11	42	20	44
12	16	50	20	48	11	50	19	49	12	41	17	41
13	15	47	17	47	14	47	18	50	19	50	18	42
14	14	48	18	46	11	48	17	47	20	49	25	59
15	11	45	15	43	12	45	16	42	27	58	22	60
16	20	46	15	42	19	47	15	59	28	57	29	57
17	19	53	14	41	20	56	22	60	25	56	30	58
18	26	54	13	55	27	55	21	57	25	51	27	56
19	25	59	22	56	28	54	30	58	24	60	28	55
20	24	60	21	53	21	53	23	55	23	59	25	54
21	23	57	30	54	22	52	22	56	22	59	26	53
22	22	58	29	51	29	51	21	51	21	60	21	52
23	21	55	28	52	30	60	30	52	30	57	22	51
24	30	56	27	59	27	59	29	59	29	58	39	10
25	29	53	26	60	28	58	28	60	38	5	40	9
26	28	54	25	57	25	55	27	7	37	6	37	8
27	27	1	24	58	26	4	36	8	36	3	38	7
28	36	2	23	5	33	3	35	5	35	4	35	6
29	35		32	6	34	2	34	6	34	1	36	5
30	34		31	3	31	1	33	3	33	2	33	4
31	33		40		32		32	4		9		3

金

2014

平成26年生★満10歳

日＼月	1	2	3	4	5	6	7	8	9	10	11	12
1	2	37	6	34	7	36	5	46	18	47	13	47
2	1	46	3	33	8	43	14	45	15	46	14	48
3	20	45	4	42	15	44	13	44	16	45	11	45
4	19	43	11	41	16	41	12	43	13	44	12	46
5	18	44	12	50	13	42	11	42	14	43	19	43
6	17	41	19	49	14	49	20	41	11	42	20	44
7	16	42	20	48	11	50	19	49	12	41	17	41
8	15	49	17	47	12	47	18	50	19	50	18	42
9	14	50	18	46	19	48	17	47	20	49	25	59
10	13	47	15	45	20	45	16	48	27	58	26	60
11	12	48	16	44	17	46	15	55	28	57	23	57
12	11	53	13	43	18	53	24	56	25	56	24	58
13	30	54	14	52	27	54	23	53	26	55	21	55
14	29	51	21	51	28	51	22	54	23	54	22	56
15	26	52	22	58	25	52	21	55	24	53	25	53
16	25	59	29	57	26	59	30	56	21	52	26	54
17	24	60	29	56	23	51	27	53	22	51	23	51
18	21	57	28	52	24	60	26	54	29	56	24	51
19	30	56	27	59	21	59	25	51	29	55	31	10
20	29	53	26	60	28	58	28	52	38	4	32	9
21	28	54	25	57	25	57	27	9	37	6	39	8
22	27	1	24	58	26	6	36	8	36	3	38	7
23	36	2	23	5	33	5	35	5	35	4	35	6
24	35	9	32	6	34	4	34	6	34	1	36	5
25	34	10	31	3	31	3	33	3	33	2	33	4
26	33	7	40	4	32	2	32	4	32	9	34	3
27	32	8	39	1	39	9	31	1	31	10	31	2
28	31	5	38	2	40	8	40	2	40	7	32	1
29	40		37	9	37	7	39	9	39	8	49	20
30	39		36	10	38	6	38	10	48	15	50	19
31	38		35		35		37	17		16		18

31~40 時計座　41~50 カメレオン座　51~60 イルカ座

銀 2015 平成27年生★満9歳

日＼月	1	2	3	4	5	6	7	8	9	10	11	12
1	17	42	19	49	14	49	20	41	11	42	20	44
2	16	41	20	48	11	50	19	50	12	41	17	41
3	15	50	17	47	12	47	18	49	19	50	18	42
4	14	50	18	46	19	48	17	48	20	49	25	59
5	13	47	15	45	20	45	16	47	27	58	26	60
6	12	48	16	44	17	46	15	56	28	57	23	57
7	11	55	13	43	18	53	24	55	25	56	24	58
8	30	56	14	52	25	54	23	53	26	55	21	55
9	29	53	21	51	26	51	22	54	23	54	22	56
10	28	54	22	60	23	52	21	51	24	53	29	53
11	27	51	29	59	24	59	30	52	21	52	30	54
12	26	60	30	58	21	60	29	59	22	51	27	51
13	25	57	27	57	22	57	28	60	29	60	28	52
14	24	58	28	56	21	58	27	57	30	59	35	9
15	23	55	25	53	22	55	26	58	37	8	36	10
16	30	56	26	52	29	56	25	9	38	7	39	7
17	29	3	24	51	30	6	32	10	35	6	40	8
18	38	4	23	5	37	5	31	7	36	1	37	6
19	35	9	32	6	38	4	40	8	34	10	38	5
20	34	10	31	3	35	3	33	5	33	9	35	4
21	33	7	40	4	32	2	32	6	32	9	36	3
22	32	8	39	1	39	1	31	3	31	10	33	2
23	31	5	38	2	40	10	40	2	40	7	32	1
24	40	6	37	9	37	9	39	9	39	8	49	20
25	39	3	36	10	38	8	38	10	48	15	50	19
26	38	4	35	7	35	7	37	17	47	16	47	18
27	37	11	34	8	36	14	46	18	46	13	48	17
28	46	12	33	15	43	13	45	15	45	14	45	16
29	45		42	16	44	12	44	16	44	11	46	15
30	44		41	13	41	11	43	13	43	12	43	14
31	43		50		42		42	14		19		13

金 2016 平成28年生★満8歳

日＼月	1	2	3	4	5	6	7	8	9	10	11	12
1	12	47	13	43	18	53	24	55	25	56	24	58
2	11	56	14	52	25	54	23	54	26	55	21	55
3	30	55	21	51	26	51	22	53	23	54	22	56
4	29	53	22	60	23	52	21	52	24	53	29	53
5	28	54	29	59	24	59	30	51	21	52	30	54
6	27	51	30	58	21	60	30	60	22	51	27	51
7	26	52	27	57	22	57	28	60	29	60	28	52
8	25	59	28	56	29	58	27	57	30	59	35	9
9	24	60	25	55	30	55	26	58	37	8	36	10
10	23	57	26	54	27	56	25	5	38	7	33	7
11	22	58	23	53	28	3	34	6	35	6	34	8
12	21	3	24	2	35	4	33	3	36	5	31	5
13	40	4	31	1	38	1	32	4	33	4	32	6
14	39	1	32	8	35	2	31	1	34	3	39	3
15	38	2	39	7	36	9	40	6	31	2	36	4
16	35	9	39	6	33	1	39	3	32	1	33	1
17	34	10	38	2	34	10	36	4	39	10	34	2
18	33	7	37	9	31	9	35	1	39	5	41	20
19	40	6	36	10	32	8	34	2	48	14	42	19
20	39	3	35	7	35	7	37	19	47	13	49	18
21	38	4	34	8	36	16	46	20	46	13	50	17
22	37	11	33	15	43	15	45	15	45	14	45	16
23	46	12	42	16	44	14	44	16	44	11	46	15
24	45	19	41	13	41	13	43	13	43	12	43	14
25	44	20	50	14	42	12	42	14	42	19	44	13
26	43	17	49	11	49	19	41	11	41	20	41	12
27	42	18	48	12	50	18	50	12	50	17	42	11
28	41	15	47	19	47	17	49	19	49	18	59	30
29	50	16	46	20	48	16	48	20	58	25	60	29
30	49		45	17	45	15	47	27	57	26	57	28
31	48		44		46		56	28		23		27

命数が…… 1~10 羅針盤座　11~20 インディアン座　21~30 鳳凰座

銀

2017

平成29年生★満7歳

日＼月	1	2	3	4	5	6	7	8	9	10	11	12
1	26	51	30	58	21	60	29	60	22	51	27	51
2	25	60	27	57	22	57	28	59	29	60	28	52
3	24	59	28	56	29	58	27	58	30	59	35	9
4	23	57	25	55	30	55	26	57	37	8	36	10
5	22	58	26	54	27	56	25	6	38	7	33	7
6	21	5	23	53	28	3	33	5	35	6	34	8
7	40	6	24	2	35	4	33	3	36	5	31	5
8	39	3	31	1	36	1	32	4	33	4	32	6
9	38	4	32	10	33	2	31	1	34	3	39	3
10	37	1	39	9	34	9	40	2	31	2	40	4
11	36	2	40	8	31	10	39	9	32	1	37	1
12	35	7	37	7	32	7	38	10	39	10	38	2
13	34	8	38	6	31	8	37	7	40	9	45	19
14	33	5	35	3	32	5	36	8	47	18	46	20
15	40	6	36	2	39	6	35	19	48	17	49	17
16	39	13	34	1	40	16	44	20	45	16	50	18
17	48	14	33	15	47	15	41	17	46	15	47	15
18	45	11	42	16	48	14	50	18	44	20	48	15
19	44	20	41	13	45	13	49	15	43	19	45	14
20	43	17	50	14	42	12	42	16	42	18	46	13
21	42	18	49	11	49	11	41	13	41	20	43	12
22	41	15	48	12	50	20	50	12	50	17	42	11
23	50	16	47	19	47	19	49	19	49	18	59	30
24	49	13	46	20	48	18	48	20	58	25	60	29
25	48	14	45	17	45	17	47	27	57	26	57	28
26	47	21	44	18	46	24	56	28	56	23	58	27
27	56	22	43	25	53	23	55	25	55	24	55	26
28	55	29	52	26	54	22	54	26	54	21	56	25
29	54		51	23	51	21	53	23	53	22	53	24
30	53		60	24	52	30	52	24	52	29	54	23
31	52		59		59		51	21		30		22

金

2018

平成30年生★満6歳

日＼月	1	2	3	4	5	6	7	8	9	10	11	12
1	21	6	23	53	28	3	34	5	35	6	34	8
2	40	5	24	2	35	4	33	4	36	5	31	5
3	39	4	31	1	36	1	32	3	33	4	32	6
4	38	4	32	10	33	2	31	2	34	3	39	3
5	37	1	33	9	34	9	40	1	31	2	40	4
6	36	2	40	8	31	10	39	10	32	1	37	1
7	35	9	37	7	32	7	38	10	39	10	38	2
8	34	10	38	6	39	8	37	7	40	9	45	19
9	33	7	35	5	40	5	36	8	47	18	46	20
10	32	8	36	4	37	6	35	15	48	17	43	17
11	31	15	33	3	38	13	44	16	45	16	44	18
12	50	14	34	12	45	14	43	13	46	15	41	15
13	49	11	41	11	48	11	42	14	43	14	42	16
14	48	12	42	20	45	12	41	11	44	13	49	13
15	45	19	49	17	46	19	50	16	41	12	46	14
16	44	20	50	16	43	20	49	13	42	11	43	11
17	43	17	48	15	44	20	46	14	49	20	44	12
18	50	18	47	19	41	19	45	11	50	15	51	30
19	49	13	46	20	42	18	44	12	58	24	52	29
20	48	14	45	17	45	17	47	29	57	23	59	28
21	47	21	44	18	46	26	56	30	56	23	60	27
22	56	22	43	25	53	25	55	25	55	24	55	26
23	55	29	52	26	54	24	54	26	54	21	56	25
24	54	30	51	23	51	23	53	23	53	22	53	24
25	53	27	60	24	52	22	52	24	52	29	54	23
26	52	28	59	21	59	21	51	21	51	30	51	22
27	51	25	58	22	60	28	60	22	60	27	52	21
28	60	26	57	29	57	27	59	29	59	28	9	40
29	59		56	30	58	26	58	30	8	35	10	39
30	58		55	27	55	25	57	37	7	36	7	38
31	57		54		56		6	38		33		37

31~40 時計座　41~50 カメレオン座　51~60 イルカ座

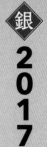

銀 2019

令和元年生　平成31年生

★満5歳

日＼月	1	2	3	4	5	6	7	8	9	10	11	12
1	36	1	40	8	31	10	39	10	32	1	37	1
2	35	10	37	7	32	7	38	9	39	10	38	2
3	34	9	38	6	39	8	37	8	40	9	45	19
4	33	7	35	5	40	5	36	7	47	18	46	20
5	32	8	40	4	37	6	35	16	48	17	43	17
6	31	15	33	3	38	13	44	15	45	16	44	18
7	50	16	34	12	45	14	43	14	46	15	41	15
8	49	13	41	11	46	11	42	14	43	14	42	16
9	48	14	42	20	43	12	41	11	44	13	49	13
10	47	11	49	19	44	19	50	12	41	12	50	14
11	46	12	50	18	41	20	49	19	42	11	47	11
12	45	17	47	17	42	17	48	20	49	20	48	12
13	44	18	48	16	49	18	47	17	50	19	55	29
14	43	15	45	15	42	15	46	18	57	28	56	30
15	42	16	46	12	49	16	45	25	58	27	53	27
16	49	23	43	11	50	23	54	30	55	26	60	28
17	58	24	43	30	57	25	51	27	56	25	57	25
18	57	21	52	26	58	24	60	28	53	30	58	25
19	54	30	51	23	55	23	59	25	53	29	55	24
20	53	27	60	24	56	22	52	26	52	28	56	23
21	52	28	59	21	59	21	51	23	51	30	53	22
22	51	25	58	22	60	30	60	24	60	27	54	21
23	60	26	57	29	57	29	59	29	59	28	9	40
24	59	23	56	30	58	28	58	30	8	35	10	39
25	58	24	55	27	55	27	57	37	7	36	7	38
26	57	31	54	28	56	36	6	38	6	33	8	37
27	6	32	53	35	3	33	5	35	5	34	5	36
28	5	39	2	36	4	32	4	36	4	31	6	35
29	4		1	33	1	31	3	33	3	32	3	34
30	3		10	34	2	40	2	34	2	39	4	33
31	2		9		9		1	31		40		32

金 2020

令和2年生

★満4歳

日＼月	1	2	3	4	5	6	7	8	9	10	11	12
1	31	16	34	12	45	14	43	14	46	15	41	15
2	50	15	41	11	46	11	42	13	43	14	42	16
3	49	14	42	20	43	12	41	12	44	13	49	13
4	48	14	49	19	44	19	50	11	41	12	50	14
5	47	11	50	18	41	20	49	20	42	11	47	11
6	46	12	47	17	42	17	47	19	49	20	48	12
7	45	19	48	16	49	18	47	17	50	19	55	29
8	44	20	45	15	50	15	46	18	57	28	56	30
9	43	17	46	14	47	16	45	25	58	27	53	27
10	42	18	43	13	48	23	54	26	55	26	54	28
11	41	25	44	22	55	24	53	23	56	25	51	25
12	60	24	51	21	56	21	52	24	53	24	52	26
13	59	21	52	30	55	22	51	21	54	23	59	23
14	58	22	59	27	56	29	60	22	51	22	60	24
15	57	29	60	26	53	30	59	23	52	21	53	21
16	54	30	58	25	54	30	58	24	59	30	54	22
17	53	27	57	29	51	29	55	21	60	29	1	39
18	52	28	56	30	52	28	54	22	8	34	2	39
19	59	23	55	27	59	27	53	39	7	33	9	38
20	58	24	54	28	56	36	6	40	6	32	10	37
21	57	31	53	35	3	35	5	37	5	34	7	36
22	6	32	2	36	4	34	4	36	4	31	6	35
23	5	39	1	33	1	33	3	33	3	32	3	34
24	4	40	10	34	2	32	2	34	2	39	4	33
25	3	37	9	31	9	31	1	31	1	40	1	32
26	2	38	8	32	10	38	10	32	10	37	2	31
27	1	35	7	39	7	37	9	39	9	38	19	50
28	10	36	6	40	8	36	8	40	18	45	20	49
29	9	33	5	37	5	35	7	47	17	46	17	48
30	8		4	38	6	44	16	48	16	43	18	47
31	7		3		13		15	45		44		46

命数が……　1~10 羅針盤座　11~20 インディアン座　21~30 鳳凰座

銀 2021

令和3年生★満3歳

日＼月	1	2	3	4	5	6	7	8	9	10	11	12
1	45	20	47	17	42	17	48	19	49	20	48	12
2	44	19	48	16	49	18	47	18	50	19	55	29
3	43	17	45	15	50	15	46	17	57	28	56	30
4	42	18	46	14	47	16	45	26	58	27	53	27
5	41	25	43	13	48	23	54	25	55	26	54	28
6	60	26	44	22	55	24	53	24	56	25	51	25
7	59	23	51	21	56	21	52	24	53	24	52	26
8	58	24	52	30	53	22	51	21	54	23	59	23
9	57	21	59	29	54	29	60	22	51	22	60	24
10	56	22	60	28	51	30	59	29	52	21	57	21
11	55	27	57	27	52	27	58	30	59	30	58	22
12	54	28	58	26	59	28	57	27	60	29	5	39
13	53	25	55	25	52	25	56	28	7	38	6	40
14	52	26	56	22	59	26	55	35	8	37	3	37
15	59	33	53	21	60	33	4	40	5	36	10	38
16	8	34	53	40	7	35	3	37	6	35	7	35
17	7	31	2	36	8	34	10	38	3	34	8	36
18	4	40	1	33	5	33	9	35	3	39	5	34
19	3	37	10	34	6	32	8	36	2	38	6	33
20	2	38	9	31	9	31	1	33	1	37	3	32
21	1	35	8	32	10	40	10	34	10	37	4	31
22	10	36	7	39	7	39	9	39	9	38	19	50
23	9	33	6	40	8	38	8	40	18	45	20	49
24	8	34	5	37	5	37	7	47	17	46	17	48
25	7	41	4	38	6	44	16	48	16	43	18	47
26	16	42	3	45	13	43	15	45	15	44	15	46
27	15	49	12	46	14	42	14	46	14	41	16	45
28	14	50	11	43	11	41	13	43	13	42	13	44
29	13		20	44	12	50	12	44	12	49	14	43
30	12		19	41	19	49	11	41	11	50	11	42
31	11		18		20		20	42		47		41

金 2022

令和4年生★満2歳

日＼月	1	2	3	4	5	6	7	8	9	10	11	12
1	60	25	44	22	55	24	53	24	56	25	51	25
2	59	24	51	21	56	21	52	23	53	24	52	26
3	58	23	52	30	53	22	51	22	54	23	59	23
4	57	21	59	29	54	29	60	21	51	22	60	24
5	56	22	60	28	51	30	59	30	52	21	57	21
6	55	29	57	27	52	27	58	29	59	30	58	22
7	54	30	58	26	59	28	57	27	60	29	5	39
8	53	27	55	25	60	25	56	28	7	38	6	40
9	52	28	56	24	57	26	55	35	8	37	3	37
10	51	35	53	23	58	33	4	36	5	36	4	38
11	10	36	54	32	5	34	3	33	6	35	1	35
12	9	31	1	31	6	31	2	34	3	34	2	36
13	8	32	2	40	5	32	1	31	4	33	9	33
14	7	39	9	39	6	39	10	32	1	32	10	34
15	4	40	10	36	3	40	9	33	2	31	3	31
16	3	37	8	35	4	37	8	34	9	40	4	32
17	2	38	7	34	1	39	5	31	10	39	11	49
18	9	35	6	40	2	38	4	32	17	44	12	49
19	8	34	5	37	9	37	3	49	17	43	19	48
20	7	41	4	38	6	46	16	50	16	42	20	47
21	16	42	3	45	13	45	15	47	15	44	17	46
22	15	49	12	46	14	44	14	46	14	41	16	45
23	14	50	11	43	11	43	13	43	13	42	13	44
24	13	47	20	44	12	42	12	44	12	49	14	43
25	12	48	19	41	19	41	11	41	11	50	11	42
26	11	45	18	42	20	48	20	42	20	47	12	41
27	20	46	17	49	17	47	19	49	19	48	29	60
28	19	43	16	50	18	46	18	50	28	55	30	59
29	18		15	47	15	45	17	57	27	56	27	58
30	17		14	48	16	54	26	58	26	53	28	57
31	26		13		23		25	55		54		56

31~40 時計座　41~50 カメレオン座　51~60 イルカ座

銀 2023 令和5年生★満1歳

日＼月	1	2	3	4	5	6	7	8	9	10	11	12
1	55	30	57	27	52	27	58	29	59	30	58	22
2	54	29	58	26	59	28	57	28	60	29	5	39
3	53	28	55	25	60	25	56	27	7	38	6	40
4	52	28	56	24	57	26	55	36	8	37	3	37
5	51	35	53	23	58	33	4	35	5	36	4	38
6	10	36	54	32	5	34	3	34	6	35	1	35
7	9	33	1	31	6	31	2	33	3	34	2	36
8	8	34	2	40	3	32	1	31	4	33	9	33
9	7	31	9	39	4	39	10	32	1	32	10	34
10	6	32	10	38	1	40	9	39	2	31	7	31
11	5	39	7	37	2	37	8	40	9	40	8	32
12	4	38	8	36	9	38	7	37	10	39	15	49
13	3	35	5	35	10	35	6	38	17	48	16	50
14	2	36	6	34	9	36	5	45	18	47	13	47
15	9	43	3	31	10	43	14	46	15	46	14	48
16	18	44	4	50	17	44	13	47	16	45	17	45
17	17	41	12	49	18	44	20	48	13	44	18	46
18	14	42	11	43	15	43	19	45	14	49	15	44
19	13	47	20	44	16	42	18	46	12	48	16	43
20	12	48	19	41	13	41	11	43	11	47	13	42
21	11	45	18	42	20	50	20	44	20	47	14	41
22	20	46	17	49	17	49	19	41	19	48	21	60
23	19	43	16	50	18	48	18	50	28	55	30	59
24	18	44	15	47	15	47	17	57	27	56	27	58
25	17	51	14	48	16	56	26	58	26	53	28	57
26	26	52	13	55	23	53	25	55	25	54	25	56
27	25	59	22	56	24	52	24	56	24	51	26	55
28	24	60	21	53	21	51	23	53	23	52	23	54
29	23		30	54	22	60	22	54	22	59	24	53
30	22		29	51	29	59	21	51	21	60	21	52
31	21		28		30		30	52		57		51

金 2024 令和6年生★満0歳

日＼月	1	2	3	4	5	6	7	8	9	10	11	12
1	10	35	1	31	6	31	2	33	3	34	2	36
2	9	34	2	40	3	32	1	32	4	33	9	33
3	8	33	9	39	4	39	10	31	1	32	10	34
4	7	31	10	38	1	40	9	40	2	31	7	31
5	6	32	7	37	2	37	8	39	9	40	8	32
6	5	39	8	36	9	38	7	38	10	39	15	49
7	4	40	5	35	10	35	6	38	17	48	16	50
8	3	37	6	34	7	36	5	45	18	47	13	47
9	2	38	3	33	8	43	14	46	15	46	14	48
10	1	45	4	42	15	44	13	43	16	45	11	45
11	20	46	11	41	16	41	12	44	13	44	12	46
12	19	41	12	50	13	42	11	41	14	43	19	43
13	18	42	19	49	16	49	20	42	11	42	20	44
14	17	49	20	46	13	50	19	49	12	41	17	41
15	16	50	17	45	14	47	18	44	19	50	14	42
16	13	47	17	44	11	49	15	41	20	49	21	59
17	12	48	16	50	12	48	14	42	27	58	22	60
18	11	45	15	47	19	47	13	59	27	53	29	58
19	18	44	14	48	20	56	26	60	26	52	30	57
20	17	51	13	55	23	55	25	57	25	51	27	56
21	26	52	22	56	24	54	24	58	24	51	28	55
22	25	59	21	53	21	53	23	53	23	52	23	54
23	24	60	30	54	22	52	22	54	22	59	24	53
24	23	57	29	51	29	51	21	51	21	60	21	52
25	22	58	28	52	30	58	30	52	30	57	22	51
26	21	55	27	59	27	57	29	59	29	58	39	10
27	30	56	26	60	28	56	28	60	38	5	40	9
28	29	53	25	57	25	55	27	7	37	6	37	8
29	28	54	24	58	26	4	36	8	36	3	38	7
30	27		23	5	33	3	35	5	35	4	35	6
31	36		32		34		34	6		1		5

裏の命数表

「五星三心占い」では、「裏の時期」（P.15で詳しく解説）に、
自分の「裏の欲望（才能）」が出てくると考えています。
次のページで「裏の命数」を割り出しましょう。
あなたの裏側は、裏の命数の「基本性格」（P.175~）を読むことで、
詳しく知ることができます。

あなたの裏側は？

詳しい調べ方は、次のページをチェック！

裏の命数表

【裏の命数】とは……裏の時期に出てくるあなたの性質をつかさどる命数です。

裏の命数の導き方

▶**STEP 1**

金 → 銀 になる

銀 → 金 になる

▶**STEP 2**

「裏の命数」は、「自分の命数」の矢印の先にある数字です

例

あなたの命数 → 裏の命数

金の羅針盤座 **3** → 銀の時計座 **34**

銀のカメレオン座 **42** → 金のインディアン座 **11**

金のイルカ座 **59** → 銀の鳳凰座 **30**

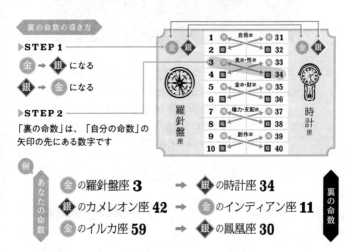

金 銀 インディアン座

金 銀 カメレオン座

インディアン座				カメレオン座
11	陽	自我欲	陽	41
12	陰		陰	42
13	陽	食欲・性欲	陽	43
14	陰		陰	44
15	陽	金欲・財欲	陽	45
16	陰		陰	46
17	陽	権力・支配欲	陽	47
18	陰		陰	48
19	陽	創作欲	陽	49
20	陰		陰	50

金 銀 鳳凰座

金 銀 イルカ座

鳳凰座				イルカ座
21	陽	自我欲	陽	51
22	陰		陰	52
23	陽	食欲・性欲	陽	53
24	陰		陰	54
25	陽	金欲・財欲	陽	55
26	陰		陰	56
27	陽	権力・支配欲	陽	57
28	陰		陰	58
29	陽	創作欲	陽	59
30	陰		陰	60

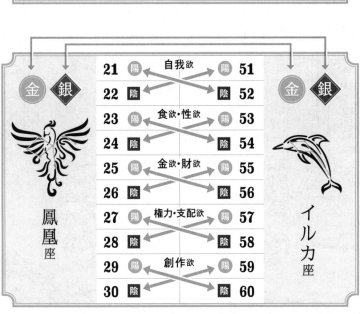

SILVER
HOROLOGIUM

第 1 部

銀の時計座
2024年の運気

2024年をよりよく過ごすために
折に触れて読み返してみてください。

銀の時計座 の
基本性格

人との関わりが多いほど 能力を発揮する博愛主義者

もっている星

★世話好きの星　★人脈が広い星　★お人好しの星
★他人の幸せが自分の幸せになる星　★甘えん坊な星
★じつは野心家な星　★人に執着する星　★他人任せの星

総合運

世話好きで面倒見がよく、つねに人と一緒にいることで安心できる人。**差別や区別をすることがなく、年齢や職種を超えていろいろな人と仲よくなれる**ことから、幅広い人脈をつくっていくことができるでしょう。お人好しな一面ももっているため、周囲からは「他人のために生きられる人」と思われていますが、**心の奥底には野心と向上心があり「このままでは終わらない」と何かしらの到達点を見据えています。**ただ、どこか人任せで、他人の努力に乗っかろうとするところも。周囲の言葉や態度に振り回されやすく、言い換えると、人に執着することで“自らブレにいっている”とも言えます。心は“庶民”のため、社会が平等になり、格差がなくなってほしいと願っています。若くして苦労している人や夢を追いかけている人を手助けするなど他人を支えるための行動も多いのですが、世話好きもほどほどにしておかないと、でしゃばった感じに見えるだけでなく、「思いが伝わらない」と自らヘコむことにも。

成人後はできるだけ早く親元を離れることで、本来の能力が発揮され、魅力的になります。逆に、いつまでも実家にいて親に甘えられる環境で過ごしていると、運気の流れに乗れないことも。家族や親族のなかにはいないような生き方を選択する場合も多いですが、他人から感謝される生き方

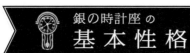

ができると、人間関係が財産になり、自然と人生を楽しく過ごすことができるでしょう。

つねに多くの人と一緒にいることから出会いも多く、自然と恋のチャンスに恵まれますが、“友人止まり”になってしまう人も多いでしょう。身近に気になる人がいない場合は、イベントやオフ会などの集まりに積極的に顔を出すことで、素敵な相手を簡単に見つけることができます。理想の恋は、**お互いを支え合い、つねに行動をともにする交際。家でまったり過ごしたり、2人だけの世界を楽しめたりする相手を求めています。**また、かまってほしい人なので、束縛やこまめな連絡に愛を感じ、相手の影響も強く受けがちです。そして、相手がよろこぶと思い、部屋の片付けをしてあげたり食事をつくってあげたりと、世話を焼きすぎることも。相手を甘えさせ、あなた自身は言いたいことを我慢せざるを得ない状況になってしまいます。

交際から結婚までの期間が短いパターンが多く、親や周囲には「生活は大丈夫なの?」と心配される場合もあります。結婚後も仲よくべったりの関係を好み、精神的な支えとなるような相手を望むでしょう。

人と関わりの多い仕事が天職です。自分が先頭に立って指揮したり中心になったりするよりも、秘書やマネージャーなど**誰かのサポートやつなぎ役の立場が最適。**困っている人の助けになれる介護や看護、福祉関係も向いています。感性も豊かなので、デザインやファッション関係などのクリエイティブな世界で成功する場合もあるでしょう。

お金は、自分のためだけでなく、**周囲の人やお世話になった人のために使えるようになると、不思議と困らないくらい回ってくるようになります。**とはいえ、庶民的な感覚をもっているので、不要な贅沢は避ける人。ブランド品よりも安くてよいもののほうが満足できるでしょう。

2023年 下半期の運気
ブレーキの年

総合運

いい流れに乗りつつも調子には乗らないように

一気に階段を駆け上がるような運気の流れを感じられそうです。11月の「解放の月」に近づくにつれてやる気が出てきたり、興味の幅が広がって新たな出会いも増えてくるでしょう。ただし、流れがいいゆえに傲慢になったり、調子に乗りすぎた発言をして評価を下げてしまうこともあるので要注意。**良くも悪くも「自分の言葉には影響力がある」と思って**おきましょう。また、重要なポジションや責任がともなう立場になり、物事を他人任せにしてはいられなくなりそうです。年末までに**「何を守るべきか」をハッキリさせる**ことが重要でしょう。

9月は出会いが多くなり、経験も増える時期。遠慮せずに**新しいことに挑戦したり、気になることに首を突っ込んでみる**といいでしょう。

11月は、これまでの頑張りが認められることや、**夢が叶うようなことがありそう**です。何事も全力で取り組むといい結果を出せるでしょう。一方で、実力以上に評価されたり、実力以上のつながりが生まれる可能性もあると心に留めておきましょう。急にポジションが変わることもあるかも。

恋愛&結婚運

のんびり構えず、行動あるのみ。9月、11月が告白のチャンス

新たな出会いに恵まれる時期。理想的な人と恋に発展しやすいでしょう。相手の出方を待ってようすをうかがってばかりいると、大きなチャンスを逃してしまいます。**自分の気持ちに素直になって、行動を起こす**ようにしま

開運のつぶやき　幸運や幸福は「たまに」だからいい

しょう。すでに出会っている人のなかに気になる相手がいるなら、**9月、11月に気持ちを伝えると交際に発展しそう**です。「いい関係のまま、2024年中に付き合えたらいいな」などと思っていると、2024年には縁が切れたり相手に恋人ができてしまう可能性が高いので、のんびりしないように。

結婚運は、**勢いが大切**です。本気で望んでいるなら、下半期に一気に話がまとまるでしょう。短い交際期間から結婚に至る場合も。いつまでも迷わないよう心がけ、7月以降に出会った人を大切にするといいでしょう。**多少問題があっても勇気を出して押し切ってみる**と、11月にはゴールインすることも。

仕事運

環境の変化を素直に受け入れ 周囲の期待に応えよう

これまで以上に大きな仕事や重要な役割を任されそう。**頼まれたことは断らず、「期待に応えよう」と引き受けてみる**ことが大切です。いままでの力をすべて出し切るくらいの気持ちで取り組むと、いい結果や評価につながってくるでしょう。

あなたに必要な仲間も集まってくる時期。**まとめ役として活躍できたり、リーダーを任されることもありそう**です。あなたに助けを求めてくる人に協力するのはいいですが、お金の貸し借りはのちのトラブルの原因になりやすいので、避けておきましょう。

11月には、突然の辞令が出て現場を離れることになったり、管理職などこれまでとは違うポジションを打診されることもありそうです。自分には**荷が重いと思うような話ほど、素直に受け入れて**みましょう。

12月は、判断ミスをしやすくなるので、急に転職や離職をしたくなっても、行動に移さないように。

金運&買い物運

「乱気の年」「裏運気の年」を見据えて支出の見直しを

2024年の「乱気の年」、2025年の「裏運気の年」は、急にお金が必要になる可能性が高いため、いまは**できるだけ節約を心がけ、お金を貯めておきましょう。** 11月までに家賃が安い物件へ引っ越すなどして、固定費を削ることも大切です。サブスクを解約したり、つい課金してしまうゲームを消去するなど、些細なことでも出費を抑えるよう工夫しましょう。

投資は、9月、11月に新たにスタートするといいでしょう。**ただし、なるべくリスクの少ないもの**を選んでおきましょう。

買い物運も、9月、11月の運気のいい日に長く使うものを購入するのがオススメです。**向こう3年くらいは使えるものを選んでみる**といいでしょう。故障しそうなものや長く使っている家電などがあるなら、思い切って買い替えを。2024年に必要になりそうなものがあれば、前もって購入しておくのもよさそうです。

美容&健康運

注意が必要な2024年に備えて健康的な体づくりをはじめよう

2024年の「乱気の年」は、体調にもっとも注意が必要な年なので、いまのうちから健康的な体づくりをはじめておくことが重要です。悪習慣は即あらためて生活を整え、健康的な食事と定期的な運動を心がけましょう。体重をこまめにチェックして標準体重を目指したり、家飲みやたばこを控えるのもよさそうです。基礎代謝を上げる運動をするため、**スポーツジムや運動サークルに加入するのもいい**でしょう。

不摂生を続けていると、**10月に体調を崩したり病気が発覚**することも。異変を感じたら早めに病院に行くことが大切です。できれば11月に、人間ドックを受けておきましょう。美容運は、美意識を高めるにはよいタイミングです。あまりお金をかけすぎないほうが長く続くので、**家で動画を見ながらヨガや筋トレをするくらい**がオススメです。

開運のつぶやき　人をよろこばせるためにお金を使えない人は、金持ちにはなれない

SILVER HOROLOGIUM

銀の時計座

2024年 乱気の年の運気

1年を通して心がけておくべき
「2024年の開運3か条」と、
2024年の運気を総合運、
恋愛運、金運などに分けて
お伝えします。

ラッキーカラー

紺色
モスグリーン

ラッキーフード

豚の角煮
パイナップル

ラッキースポット

美術館
水族館

2035年までの運気グラフ

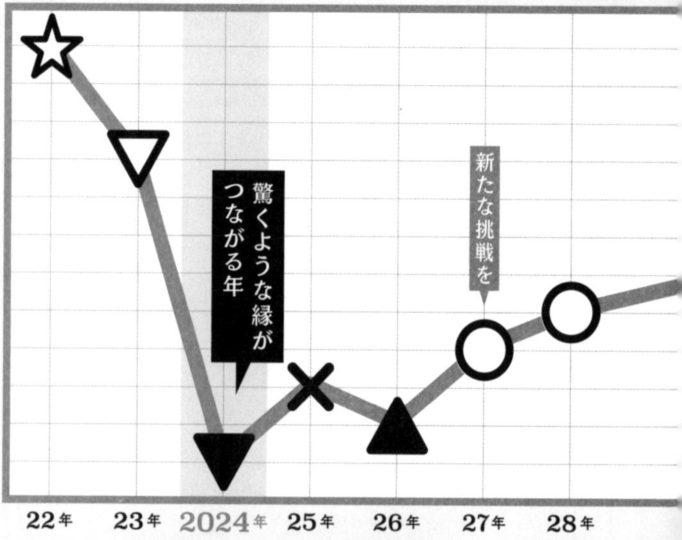

銀の時計座は

▼乱気の年

年の運気記号の説明

☆開運の年

過去の努力や積み重ねが評価される最高の年。積極的な行動が大事。新たなスタートを切ると幸運が続きます。

◎幸運の年

前半は、忙しくも充実した時間が増え、経験を活かすことで幸運をつかめる年。後半は新たな挑戦が必要です。

◇解放の年

プレッシャーや嫌なこと、相性の悪い人やものから解放されて気が楽になり、才能や魅力が輝きはじめる年。

○チャレンジの年(1年目)

「新しい」と感じることに挑戦して、体験や経験を増やすことが大事な年。過去の出来事に縛られないこと。

まずは大きな視点で、今年の「立ち位置」を確認しましょう。
長期的な見通しをもって、毎月毎日の行動を決めていくことが大切です。

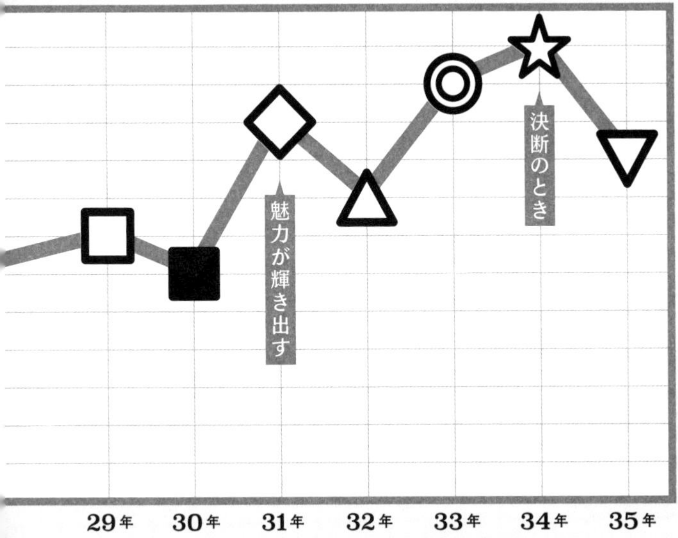

○チャレンジの年(2年目)

さらに人脈を増やし、行動範囲を広げるといい年。ここでの失敗は単なる経験。まだまだ取り返せます。

□健康管理の年

前半は、覚悟を決めて行動し、今後の目標を定める必要がある年。後半は、健康に注意が必要です。

△準備の年

遊ぶことで運気の流れがよくなる年。些細なミスが増えるので、何事も準備を怠らないことが大事。

▽ブレーキの年

「前半は攻め、後半は守り」と運気が変わる年。前半は行動力と決断力が大事。後半は貯金と現状維持を。

■リフレッシュの年

求められることが増え、慌ただしくなる年。体を休ませたり、ゆっくりしたりする時間をつくることが大切。

▲整理の年

前半は、人間関係や不要なものの整理が必要。後半は、チャレンジして人脈を広げることが大事です。

×裏運気の年

自分の思いとは真逆に出る年。予想外なことや学ぶべきことが多く、成長できるきっかけをつかめます。

▼乱気の年

決断には不向きな年。流されながら、求められることに応えることが大事。体調を崩しやすいため要注意。

2024年の運気

乱気の年

2024年の開運3か条

- 情に流されず、去る者は追わない
- 学べることを見つける
- 上品に過ごす

総合運

「五星三心占い」でもっとも注意が必要な「乱気の年」。すでに2023年の下半期から人との縁が切れたり、環境に飽きてきたりと、変化がはじまっている人も多いと思います。2024年は、「銀の時計座」のモチーフとなっている**振り子時計の振り子が止まってしまうような年**です。動いていない時計にみんなが見向きをしないように、あなたのもとから離れていく人が現れたり、縁が切れてしまう人も出てくるでしょう。

人との関わりを大切にする「銀の時計座」は、失恋や部署異動、ときには永遠の別れに落ち込みすぎて、前に進めなくなってしまう状態に陥ることもあるでしょう。しかし、誰にでも別れのときはやってきます。「孤独だ」などと思わずに、**ひとりの時間を楽しめるように工夫する**ことが大切です。そういう意味でも、**執着や依存をしないことが重要な1年**となるでしょう。

「金の羅針盤座」の能力がむくむくと顔を出す

さらに、これまで極めてきたものがなく、周囲に甘えたり任せすぎていた人には厳しい指摘が入り、実力不足や努力不足、もっと自分は学ぶ必要があると気づく年になるでしょう。あなたの裏側にある**「金の羅針盤座」の性質が強く出てくるため、真面目に物事をとらえる能力がアップ**しますが、そのぶんネガティブに考えすぎたり、マイナスの情報に振り回されることも増えるかもしれません。

2024年は、勉強したり仕事に役立つことを学ぶ時間が必要になる年だと言えます。**すぐには結果が出なくても、ゆっくり根を伸ばすような時期**です。不慣れなことや苦手なことを任されて苦労もしますが、自分の「今後の課題」が見えるときだと思い、逃げずにしっかりと向き合いましょう。

もし、信頼していた人が離れていっても、「裏切られた」などと勝手に思わず、自分に原因があったのではないかと振り返るきっかけにしましょう。相手からすれば「あなたは期待外れだった」というケースも多そうです。あなたは、面倒見やノリがよく、仲間を大切にしますが、一方で計画性や戦略がないところも。たいていの人は、「ただ、いまを楽しんでいるだけ」の人にはついていきません。**「どこに向かうのか」「どこを目指しているのか」を示すことが大切**だと気づきましょう。

人との別れがあることを覚悟しながらも、**無理に流れに逆らわず、自分の弱点や欠点を知る**ことが重要になりますが、それがのちの人生に活きてくると思ってしっかり受け止めること。ときには損する役割も引き受けながら、学びや成長のきっかけを逃さないように1年を過ごしましょう。

甘えは禁物。「乱気の月」「裏運気の月」をどう乗り越える?

2023年の「ブレーキの年」の影響が残っている1～2月は、まだそれほど大きな運気の乱れや人間関係の問題が出てくることはなさそうです。この時期は、周囲の動きの変化をいち早く感じとるためにも、**観察や対話をしっかりしておきましょう。**2022年や2023年と同じような日々が続くと思い込んで「そんなに大きな問題はないだろう」と高をくくっていると、思わぬところであなたのことを「信頼できない」と言い出す人が現れることも。そうなる前に、ときには**ハッキリ言ってくれる人の話を聞くことも重要**です。この時期なら、まだ大切な人をつなぎとめられる可能性もあり、あなたの考えや態度が変われば、協力的になってくれるでしょう。

問題の発生は、3月中旬くらいからはじまりそうです。信頼していた人や頼りにしていた人の異動や転職にともない、あなたが急に偉くなって重要なポジションを任されたり、面倒な仕事が増えてしまう可能性があります。すでに2023年の年末にポジションが変わっている場合は、この時期に、信頼していた人が転職や離職などで離れていき、ショックを受けることがあるかも。3月中旬から4月の「乱気の月」は、**自分の言ったことに責任をもつことを忘れないように。**「できない」などと他人任せにしたり、甘えた生活を送ったりせず、自分の仕事やポジションをまっとうしてください。

このあたりから失恋もしやすくなり、恋人の浮気が発覚したり、突然別れを告げられてしまうこともありそうです。連絡しても返事がないことに焦ったりショックを受けるケースも。5月の「裏運気の月」も期待外れなことが多く、よかれと思った頑張りが裏目に出て、事態が悪化することもありそうです。ここは**「己の精神を鍛える時期」**だと思い、耐え忍びましょう。

思い通りにならないからこそ、見える景色がある

9～10月は体調に異変が出やすい運気。不眠やストレスから胃腸の調子を崩したり、謎の湿疹が出たり、風邪が長引いたり、入院することもあるので、無理せず睡眠時間を多くとりましょう。**散歩をするなど、ゆっくりする時間をもつことも大切**です。少しの異変でも早めに検査を受け、診断に納得がいかない場合は、セカンドオピニオンも受けましょう。

12月は、重大なミスをしやすいので、些細なことも確認を怠らないように。**数字や時間、どんな小さな約束でもしっかり守りましょう。**

また、車で事故を起こしたり、ぶつけて修理費がかさんでしまうこともあるので十分に注意してください。この時期には、**危険な人物が近寄ってくる**こともあります。「寂しいから」とたやすく関係を深めてしまうと、痛い目に遭うだけでは済まず、人生を棒に振ってしまうような場合もあるので、ノリだけで近づかないようにしましょう。

愚痴や不満を言いたくなるような年ですが、それでもあなたに親切にして

くれる人はいるはずです。**お世話になった人に、感謝と恩返しの気持ちをなくさない**ようにしてください。人は、自分のことばかり考えていると、つらく苦しくなってしまうもの。「余計なお世話」と言われても、人によろこんでもらえることを一生懸命に行い、あなたに**やさしくしてくれる人のために頑張ってみる**といいでしょう。思い通りにならないからこそ、違う世界を見ることができ、これまでとは違った学びを得られるのだと思いましょう。

「いい人」と思ったときほど危険だと思え

「乱気の年」は、できるだけ上手に流されたほうがいいということも理解しておきましょう。**「新たな決断をしないほうがいい年」**ですが、そうは言っても日々いろいろな決断に迫られ、何もかもを避けるわけにはいきません。ただ、独立や起業、これまではやっていなかった「出会い系」など、新しいことを無理にはじめるのはやめておきましょう。とくに「今年新たに出会った人」には要注意。大事なものを奪われたり、大きなトラブルを引き起こされて、最終的にはひどい別れになることも。**「いい人」と思った人ほど危険な場合が多く、短い期間で縁が切れてしまう可能性も高い**でしょう。あなたのことを特別扱いしてくる人や、これまで関わったことのないような**お金持ちや権力者と出会ったときも、深入りせず「短い縁」だと思い、その相手に執着しない**ように。

3月下旬～6月の新しい出会いはとくにですが、その後も1年を通じて、あなたの生活を乱したり破壊したりするような人に出会う可能性が高いので、注意してください。昔からの知り合いや学生時代の友人だとしても、対応は慎重に。「突然の連絡でごめんね」と相談され、**妙な契約をもちかけられたり、借金の保証人を頼まれたり、お金を貸してほしいと泣きつかれても、ハッキリと断る**こと。たとえ身内でも注意が必要です。

「頑張っている人を応援したい」と思うのはいいですが、その気持ちを利用する人にハマってしまうこともあるので要注意。世の中には善意や感謝のない人もいるので、「自己満足だからいい」などと割り切ってしまわず、**本当によろこんでくれる人や感謝のある人に力を貸すように**しましょう。

「避けていたこと」を体験したり、「本当のやさしさ」を学んで

ここまで聞いて、散々な1年のように思うかもしれませんが、過去の人脈を大切にしていたり、ひとつでも**自分なりに技術や才能を磨いてきた人には、大きなチャンスが訪れる**でしょう。会ったことのないような特別な人と知り合えたり、珍しい人脈ができることもありそう。ヒマになるどころか忙しくなりすぎて、体調を崩してしまうケースも。また、ゴルフを習うなど、**なんとなく避けていたことに挑戦してみると、いい経験やいい出会いにつながる**こともありそうです。こうした現象は、裏側の「金の羅針盤座」のもつ「高貴な星」の影響で起こること。庶民的な「銀の時計座」の苦手なエリアですが、あえて飛び込んでみると流れが突然変わることがあります。ただ、無理が続いてストレスの原因になったり、激しい出費をともなう付き合いが増えることもあるので気をつけましょう。

この1年で、交友関係がガラッと変わったり、いつの間にか、ひとりの時間を楽しめるようになっている場合もあります。仲よしグループから外れることや、いい縁だと思っていた人と別れることもあるぶん、自分の時間ができるので、習い事をはじめたり、華道や茶道、マナー、着付けなど、上品で**ハードルが高いと思うことを学んでみるには、いいタイミング**です。

誰よりも愛されたいと思って生きているのが「銀の時計座」。2024年は愛されたいと受け身で待っていても、なかなか愛してもらえないときです。自分では面倒見のいいほうだと思っていても、もっと愛のある人や、本当にサービス精神のある人から学ぶことが大切です。**人がついて行くのはどんな人なのか、しっかり観察を。**人があなたのもとを離れるのは、自分の発している言葉や行動が原因だったとわかるでしょう。

うまく流されておくことが重要な年ですが、時間ができてヒマになってしまったら、**植物を育てるのを楽しむなど、時間をかけて「生きる力」を学んでみましょう。**植物はゆっくりと成長しています。そして、手をかけなければ枯れてしまいます。観葉植物でも季節の花でもいいので、しっかり育ててみると、気持ちが楽になったりこれまでとは違う発見がありそうです。

開運のつぶやき　いつまでたっても「自分は未熟」と思えることが大切

いままでと違う生き方を楽しんでみよう

「乱気の年は運気が悪いから、占いは信じない」と言う人がいますが、自分に都合が悪いからといって現実を受け入れないのは、「ここは滑りますよ」と教えてくれている看板を見ながらも、**「自分は全力で走りたいから」と自分勝手なことを言って大ケガをする**ようなもの。

占いが示している「運気の乱れ」とは、誰にでも必ず順番でやってくるものです。2024年は「銀の時計座」に順番が回ってきただけ。あなたの裏側にある「金の羅針盤座」の要素が出てきて、人間関係が変わり、物事をネガティブにとらえてしまう現象が起きているだけのこと。それならば**裏の能力を活かし、上品に生きてみたり、ルールやマナーをキッチリ守って生活してみる**など、いままでとは違う生き方をあえて選んでみるのもいいでしょう。思った以上に楽しい時間を過ごせる場合があります。

ただ、予想外に楽しめたとしても、そこでの幸せに執着すると、のちの苦労に変わってしまいます。**今年手に入れた幸せは短期的なものだと思って、手放すことを恐れない**ようにしましょう。「乱気の年」を乗り越えれば、もう恐れる運気はありません。「少し運が休憩している時期」「充電している時期」だと思って、ふだん気がつかない自分の才能や能力を活かしてみると、また世の中が違って見え、おもしろくなってくるでしょう。

2024年「乱気の年」の行動ポイント

- ひとりの時間を楽しめるよう工夫する
- お世話になった人に感謝と恩返しを忘れない
- できるだけ上手に流されておく
- 華道や茶道など、ハードルの高そうなことを学ぶ
- 今年手に入れた幸せは執着せず、手放す

恋愛運

恋人がいる人は、ワガママや口の悪さが出てしまうと、2024年は別れにつながりやすいので要注意。あなたにとっては、「寂しいから」と頻繁に連絡したり、「恋人なら会うのは当たり前」と考えるのがふつうでも、**相手にはそれが息苦しく感じられたり、束縛がキツすぎると思われてしまいそう**です。すでにそのことで何度か指摘を受けていたり、ケンカになっている場合は、とくに注意しておきましょう。

また、恋人に突然好きな人ができてしまったり、浮気が発覚するのも「乱気の年」の傾向なので、**相手に不審な行動が見られたときは早めに話し合う**ようにしましょう。もし、「距離があいたな」と感じるようになったら、危険なサインのことが多く、別れを覚悟しておく必要も出てくるでしょう。

新しい出会いには期待できないので、**無理に新たな出会いを見つけようとしない**ほうがよさそうです。ただ「銀の時計座」は、人の集まりには顔を出してしまうタイプ。そのため、新たな出会いはどうしても訪れてしまうでしょう。もし、これまでとはまったく違うタイプの人に惹かれてしまったら、注意が必要です。エラそうな人やお金持ちなど、なんとなく避けてきた威圧的な人に突然興味がわいたり、年の離れた人にハマってしまうようなこともありそうです。とくに、**才能がある風、天才風、クリエイティブ風な人に引っかかってしまう**ことが多く、周囲からは「ただの変な人」と思われている人と交際をはじめ、お金を貢いでしまったり、お世話をするだけの存在になってしまうこともあるので、気をつけましょう。

意外な人に恋したら、慎重に進めるように

とくに、4月の「乱気の月」、5月の「裏運気の月」での新しい出会いには要注意。年度替わりの時期なので、新たな人に出会うと思いますが、簡単に深入りしないように。仲よくなるのはかまいませんが、**自分中心に振る舞うのではなく、相手に合わせるくらいの付き合い方にしておくといい**でしょう。相手のようすをよく観察することも忘れずに。この時期に興味がわいた相手は、危険な人の可能性が高いので注意しておきましょう。

開運のつぶやき 依存は不幸のはじまり、自立は幸せのはじまり

「銀の時計座」は、誰よりも人恋しくなりやすいタイプで、人のなかに入っていくことで人恋しさを解消するところがあります。そのため、**恋のチャンスも自然と増えます。** 7～8月、11月は、2024年になる前から仲よくしている人や信頼できる人なら交際に踏み切ってもいいですが、「乱気の年」の恋は、思わぬトラブルに巻き込まれやすいので注意が必要です。すぐに別れられる覚悟があるなら交際してもいいですが、**事前に相手のことをよく調べ、問題のない人かどうか見極める**ようにしましょう。

また、1月は「乱気の年」の影響がまだそれほど強くはないので、**片思いしている人がいるなら、1月のうちに告白して**おくといいでしょう。

恋が久しぶりの人には、チャンスがやってきそう

長年恋人がいなかった人は、「乱気の年」「裏運気の年」になると、逆に恋人ができる可能性が高まり、突然行動的になれたり、恋に積極的になれたりします。その意味では、恋のチャンスともいえる2024年を逃さないように。とくに**11月は、長年恋人ができなかった人に絶好の機会**がやってくるので、臆病風に吹かれたり、あまのじゃくにならないようにしましょう。

とはいえ今年は、友人として一緒に楽しむくらいの距離感がちょうどいい年。自分中心ではなく、相手がどうしたらよろこんでくれるのかをもっと考えて行動するといいでしょう。

理想通りの恋愛ができなくても、**違うタイプを好きになれる、ある意味、おもしろい年**です。そんな自分の変化を「好みの幅が広がった」と楽しんでみましょう。何かと空回りもしやすい年ですが、そんなときにやさしくしてくれる人の存在を見逃さないように。

行動ポイント

- 「人恋しさ」から交際をはじめない
- 長年恋人がいないなら恋を楽しむ
- 好みのタイプの変化をおもしろがる

結婚運

「乱気の年」は、結婚には不向きな運気です。「乱気の年」の結婚は、あっという間に終わってしまったり、7年後の「解放の年」に離婚することが多いという特徴があります。ひとりで子育てすることになったり、苦労の連続になる場合もあるので、**2024年は軽はずみに結婚を決めないように**しておきましょう。とくに、2024年に出会った相手との一目惚れからの授かり婚は、借金や浮気、DV、すぐに離婚など、想像以上に苦しい道を歩むことになりかねないので、注意しておきましょう。

一方、2023年にすでに婚約していて、**結婚が決まっている場合は問題ありません。**できれば「乱気の年」の影響が少ない1月中に、婚姻届を出すといいでしょう。ただ、2023年の年末に出会ったばかりの相手なら、念のため相手の仕事や交友関係を聞き、本当に信頼できるかを見極めたほうがいいでしょう。アヤしい点があるときは、相手に突っ込んで確認し、納得いかない部分を残したまま結婚に踏み切らないように。

相手の運気に乗って結婚するのはアリ。ただし条件つき

これまで**結婚願望がなかった人ほど、結婚に興味がわいたり結婚を焦り出す**ことがあるのも「乱気の年」の特徴です。とはいえ、そもそも結婚を考えていなかった人は相手選びの基準も定まっていないことが多いため、勢いで結婚してしまうと、のちの苦労につながりかねません。**「結婚とは苦労するものだ」**と割り切っているなら話を進めてもいいですが、相当な苦労があると覚悟しておきましょう。

また、すでに結婚を真剣に考えている恋人がいる場合は、まずは相手の運気を調べてみましょう。相手が結婚に向いている運気で、すべてを相手に合わせる覚悟ができているなら、あなたが「乱気の年」であっても問題ないでしょう。入籍日、披露宴、新婚旅行、一緒に住むところなどに対し、あなたが意見を言うのはいいですが、**最終決断は相手にしてもらうことが大切**です。決断力のない相手だとなかなか決まらずにイラッとするかもしれませんが、そこはグッと我慢しましょう。

開運のつぶやき　どんなときでもやさしくしてくれる人がいる。その存在を忘れてはいけない

とはいえ、できれば**2026年の「整理の年」の年末まで結婚を待ってもらうのがベスト**ではあります。2024年の「乱気の年」、2025年の「裏運気の年」は、あなたの裏側が出てくるときであり、愛があるのか確かめることになる試練の年。この2年を乗り切った場合は、安心して結婚するといいでしょう。

焦りは禁物。時間をかけて「結婚の準備」をするといい年

「乱気の年」は、突然、**お金持ちやこれまで縁のなかったタイプから「結婚を前提にお付き合いを」などと言われることもある運気**ですが、その場合には注意が必要です。本当に条件のいい相手だとしても、のちのち価値観の違いに苦しむことになったり、浮気や不倫などの問題を抱えてしまうことになる可能性が。「いま事業が苦しくて。お金を貸してもらえたら事業もうまく回り、結婚もできる」などといった言葉にだまされないように。結婚をエサにお金を借りようとする人とは、好きでも情があっても、たとえその話が本当だとしても、縁を切ったほうがいいでしょう。

2024年は結婚を決めるにはかなり厳しい運気ですが、焦らず**じっくり理想と現実の違いを見つめてみると、自分に足りないところが見えてきます。**「いまは結婚資金を貯めるタイミング」と思ってみたり、「披露宴や新婚旅行をどうするか、じっくり調べる時間ができた」と、前向きに受け止めておくといいでしょう。

また、あなたの結婚相手はどんな人がふさわしいのか、あらためて**真剣に考え、周囲からのアドバイスにも耳を傾けてみる**といいでしょう。流れや勢いだけで結婚することにならないよう、慎重さや冷静さが必要な時期だということを忘れずに、この1年を過ごしましょう。

行動ポイント

- 2023年までに婚約済みなら早めの結婚を
- 相手の運気に乗るなら、相手の希望に従う
- 2026年の年末までゆっくり準備する

これまで関わってこなかったタイプの人に困惑したり、不慣れな仕事や苦手な業務を任されることがある年。これまでなら簡単に仲よくなれたり、いい距離感で仕事ができそうな人とも噛み合わなくなり、**いままでと同じ接し方ではギクシャクしそう**です。

とくに、はじめて会う人とは噛み合わないことが多く、苦手なタイプと一緒に仕事をするケースも。また、上司やチームが変わり、エラそうなことを言ってくる人や、あなたの仕事の粗探しをして、突っ込んでくるような人と絡む場合もありそうです。無理に合わせようとすると苦しくなるだけなので、**「いつか仲よくなれればいいかな」くらいに考えて、距離をとって接する**ようにしましょう。

「乱気の年」は、一生懸命に取り組んでも、これまでと同じようには評価されず、自然と不満や愚痴が多くなってしまう年です。やる気を失ってしまうことも。そのせいで、つい転職や離職を考えてしまいますが、今年転職すると、今後転職を繰り返しやすくなるので注意が必要。負の連鎖を生まないよう、なるべく現状の仕事に踏みとどまるほうがいいでしょう。**自分の欠点は素直に認め、目の前の仕事に感謝して真剣に取り組みましょう。**

ストレスがたまったときの愚痴や不満には要注意

3月中旬ごろ、信頼していた人が突然転職や退社をしたり、部署異動などで離れることになるかも。または、あなたが違うチームに入るなどの変化も起こりそうです。4～5月は、やる気のなさが周囲に伝わりやすいため気をつけて。自分ではバレていないつもりでも、態度の悪さが出てしまうので、いつも以上にやる気を出すよう意識したほうがいいでしょう。6月には、仕事をやめたいと真剣に考えてしまいそうですが、**仕事に対する考え方や目標を変えるきっかけ**にしてみましょう。この時期は、自分のことだけを考えているとつらくなるので、ほかの人のために頑張るようにすると、不満をパワーに変えられるでしょう。

また、4～5月、12月は、**初歩的なミスをしやすくなるため、日程、**

開運のつぶやき　利用されているのではなく、重宝されている

数字、金額などの確認を怠らないように。ちょっとしたミスで信用を失ってしまうだけでなく、いまのポジションを失う原因にもなりかねないので、気をつけておくこと。また、愚痴や不満、文句を言っていると、周囲に悪いイメージであなたのことが伝わって、協力してくれる人との縁まで切れてしまう場合があります。余計なことを軽々しく言わないよう注意しましょう。ストレスを発散したいなら、**散歩をしたりゴルフを習ったりして汗を流す**といいでしょう。

大変なときほど貴重な学びがある。プラス面を見つけて

2024年は気持ちが乱れやすい年でもあるので、気分に任せて仕事をせず、**どんなときも気持ちを込めて取り組みましょう。**そうすれば、大きな問題は起きないでしょう。

あなたのポジションが変わり、偉くなったりリーダー的な立場を命じられたりすることもある年です。大事なことを任されて、上の人の立場や状況が理解できるようになるなど、学べることも多いでしょう。そんな運気だからこそ、**今年から仕事に役立つ勉強を少しでもはじめることが重要**です。

大変なときほど、これまでと同じサイクルやスタイルで仕事をしていては、苦しくなってしまいます。これまで以上に期待に応えられるよう、**自分を大きく成長させられる時期**だと思って、つらい経験のなかに学べることやプラス面を見つけましょう。悩んだり不安にもなる時期ですが、**相談に乗ってくれる人の言葉を素直に聞いて行動すると、簡単に問題が解決する**場合もあります。マイナス面ばかり見ないで、プラス思考で、これまで勉強の足りなかったところを挽回していきましょう。

行動ポイント

- 転職や離職は避ける
- 悪く広まるので、愚痴や文句は控える
- 勉強不足な部分はプラス思考で挽回する

開運のつぶやき　大きな挫折があるから、大きく成長もできる

金運&買い物運

「銀の時計座」は、「心は庶民の星」をもっているため、そもそも極端な贅沢はしないタイプですが、お金に執着がなく貯金も不得意なタイプ。

2024年は、突然家電が壊れて買い替えの必要が出てきたり、車の事故やタイヤのパンク、謎の故障などで大出費になるなど、予想外にお金のかかる出来事が増えてしまいそうです。このように「乱気の年」は、急にお金が必要になることが増えるので、**できるだけ不要な出費を抑え、コツコツと貯金をしておく**といいでしょう。

また、お金をだましとられるようなトラブルも起こりやすい年なので、長期的な契約をしたり、簡単に保証人になったりしないように。

体調も崩しやすく、治療費や入院費、手術費が必要になる場合もありそうです。早めに病院へ行き検査や人間ドックを受けるなど、大事に至らないようにしましょう。

また、「乱気の年」は、**身内にもトラブルが出やすくなるので、家族にも健康管理をしっかりするよう早々に連絡**をしておきましょう。体調を崩した家族の入院費や、頻繁に実家に帰ることになったあなたの交通費などで、お金がドンドンなくなってしまうことがあるかもしれません。

「うまい話」には要注意。キッパリと断ろう

買い物も、できるだけ必要最小限にしたほうがいい年です。故障などでどうしても買い替える必要がある場合はかまいませんが、できれば現在使っているもので、2025年まで過ごせるように工夫してみましょう。そこまで待てない場合は、1～2月のうちに無理のない範囲で購入しておきましょう。今年は**「欲しいから、安いから」で買わず、「必要だから」で買うように。**

また、儲け話にも要注意。「簡単に儲かる」「いまがチャンス」「特別に教えます」といった都合のいい話があなただけに届くわけがないので、冷静になりましょう。昔からの知り合いや旧友からの突然の連絡、または**身内や親戚からの話だとしても、今年のうまい話には乗らない**こと。

お金の貸し借りも最悪な事態を招くだけなので、少額でも貸さないように。

開運のつぶやき　つらく苦しいのではなく、生き方や考え方を変えるきっかけがきただけ

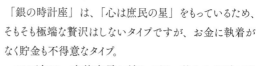

もし、どうしても**貸す必要が出てきたときには、「あげてもいい金額」にしておく**こと。「銀の時計座」は情にもろく、自分の生活が苦しくなってでも人にお金を貸してしまうところがあるので、基本的には断ったほうがいいでしょう。**「契約を変えると安くなる」などの誘い文句にも、簡単には乗らない**ように。変更した当初はよくても、結果的に高くつく場合がありそうです。今年は「お得」情報にも踊らされやすいので、安易に飛びつかないよう気をつけておきましょう。

自己投資するにしても、お金をかけない工夫をして

　さらに、裏の「金の羅針盤座」の影響も出てくるため、ふだんなら必要のない高級品が突然欲しくなってしまったり、高額のエステに入会するなど、身の丈に合わない買い物や契約もしやすいので注意が必要です。**ブランド品を持っても、あなたの人としての価値は変わりません。**つまらないことを言ってくる人に振り回されず、見栄を張った出費をしないように。
「乱気の年」は、勉強のためにお金を使うのがポイントです。資格や趣味、仕事のスキルアップ、本を読んだり習い事をはじめるなど、**今後に役立ちそうな物事に投資するといい**でしょう。その際、なるべくお金をかけなくて済む方法を探してみることが大切です。仕事に役立たせるためにゴルフを習いたいなら、先輩や経験者にクラブを譲ってくれるようお願いをしてみましょう。
　健康維持のための出費も増えてしまいそうですが、まずは自分なりにお金をかけない工夫をしてみましょう。高級サプリにハマって、余計な出費を増やしたりしないように。

行動ポイント

- 急な出費に備えて貯金しておく
- 儲け話には安易に乗らない
- 勉強のための出費は惜しまない

美容&健康運

「乱気の年」にもっとも注意したいのは健康運です。風邪が長引いたり、調子の悪さを放置していたら入院することになるなど、いつもとは勝手が違うでしょう。扁桃炎や気管支炎、鼻炎や肺炎にもなりやすいので、少しの異変でもしっかり療養するように。ニキビや肌荒れ、口内炎などに悩んだり、謎の湿疹が出てしまうこともあるので、**日ごろから軽い運動をして、ストレスを発散しておきましょう。**また、胃腸も弱くなりやすく、生牡蠣にあたったり、お寿司を食べてアニサキスに苦しむようなことも。なるべく火の通ったものを選ぶようにしましょう。

2024年は人間ドックを受けることも大事。胃カメラや大腸カメラの検査もしておいたほうがいいでしょう。不眠症にもなりやすいタイプなので、生活習慣を整えて、昼間に20分くらい仮眠をとるのもよさそうです。また、寝酒はさらに体調を崩す原因になるので気をつけましょう。とくに4～5月、9月中旬～10月は体調を崩しやすいので無理をせず、**休日は散歩に出かけたり、公園でボーッとしたり、好きな音楽を聴いてゆっくりしましょう。**

美意識も低下しやすくなる年です。ストレスや肌の調子の悪さから、高級なサプリや化粧品、エステなどにお金をかけてしまうことも。**腸の調子を整えることが大事**なので、自分に合う乳製品を探したり、朝晩の白湯やヨガ、または常温の水を1日2リットル飲む習慣をつけるのもオススメです。

また、身近な人に体調の異変を指摘されたときは、聞き流さないこと。**顔色の悪さや口臭、おならの臭いなど、自分でもおかしいと思うなら早めに検査**に行き、指摘してくれた人に感謝を忘れないように。小さな異変を我慢すると、大きな病気を見逃すこともあるので要注意。生活リズムや食事のバランス、飲酒なども例年以上に気をつけたほうがいい年です。とくに**睡眠時間を長くとることを大切に**し、寝る前には入浴時間もたっぷりととり、日々の疲れをためないようにしましょう。

行動ポイント

- 人間ドックを受ける
- 白湯や常温の水を飲むようにする
- 睡眠と入浴時間をしっかりとる

開運のつぶやき　好きでもないことをやるのは苦痛だが、冷静に力を養うタイミングでもある

家庭&親子運

油断していると夫婦関係に大きな溝ができてしまう年。「いつも一緒にいる」ことに愛を感じるタイプですが、**あなたの「愛情を表現して」という要望は、相手には重苦しく感じられる場合もある**でしょう。疲れや体調の変化から不機嫌な態度も顔に出やすくなるので、相手も気を使って距離をあけてしまい、それが常態化しそうです。「こんなに面倒を見ているのに」などと恩着せがましくなると、事態はさらに悪化します。いつも上機嫌でいられるよう、定期的な運動やストレス発散をし、**不機嫌を家庭に持ち込まない**ようにしましょう。

高齢の親がいる場合は、健康診断や人間ドックに早めに行ってもらうといいでしょう。「乱気の年」は、あなたに問題がなくても、家族の健康に影響が出る場合があります。早期発見できれば大きな問題を避けられるでしょう。健康で元気な親なら、あなたが行きたい場所ではなく、**親が行きたい場所に旅行するのがオススメ。** 気になる場所を聞いてみましょう。

2024年は、子どもとの関係が難しく感じられそうです。**よかれと思った行動が子どもの成長を妨げたり、甘えすぎの原因になる**ことも。ハッキリ言わない子どもの代わりに、自分があれこれと伝えてしまうと、逆に子どもが何も言えなくなるので気をつけて。子どものやっているスポーツのコーチやPTAを引き受けると、子どもと気まずくなるおそれもあるため、今年は自ら手を挙げないようにしておきましょう。**親が読書している姿を子どもに見せたり、資格取得の勉強をしたいなどと家族に言っておく**と、応援や協力をしてくれそうです。

「乱気の年」は心も体も乱れ、家族との距離があくこともありますが、**自分の時間をしっかりもち、学んで成長することの大切さを実感できる**でしょう。家族は、あなたの気づかぬところでサポートしてくれていることもあるはず。無神経な態度をとらず、感謝を忘れないようにして1年を過ごしましょう。

行動ポイント

- いつも上機嫌でいられるように工夫する
- 親の行きたい場所へ一緒に旅行する
- 子どもには余計な口や手を出さない

年代別アドバイス

10代のあなたへ　失恋や別れがあるかも。ひとり時間を充実させて

親友だと思っていた相手と縁が切れたり、 恋人や好きな人との別れがありそうな年。 ヘコむことがあっても、 ひとりの時間を楽しめるような趣味をもつといいでしょう。 資格取得に向けた勉強に専念するのもオススメです。 2024年は考え方や頭の使い方が変わってくるので、 これまで苦手だった科目が急に得意になることも。 上品で大人っぽい雰囲気にイメチェンしてみると、 評判がよくなったりあなたの気分も上がりそうです。

20代のあなたへ　新しいことに興味が出てきたら習いはじめるといい年

ひとりの時間が増えてしまう年。 人との別れや距離ができてしまうことがありそうですが、 自分の力ではどうにもならないことなら、 無理にあらがわないように。 流れに身を任せつつ、 ゴルフなどのスポーツやスキルアップのための勉強をはじめてみるといいでしょう。 マナー教室などこれまでなら関心がもてなかったり、 ハードルが高いと感じていた習い事に興味が出てきたら、 挑戦してみるとよさそうです。 楽器を習いはじめるのもオススメ。

30代のあなたへ　人への興味が薄れるぶん学びの時間を大切に

つくしていた相手に裏切られてしまいそうな年。 落ち込みそうになったときは、 周囲であなたを支えてくれる人や、 友人の存在を思い出すようにしましょう。 2024年は人間関係が面倒になったり、 人への興味が薄れる一方で、 学んでみたいことや興味・関心が変わるタイミングでもあります。 ただ、独立や転職は悩みの原因になるので、軽はずみに動かないように。 まだ若いと思っても、 今年から健康診断をしっかり受け、異変があれば早めに対処しましょう。

人生のステージによって、運気のとらえ方も変わってきます。
年代別に異なる起こりやすいこと、気をつけることを頭に入れておきましょう。

40代のあなたへ　運気のよさにブレーキが。年相応の落ち着きを意識しよう

2023年までのいい流れが続くと思って、調子に乗りすぎないように。リーダーを任されたり立場が偉くなるなどポジションが変わり、これまで一緒にいた人と離れることもありそうです。いつまでも自分は若いと思い込んでいるタイプですが、2024年からは年相応の服装や趣味を意識するようにしましょう。精神的に成長できる習い事をはじめるのもいいので、気になったことは積極的に挑戦してみましょう。

50代のあなたへ　人間関係に変化がある年。去る人にも感謝をしっかり伝えて

体調を崩しやすく不調を感じがちな年。風邪が長引いたり、肌荒れや湿疹などに悩むこともありそうです。人間関係も大きく変わる運気のため、苦手なタイプとの出会いや、信用した人ほど簡単にいなくなってしまうなど、ガッカリすることもあるでしょう。信頼していた部下や後輩があなたのもとを去っていく場合もありますが、これまでついてきてくれたことに、しっかり感謝を伝えるようにしましょう。

60代以上のあなたへ　良くも悪くも区切りがつく年。体の不調は早めに検査を

体調が一気に悪くなってしまうことがある年。腸など、内臓の不調や異変を感じたら、早めに検査を受けましょう。2024年は、これまでと同じ生活習慣は続けられなくなり、いろいろな面で区切りがつくことも増えるでしょう。長い付き合いだった友人が遠くに行くことになったり、ショックを受ける別れがある場合も。人間関係のトラブルも起きやすいので、聞き間違いや勘違いをしないよう気をつけておきましょう。

SILVER HOROLOGIUM

銀の時計座

毎月毎日の運気カレンダー

2023年9月〜
2024年12月

占いを道具として使うには、
毎月の運気グラフ（P.94）で
月ごとの運気の流れを確認し、
運気カレンダー（P.96〜）で
日々の計画を立てることが重要です。

毎月の運気グラフ

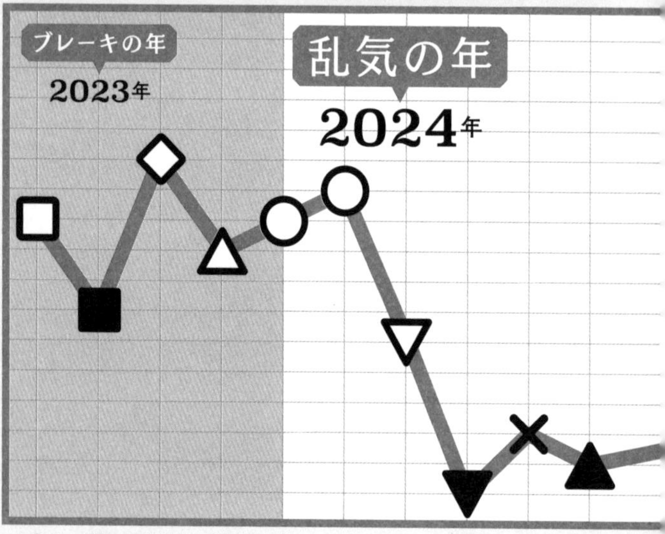

- 9月 健康管理の月
- 10月 リフレッシュの月
- 11月 解放の月
- 12月 準備の月
- 1月 チャレンジの月
- 2月 チャレンジの月
- 3月 ブレーキの月
- 4月 乱気の月
- 5月 裏運気の月
- 6月 整理の月

月の運気の概要

- ○（1月）課題から逃げてきた人は厳しい指摘を受けるかも
- ○（2月）ノリや勢いでの判断はNG。欲を出しすぎないように
- ▽（3月）「乱気の年」の影響が表れる月。感謝の気持ちを忘れないで
- ▼（4月）流れに逆らわないことが大事。素直に反省すれば成長につながる
- ×（5月）なにかと裏目に出る月。「やさしくしてくれる人」がカギ
- ▲（6月）面倒事は今月で一段落。「手放す」ことがポイントに

※このページの記号の説明は、「月の運気」を示しています。P.72「年の運気記号の説明」とは、若干異なります

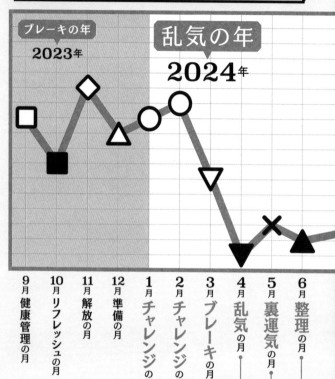

1年を通して、毎月の運気がどう変わるかを確認しておきましょう。
事前に知っておくことで、運気に沿った準備や心構えができます。

※「毎月の運気グラフ」は、その年の運気の影響を受けるため同じ記号でもグラフ上の高さは変わります

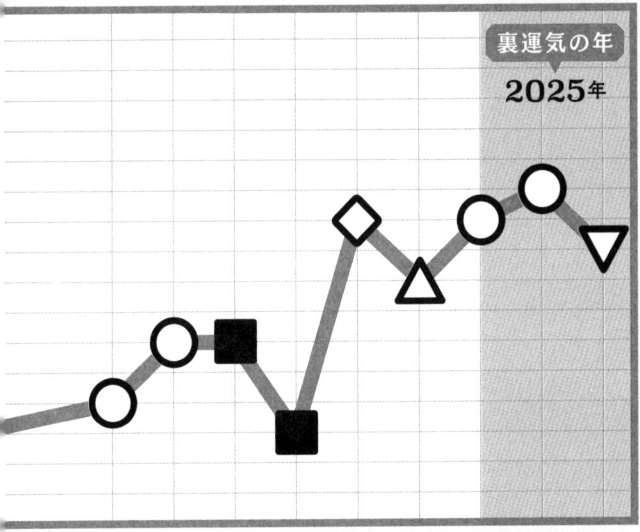

7月 チャレンジの月
8月 チャレンジの月
9月 リフレッシュの月
10月 リフレッシュの月
11月 解放の月
12月 準備の月
1月 チャレンジの月
2月 チャレンジの月
3月 ブレーキの月

○ 人間関係がスッキリしてモヤモヤが晴れる月

○ 弱点や甘さを突っ込まれたら成長のチャンス

■ 「現状維持」を心がけるといい月。お得に思える話や甘い誘惑に注意

■ 温泉旅行やコメディー映画鑑賞で気晴らしを

◇ 自分にとって大切な人がわかる時期。周りをよろこばせてみよう

△ 自己中心的な判断と余計な発言に注意すること

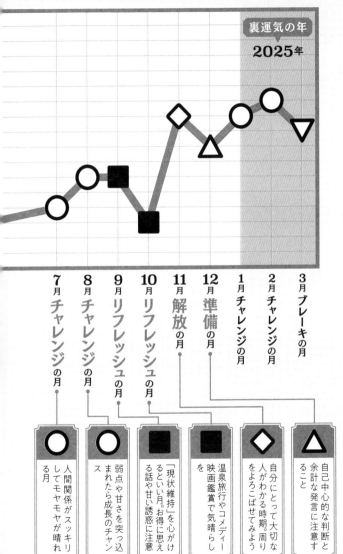

9月

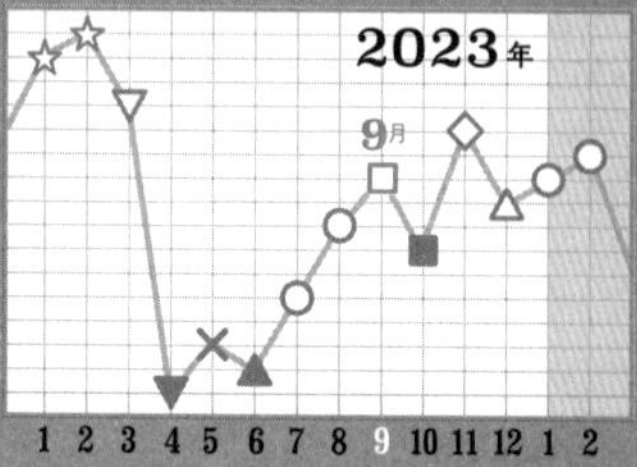

□健康管理の月

今月の開運3か条

- 生活リズムを整える
- 本を読む
- 仕事に全力で取り組む

総合運

年内最後の攻めどき。やり残したことは即行動を

攻守がゆっくり交代する時期。2022年や今年の上半期にやり残したことがある場合は、「今月が最後の攻めどき」だと思って、即行動に移すといいでしょう。いまに満足しているなら、ここから守りを固める必要があります。現状を維持するためには、今後どんな能力を身につけるべきかをよく考えること。役立ちそうなことを学びはじめるといいので、資格取得やスキルアップのための勉強をしてみましょう。人脈を広げる努力をすると、頼れる人にも会えそうです。

開運のつぶやき　自分の研究を忘れるから運気を逃す。人生は自分の研究のためにある

恋愛&結婚運

「仲のいい友人」は終わり。ひとりを選ぶ決断を

友人や仲のいい人から好意を寄せられているなら、きちんとひとりを選びましょう。「みんなで仲よく」「ずっと友達で」などと思っていると、恋人も、結婚のチャンスも逃すだけ。好きな人に気持ちを伝えたり、告白されているならハッキリ返事をしましょう。結婚運は、結婚を決めるにはいい運気。「プロポーズの予約」をすると、いい流れになりそうです。結婚を考えられない相手とはここで別れて、年末の出会いに賭けるといいでしょう。

仕事運

運気や他人に頼らずに最大限の力を出すこと

現在の仕事に全力で取り組めるかどうかが、2024年以降の仕事運に大きく響いてきます。運気の流れに乗っているだけだったり、他人任せでいると、「乱気」「裏運気」の時期に後悔することになるでしょう。いまもっている力を最大限出すよう努めて、若い人に教えられることはできるだけ伝えておきましょう。仕事関係者との人脈もしっかりつくるといい時期。自ら誘って、仕事や将来の夢の話などを語ってみると、いい協力者も見つかりそうです。

金運&買い物運

固定費を見直して

今月は、買い物で大金を動かすような時期ではありません。保険の契約内容を見直したり、不要なサブスクを解約して、固定費を減らしましょう。職場から少し遠くなってもかまわないなら、引っ越しをして家賃を下げるのもオススメ。いまより広くて安い場所が見つかりそうです。給料の3割は貯金に回して、そのなかでつみたてNISAや投資信託を少額ではじめておくといいでしょう。長い目で見てお金を貯められる方法を試しましょう。

美容&健康運

ストレスの原因を断ち切る

体調が大きく崩れる運気ではありませんが、生活を見直して、悪習慣と思われることは今月からやめるようにしましょう。ストレス発散のつもりのゲームやSNSが、逆にストレスの原因になっている場合があります。消去するなどして断ち切ってしまえば、気持ちが楽になるでしょう。定期的な運動をはじめるにも最高にいい時期。長期的に続けられる運動がいいので、激しい内容は避けて、家でできるくらいの運動や柔軟体操をしてみましょう。

9月 □健康管理の月

1（金）	■	夏の疲れが出たり、集中力が欠けてしまいそうな日。些細なことでイラッとしたら「疲れているのかも」と思って、深呼吸や、しっかり休憩をするようにしましょう。首や肩、目の周りを揉んでおくといいでしょう。
2（土）	◇	気になる人とデートをするには最高の日。新しい出会い運もあるので、人の集まりへ積極的に行くといいでしょう。ただし、気合を入れすぎて派手な服装になったり、厚化粧にならないよう気をつけて。品を忘れないことが大切。
3（日）	△	遊ぶことで運気が上がる日。友人や気になる人を、イベントやライブ、映画に誘ってみるといいでしょう。何気ない話で盛り上がって、楽しい時間を過ごせそうです。一方で、小さなミスをしやすい日でもあるので気をつけて。
4（月）	◎	同じことでも言い方を変えたり、伝えるタイミングを工夫するだけで、相手の受け取り方も変わるもの。自分の考えを通したいときは、これまでと違う表現や言葉遣いで伝えてみるとよさそうです。
5（火）	☆	仕事運がいい日。誠意をもって仕事に取り組むことが大切です。その姿勢を見た人が高く評価してくれたり、いい結果にもつながりそう。自分で「今日は頑張った」と思えたら、ご褒美に買い物をするといいでしょう。
6（水）	▽	問題なく仕事が進んでいるときほど、周囲でサポートしてくれる人や、準備をしたり、ほかの業務を進めてくれる人がいることを忘れないように。夕方以降は、あなたが誰かの支えになれるように努めましょう。
7（木）	▼	「自分の考えや性格を理解してくれているはず」と期待すると、相手にイライラするだけ。家族や恋人、付き合いの長い人でも所詮は他人なので、あなたの本当の気持ちはわからないもの。「互いにわかり合っている」とも思わないで。
8（金）	×	人間関係で悩んだり、愚痴が出やすい運気。人と距離があいてしまっても、悲しむ前に相手にも事情があると思っておきましょう。陰口を言うと自分の心がすさむだけなので、前向きな話をするといいでしょう。
9（土）	▲	季節に合わないものは、そろそろ片付けはじめましょう。大掃除をしたり、身の回りを一度スッキリさせれば、気分もよくなりそうです。昔の恋人からもらったものは、価値があっても処分すると、次の恋に進めるようになるでしょう。
10（日）	○	季節に合った服を買ったり、イメチェンをするにはいい日。美容院や、これまで行ったことのないお店に足を運んでみるといいでしょう。新しい出会いや発見がある1日になりそうです。
11（月）	○	「素早く判断する日」にしてみましょう。モタモタ悩まずにパパッと決めると、無駄な時間を削れて、ほかの役立つことに使えるようになるでしょう。パッと決めたことを、後悔しないようにしましょう。
12（火）	□	今日は好きなことを極める努力をしたり、自分の気持ちにもっと素直になってみるといいでしょう。正しいと思うことを押しつけるのではなく、周りが笑顔になることや、みんなで楽しめるアイデアを提案してみましょう。
13（水）	■	食事のバランスを考えてみるといい日。最近不足しているものがあると感じるなら、意識して食べましょう。とくに思い当たらないときは、旬の野菜や魚を選ぶといいでしょう。
14（木）	◇	あなたの魅力や才能が開花する日。いい決断や判断ができるので、自分の勘を信じて発言したり、行動してみましょう。好きな人には素直に気持ちを伝えると、いい返事が聞けそうです。
15（金）	△	仕事の指示を聞いても、書類や企画書を読んでも、頭に入らなかったり理解に時間がかかってしまいそうな日。思ったよりも集中力が欠けてしまうので、ストレッチや軽い運動をして、頭をスッキリさせておきましょう。

開運のつぶやき　運は、たくさんの人を笑顔にしたり、よろこばせている人に集まる

16（土）	◎	ただの友人と思っていた人から告白されたり、身近な人に好意を寄せられてしまいそうな日。一緒にいて楽だと思えるなら、付き合うといいでしょう。不慣れな店よりなじみのお店に行くと、ラッキーな出会いや出来事があるかも。
17（日）	☆	買い物をするのに最高の日。長く使うものや、家電や家具を購入するといいでしょう。少額の投資をはじめるにもいいタイミング。ネットで調べてみて。
18（月）	▽	午前中から頭の回転もよく、身軽に動けそう。大事な仕事や、少し面倒なことから先に手をつけておきましょう。夕方からは、周囲に振り回されたり、愚痴や不満を言いたくなることが起きそうです。
19（火）	▼	情に流されたり、あなたの弱さが出てしまいそうな日。判断ミスをすることや、よかれと思った行動が、相手を甘やかすだけになってしまうことも。嫌われたくないからと、人に厳しくすることを恐れないようにしましょう。
20（水）	×	悪友や、発言や行動に疑問を感じる人と接触することがある日。強引な営業や、ネット販売での「安い、お得、いまだけ」にだまされないようにしましょう。今日は、予想以上に面倒なことに巻き込まれそうです。
21（木）	▲	いい意味での諦めや、見切りをつけることが大切。完璧を求めるのはいいですが、時間をかけすぎるよりも、期限を守ることやスピードを重視するように。「こだわりを捨てることが必要な場合もある」と覚えておきましょう。
22（金）	○	人にはいろいろな考えがあったり、状況によって判断が変わる場合があることを覚えておくこと。相手の見えない意図を、もっと想像してみるといいでしょう。新しいことを任される場合がありますが、前向きに受け止めるように。
23（土）	○	ネットや雑誌で話題になっているお店やスポットに行ってみるといい日。流行っている理由を探すより、素直に楽しんだほうがいいでしょう。デートの口実にして、気になる人を誘ってみましょう。
24（日）	□	買い物や部屋の片付けなどは、できるだけ午前中に済ませておきましょう。夕方までは遊びに出かけてもいいですが、夜はなるべく早めに帰って。ゆっくり湯船に浸かってすぐに寝るなど、次の日に疲れを残さない工夫が大切。
25（月）	■	寝不足を感じたり、昨日の疲れが出やすい日。疲れていると、行動が雑になってしまいます。操作ミスや失敗をして、やり直しに無駄な時間を費やすとさらに疲れるので、休憩時間はしっかり体を休ませましょう。
26（火）	◇	必要以上に謙虚にならないようにしましょう。お礼や挨拶はしっかりしつつ、謙虚になるのは気持ちだけでいいので、堂々と振る舞いましょう。自分をアピールするくらい強気で行動を。
27（水）	△	ミスをしやすい日。自分の失敗を許してほしいと思うなら、他人の失敗に寛容になっておきましょう。世の中、失敗しない人はいません。まずは許して、相手の成長に期待して、再挑戦を待てばいいでしょう。
28（木）	◎	朝から懐かしい曲を聴いてみることで、やる気になれそうな日。学生時代に耳にしていた曲や、いい恋をしていたときに聴いていた曲を選んでみるといいかも。いい思い出に浸ると、運気もよくなるでしょう。
29（金）	☆	いい仕事やいい判断ができる日。遠慮しないで、自分を信じて思い切った行動に出てみましょう。後輩や部下に仕事を教えたり、伝えることも大事です。いい人脈ができる日でもあるので、交流を楽しんでみて。
30（土）	▽	誘惑に負けそうな日。ダメだと思っても、食べすぎたり飲みすぎてしまいそう。外出先で、不要なものを買いたくなるので気をつけましょう。友人や身内に失礼なことを言ってしまう場合もあるため要注意。

☆開運の日　◎幸運の日　◇解放の日　○チャレンジの日　□健康管理の日　△準備の日
▽ブレーキの日　■リフレッシュの日　▲整理の日　×裏運気の日　▼乱気の日　＝運気の影響がない日

10月

■リフレッシュの月

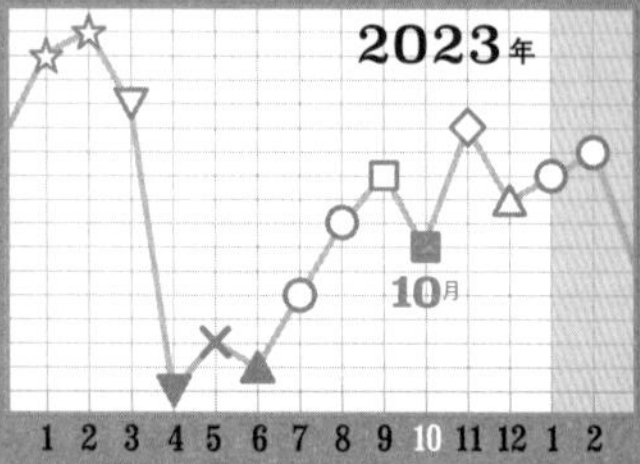

今月の開運3か条

- 相手のことを考え、言葉を選んで意見する
- しっかり仕事をして、しっかり休む
- 動きやすい靴を買う

総合運

“前兆”が見えはじめる月。先のことを考えた発言を

良くも悪くも、来年に響く問題が浮き彫りになる時期。マイナスな出来事が起こるというよりも、前兆が見えたり、なんとなく後回しにしていた問題がそのままでは済まない感じになりそうです。自分の気持ちを素直に伝えるのはいいですが、先のことをよく考えて発言するようにしましょう。頑張りすぎてしまう時期でもあるので、疲れをためないようにする工夫も大切です。下旬からは、協力してくれる人が現れて、助けてもらえそうです。

開運のつぶやき　才能とは、ほかの人によろこんでもらってこそ活きるもの

恋愛&結婚運

あいまいな関係にはケリをつけて。下旬に新たなチャンスも

長く片思いをしているなら、今月中に、気持ちを伝えてハッキリ結論を出すか、来月に話やデートができるようにしておきましょう。中途半端な関係だと思う人ほど、気持ちを確認してみるといいですが、感情的になると関係が終わりに向かってしまいそうです。新しい出会い運は、下旬からは期待できるので、髪を切り、見た目を整えておくといいでしょう。結婚運は、下旬に話が進展しやすいため、それまで恋人の前では明るく振る舞っていましょう。

仕事運

自分だけで頑張りすぎないで若い人を育成しよう

求められることが増えて忙しくなりそうです。予定を詰め込みすぎたり、頑張りすぎると一気に疲れが出てしまうことも。体調を崩して、あなたの仕事をほかの人がやることになり、迷惑をかけてしまう場合もあるので気をつけましょう。しっかり仕事をして、しっかり休めるよう上手に時間を使うといいでしょう。また、自分の仕事を周囲に教えたり、若い人の育成も忘れないように。下旬からは、さらに重要な仕事やポジションを任されそうです。

金運&買い物運

靴や寝具を買い替えよう

仕事の負担を軽くするアイテムや、動きやすい靴を購入するにはいい時期。マッサージや温泉旅行などに行くのもオススメです。ケチケチしないで、久しぶりに贅沢な食事などをすると、ストレス発散になってよさそう。枕やパジャマを買い替えてみると、夜更かしするよりも、寝るのが楽しくなるかも。ベッドや布団など大物を新しくするのもアリでしょう。投資は、下旬にいい流れになるので、興味のあるものをはじめてみてもいいでしょう。

美容&健康運

体の異変はほうっておかない

体調に異変を感じた場合は、早めに病院で検査を受けたり、治療を開始するようにしましょう。そのままにしないで、医師の言うことを素直に聞くことが大事です。不安なときは、セカンドオピニオンも受けるといいでしょう。とくに問題のない人も、しっかり疲れをとっておくほうがいい時期なので、温泉やスパなどでのんびりする日をつくるのがオススメです。下旬からは、エステやサロンで、美意識に磨きをかけるといいでしょう。

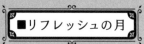

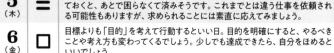

10月

■リフレッシュの月

1（日）	▼	ゆとりをもって行動することが大切な日。慌てると、ケガの原因になったり、忘れ物を家に取りに戻ることになるなど、面倒なことになってしまうでしょう。
2（月）	×	あいまいな返事や、適当な対応をしないよう注意が必要。あとで不運の原因になることがあるので、難しいと思うことはハッキリと断りましょう。強引な人に会ったときほど気をつけること。
3（火）	▲	区切りをつけるにはいい日。ダラダラ続けている悪習慣をやめたいと思っているなら、今日で断ち切りましょう。間食やお酒、喫煙、ゲームアプリや動画視聴など、考えてみるとやめるべきことがたくさんありそうです。
4（水）	＝	生活のリズムを変えるにはいい日。少し早く起きたり、朝から軽く体を動かしてみるといいでしょう。「毎日同じことの繰り返し」と思う人ほど、少しでもいいのでふだんとは違うことをはじめてみましょう。
5（木）	＝	お願いされることが増えて、忙しくなりそうな日。自分の用事は早めに片付けておくと、あとで困らなくて済みそうです。これまでとは違う仕事を依頼される可能性もありますが、求められることには素直に応えてみましょう。
6（金）	□	目標よりも「目的」を考えて行動するといい日。目的を明確にすると、やるべきことや考え方も変わってくるでしょう。少しでも達成できたら、自分をほめるといいでしょう。
7（土）	■	ゆっくり過ごすのはいいですが、気を抜きすぎてしまいそうです。うっかりケガをしたり、熱いものを食べて口のなかをやけどするようなことがあるかも。今日は、ていねいに落ち着いて行動するように心がけましょう。
8（日）	◇	複数の人から遊びに誘われたり、連絡が増える日。問題がなければ、みんなまとめて食事会をしたり、一緒に遊ぶといいでしょう。いい縁がつながることや、楽しいことがはじまる場合もありそうです。
9（月）	△	遊びに行くにはいい日ですが、ドジなケガや忘れ物には気をつけましょう。失言もしやすいので、余計なことを言わないように注意すること。時間にもルーズにならないよう、予定をしっかり確認しましょう。
10（火）	○	付き合いの長い人からの指摘は、大切に受け止めましょう。自分でも気づいていなかった雑な部分や、まだまだ努力が必要なところを教えてもらえそう。耳が痛いことを言ってくれる人への感謝を忘れないようにしましょう。
11（水）	○	少しでも周囲の人が笑顔になるお手伝いをすると、思った以上に感謝されるでしょう。自分の仕事をしっかりこなしながらも、人の役に立つことを探してみると、いい日になりそうです。
12（木）	▽	日中は、スムーズに仕事を進められたり、思ったよりもいい結果を残せそう。自分ひとりの力とは思わずに、周りの力や、支えてくれている存在があったことを忘れないようにしましょう。
13（金）	▼	味方だと思っていた人から厳しいことを言われそうな日。甘えていると苦しい状況になるので、自分の責任をしっかりと果たすように。「裏切られた」と思う前に、自分が相手の期待に応えられていない場合もあると知っておきましょう。
14（土）	×	頭の回転が鈍い感じがしたり、勘が当たらない日。今日は、自分で決めずに周囲に合わせてみると、意外な発見や学べることを見つけられそう。あえて、ふだんとは逆をねらってみるのもいいかも。
15（日）	▲	恋人がいる人は、ケンカや気まずい空気にならないよう要注意。思いや行動が空回りしやすく、あなたのやさしさが相手からは執着に感じられてしまうかも。自分の気持ちよりも、相手の気持ちをもっと考えて動きましょう。

開運のつぶやき　明るく笑顔で、ポジティブでいるだけで、人生はスムーズに進むもの

16（月）	＝	新しいことに目を向けると、人生は楽しくなるもの。街やお店は新しいものであふれています。周囲を観察してみると、物事がいろいろと変化していることに気がつけるでしょう。
17（火）	＝	難しく感じることがある日ですが、困難があってこそ人生は楽しくなるもの。難しいことも難しくないと思えるくらい、自分を成長させましょう。とくに思い当たることがない場合は、本を購入して読みはじめましょう。
18（水）	□	ダラダラするとあとで苦しくなるだけ。断れずに続けてしまっていることがストレスになっているなら、ハッキリと断りましょう。恋愛でも、浮気した恋人や、あなたを振り回す相手とは、ここで縁を切ってしまったほうがいいでしょう。
19（木）	■	肌荒れや疲れを感じそうな日。今日は無理をしないで、ゆっくりする時間をつくっておきましょう。食べすぎないようにしたり、消化がよさそうな食事をとるのもオススメです。
20（金）	◇	大事な仕事を任されたり、求められることが増える日。すべてに応えられなくても、いまある力を出し切ってみることが大切です。全力で取り組むと、今後の課題がハッキリ見えてくるでしょう。
21（土）	△	遊びに出かけるのはいいですが、調子に乗りすぎると足をひねって捻挫したり、歩きスマホで壁に激突するなど、ケガをしやすいので気をつけましょう。ドジな失敗が続いてしまうこともありそうです。
22（日）	○	親友に会うといい日。何気ない話で爆笑できて、楽しい時間を過ごせそうです。しばらく会っていない人を思い出したら、連絡してみるといいでしょう。お気に入りのお店で食事をするのもオススメです。
23（月）	○	お金や時間、日付など、数字にこだわって1日を過ごすといいでしょう。会社の儲けや経費のことを考えたり、お小遣い帳や家計簿をつけてみるのもオススメです。お金に関する本を読んでみるのもいいでしょう。
24（火）	▽	日中は、いい流れで仕事ができそうですが、夕方あたりから体調を崩したり、疲れやすくなることが。ランチはスタミナがつきそうなものを選ぶといいでしょう。ただし、食べすぎには注意すること。
25（水）	▼	今日と明日は、体力的な無理は禁物です。油断していると体調を崩してしまうので、ゆっくりお風呂に入って、早めに寝るようにしましょう。日中は、ケガに気をつけて。
26（木）	×	思ったよりも疲れそうな日。ストレスになる人と一緒にいる時間が増えたり、頑張りが裏目に出て、心身ともに疲れてしまうことがありそう。疲労から気持ちに余裕がなくなって、感情的にならないように気をつけましょう。
27（金）	▲	不要なものは持ち歩かないよう、カバンや財布のなかをきれいにしてから出かけること。職場や引き出しのなかにある使わないものも処分しておきましょう。今日は、散らかっていると思う場所をドンドン片付けるように。
28（土）	＝	はじめて行く場所で、いい出会いがあったり、いい経験ができそうな日。好奇心の赴くままに行動してみましょう。おいしいとウワサのお店に行ってみるのもいいですが、予想外の行列で疲れてしまうことも。
29（日）	＝	これまで聴いたことのないジャンルの音楽を楽しめたり、苦手と思い込んでいた映画にハマったりしそう。友人や知人が薦めてくれたものは、できるだけトライしてみましょう。
30（月）	□	行動する前に、先のことを考えてから動くように。何を積み重ねると、のちの人生にプラスとなり勉強になるのか、少し思いをめぐらせてみましょう。それは間違った努力ではないか、冷静に判断すること。
31（火）	■	今月の疲れが出そうな日。目の下のクマや肌荒れなど、調子の悪い感じが出てしまうかも。ビタミン豊富な食事を選んだり、時間があるときは軽く体を動かしておくといいでしょう。

☆開運の日　◎幸運の日　◇解放の日　○チャレンジの日　□健康管理の日　△準備の日
▽ブレーキの日　■リフレッシュの日　▲整理の日　×裏運気の日　▼乱気の日　＝運気の影響がない日

11月

◇解放の月

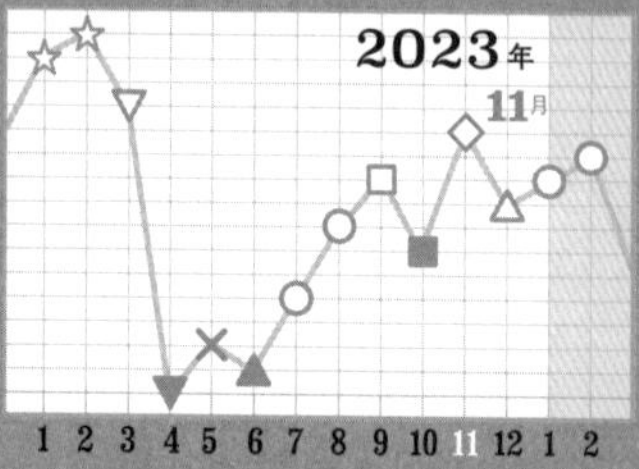

今月の開運3か条

- チャンスには臆せずに飛び込む
- 好きな人の前では素直になる
- 固定費を削る

総合運

「守り」の時期がはじまる。予想外の場所で評価されることも

思ってもみなかった方向からチャンスがめぐってきたり、予想外の場所で評価されてしまう時期。運気はいいですが、攻めから守りに流れが変わってきているので、現状を守る方向のことなら、思い切って挑戦してみるといいでしょう。ただし今月の決断は、「のちに苦労したり、学ぶべきことが増える」という覚悟が必要になるので、軽はずみに決めないほうがいいでしょう。変化をつけたければ、引っ越しをしてみるといい切り替えになりそうです。

開運のつぶやき　運のいい人は、メールや電話の折り返しが早い

恋愛＆結婚運

新しい出会い運がいい月。プチモテ期を無駄にしないで

年内最後のモテ期。好きな人には素直に気持ちを伝えましょう。ここでいい返事がなければ縁がないと諦めて、ほかの人を探したり、好意を寄せてくれている人と交際をはじめるといいでしょう。新しい出会い運もいいので、友人の集まりやパーティー、飲み会などには顔を出してみましょう。数年恋人がいないなら、大胆なイメチェンや、環境を変えるのもオススメです。結婚運は、最高の月。交際期間が短くても一気に動いてみましょう。

仕事運

人生が変わるきっかけも。問題があるなら自ら改善を

自分でも驚くような重要な仕事やポジションを任される時期。「荷が重い」などと思わずに、評価を素直に受け入れて、頑張ってみるといいでしょう。ここ数年間で問題があると感じていることがあるなら、我慢せずに報告したり周囲と共有して、方向性や考え方の違いを調整することも大切です。予想外のチームに入ったり、人生が変わるきっかけになるようなこともありそう。これまで以上に、本気で仕事に取り組むといいでしょう。

金運＆買い物運

将来を考えたお金の見直しを

固定費の見直しが必要な月。家賃を下げるための引っ越しや、不要なサブスクの解約、格安スマホへの乗り換えや、保険料の見直しなど、お金の使い方をしっかりと考えましょう。服や靴などを購入するのもいいですが、今後のために積立預金をしたり、投資信託をはじめておくのもよさそうです。付き合いでの出費も多くなる時期。大事な縁がつながる可能性もあるので、新しい人に会うためのお金はケチケチしないように。

美容＆健康運

お金のかかる美容法に注意

先月あたりから体調に異変を感じている場合は、きちんと検査を受けたり、人間ドックの予約をしておきましょう。とくに問題のない人にとっては、基礎体力づくりや筋トレ、ダイエットをはじめるといいタイミング。目標をしっかり決めてスタートするといいです。美意識を高めるのはいいですが、今月はお金がかかる美容法に興味がわいてしまうかも。収入に見合わない方法は負担が増えて、かえってストレスになるので気をつけて。

開運のつぶやき ｜ 坂道のような状況を楽しむことができれば、人生は本当によくなる

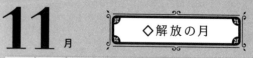

11月

◇解放の月

1（水）	◇	自分の得意なことで周囲を笑顔にできたり、実力以上の能力を発揮できる日。多少自信がなくても、求められたことには全力で応えてみると、いい結果につながりそうです。恋愛でもいい展開になるので、遠慮しないように。
2（木）	△	無駄なことに時間をとられそうな日。ダラダラと仕事をしたり、同じミスを繰り返してしまうことが。気分転換や、しっかりと休憩をして、気持ちを入れ直すといいでしょう。
3（金）	◎	デートには最適な日。気になる人を誘ったり、異性の友人に連絡してみるのもいいでしょう。なかなか進展のない相手でも、冗談まじりで「昨日、夢に出てきたよ（笑）」などとメッセージを送ってみると、いい関係に進めそう。
4（土）	☆	買い物に出かけるには最高の日。欲しかったものを思い切って購入したり、衝動買いをしてもいいでしょう。気になるショップがあれば入ってみて。少し贅沢をするにもいい日です。
5（日）	▽	あなたの魅力が輝く日。気になる人がいるなら、短時間でも会うようにしたり、ビデオ通話などで話してみるといいでしょう。夜は、時間が足りなくなったり、慌ただしくなってしまうかも。
6（月）	▼	世の中は、自分の都合のいいようにはできていないもの。不機嫌になる出来事や、不都合な場面に遭遇してもヘコむ必要はありません。気分転換をしたり、前向きな話をすると、気持ちが楽になるでしょう。
7（火）	×	悪いウワサや変な情報で心を乱されてしまいそうな日。ネットでも余計なことを調べないほうがいいでしょう。世の中、知らなくていいことはたくさんあるので、ためにならない動画なども見ないようにしましょう。
8（水）	▲	軽はずみな行動が、面倒事を引き起こしてしまいやすい日。少しでも先のことを考えてから、発言や行動をするようにしましょう。時間があるときは、身の回りの整理整頓をしておくのがオススメです。
9（木）	○	周囲の人のやさしさや、いい部分にあらためて気づけそうな日。やさしく接してくれる人には、あなたもやさしく親切にしましょう。ただし、執着すると振り回されることがあるので、距離感を間違えないように。
10（金）	○	気になることを見つけたら、しっかり調べて、学んでみるといい日。自分の知識が浅いことや、勘違いしていたことに気づく場合もあるでしょう。自分とは違う考え方の人と話してみると、楽しめそうです。
11（土）	□	思いっ切り遊ぶことが大切な日。遊びから多くのことを学べたり、自分の向き不向きが見えてくるでしょう。今日は、興味のあることに素直に挑戦してみましょう。気になる人がいるなら連絡してみて。
12（日）	■	のんびりするのもいいですが、軽い運動をしたり、少し汗を流すのがオススメ。急なランニングよりも、散歩や柔軟体操をしてみるといいでしょう。夜は、うれしい知らせがあったり、いい縁がつながりそうです。
13（月）	◇	スムーズに物事が進み、周囲とも協力できて、充実した1日を送れそう。待っているだけでは運気のよさを活かせないので、積極的に行動し、周囲の役に立ちそうなことを率先して行うといいでしょう。
14（火）	△	珍しいミスをしやすい日。小さなドジで済めばラッキーですが、あなたの確認ミスが大きな問題になる可能性もあります。数字や日付などのチェックは、しっかりと行いましょう。
15（水）	◎	重要な仕事を任されることや、ピンチヒッターとして呼ばれることがありそうです。急な展開になっても困惑しないで、いまできることに全力で取り組んでみて。いい結果や、のちの評価につながるでしょう。

開運のつぶやき　楽しもうとしなければ、人生は楽しくならない

16（木）	☆	真剣に仕事に取り組むことで、流れを大きく変えられる日。面倒や、少し不満を感じていても、一生懸命やってみることが大切です。その姿を評価してくれたり、次のチャンスにつないでくれる人が現れそうです。
17（金）	▽	日中はいい流れに乗れ、いいタイミングで物事を進められそうです。何事も周囲の協力のおかげだと忘れないようにしましょう。夕方以降は、マイナス面や嫌いな人に目がいってしまうかも。いい部分を見るように心がけましょう。
18（土）	▼	急に人に会いたくなくなることや、ネガティブな発想になりやすい日。話題の映画を観たり、ゆっくり音楽を聴いたり、本を読む時間をつくってみるといいでしょう。少し贅沢なスイーツを食べるのもいいかも。
19（日）	×	恩着せがましくすると、自分が苦しくなってしまうだけ。「こんなにやってあげたのに」などと思わないようにしましょう。逆に、いままで自分がどれだけ協力をしてもらってきたのかを思い出して、感謝と恩返しを忘れないこと。
20（月）	▲	いつもよりゆったりと過ごせて「いい気分だな」などと思っていると、突然時間に追われたり、予定を1時間勘違いしていることなどがありそう。落ち着いているときほど、しっかり時間を確認しましょう。
21（火）	○	苦手だと思っている人からも、学べることやおもしろい発見はあるもの。自分の不得意な部分や苦手なことが、相手の得意分野である場合もあるでしょう。知識や考え方の違いを前向きにとらえてみると、いい1日になりそうです。
22（水）	○	これまで会ったことのないタイプの人と話をする機会があったり、いままでにない体験をできそうな日。何事もまずはおもしろがってみるといい発見があるでしょう。今日は、臆病になりすぎないように気をつけましょう。
23（木）	□	勘が冴えて、いい判断ができる日。ピンときた場所に行ってみたり、気になるものや、気になる食事にお金を使ってみて。ふと思い浮かんだ相手に連絡してみると、デートができたり、いい関係になれそうです。
24（金）	■	疲れから不機嫌になったり、元気が出ない感じになりそうな日。こまめな休憩や、目を休ませる時間をつくってみるといいでしょう。「うっかり」からの小さなケガにも気をつけましょう。
25（土）	◇	気になる人がいるなら、今日連絡して好意を伝えておきましょう。勢いで交際をスタートするにもいい日なので、勇気を出してみることが大事です。ここで進展がない人とは、縁が薄い可能性も。
26（日）	△	うっかり約束を忘れていたり、目的のものを買い忘れたりと、自分でも笑ってしまうようなミスをしやすい日。遊びに出かけるのもいいですが、気を引き締めておきましょう。
27（月）	◎	疑問や不安があるなら、付き合いの長い人や親友に相談してみるといいでしょう。いい解決策やアドバイスをもらえそうです。しばらく連絡をしていなくても、遠慮しないように。
28（火）	☆	後輩や部下、お世話になっている人に、些細なものでもいいので、ご馳走したりプレゼントをするといい日。最近お気に入りのお菓子やドリンクを買って、差し入れしてみるのもいいでしょう。
29（水）	▽	午前中は、いい流れで仕事ができたり、頭の回転もよくなって、いい判断ができそうです。ただし、夕方あたりからは臨機応変な対応ができなくなってしまうかも。余計なことを考えすぎないようにしましょう。
30（木）	▼	面倒な人と衝突したり、余計な物事に神経を使うことになりそうな日。イライラしたりヘコんだりしないで、「世の中、都合の悪いことが起きるのは当然」と思うこと。「自分が成長すれば問題ない」と気持ちを切り替えましょう。

☆開運の日　◎幸運の日　◇解放の日　○チャレンジの日　□健康管理の日　△準備の日
▽ブレーキの日　■リフレッシュの日　▲整理の日　×裏運気の日　▼乱気の日　＝運気の影響がない日

12月

△ 準備の月

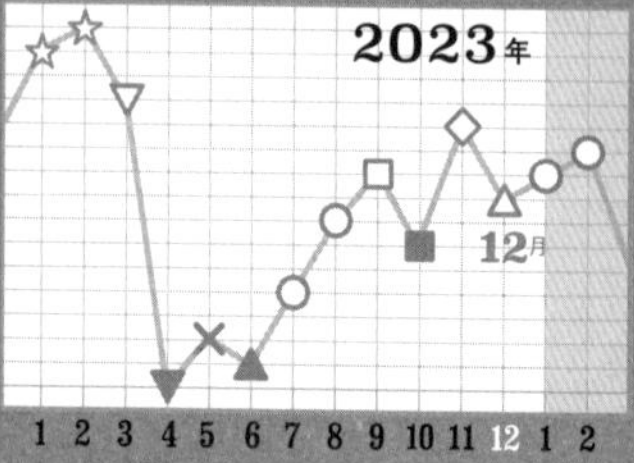

今月の開運3か条

- 現状維持を楽しむ
- 誘惑に負けない
- 今月使っていい金額を先に決める

総合運

調子に乗った行動は控え
現状を維持することが大事

軽はずみな判断が、今後の人生を乱す可能性もある時期。家族や身近な人の言葉に振り回される場合も。できるだけ現状維持に努めて、いまの環境や状況への感謝を忘れないようにしましょう。調子に乗った行動も慎むこと。何事も楽しむことで視野が広がってくるので、遊ぶ時間を増やしたり、先に遊びの予定を立てておくとよさそうです。失言や遅刻、大失態をする可能性もあるため、時間をよく確認し、些細な約束もしっかり守るようにしましょう。

開運のつぶやき │ 生きるとは非常にかっこ悪くて、みっともなくて、でも素敵なこと

先月あたりからいい関係だと思う人を誘ってみよう

恋人がいる人は、楽しくデートできたり、遊ぶ時間が増えそうですが、相手をよろこばせるサプライズが大切になりそう。新しい出会い運は、ノリの合う人はいても、真剣な交際相手にはふさわしくないかも。すでに出会っている人のなかから探すほうがいいでしょう。先月あたりからいい関係になっている相手がいれば、遊びに誘ってみて。結婚運は、月末に話を進められる流れに。新年の挨拶がてら、正月にお互いの両親に会う計画を立ててみましょう。

転職したくなっても軽はずみに動かないこと

周囲のおかげでいい結果を出せたり、ラッキーな評価をもらえそうな時期。ただし、調子に乗っていると、厳しい指摘を受けることがあるでしょう。やる気を失ったり、誘惑に負けて転職や離職をしたくなる場合もありそうですが、自ら判断するタイミングではないので、軽はずみな決断はしないように。遅刻や確認ミスなど、信用を落としかねない雑な行動をとってしまうこともあるので、責任感をもって仕事に取り組むようにしましょう。

衝動買いに気をつけて

せっかく節約をしていても、今月は余計な出費が増えたり、浮かれてお金を使いすぎてしまうことがあるので気をつけましょう。「なんであんなものを買ったんだろう?」と後悔することもありそうです。とくに、衝動買いは失敗する可能性が高いので注意すること。1か月に使う金額を事前に決めておくといいでしょう。投資も判断ミスをしやすいので、無理をしないように。少額のつみたてNISAくらいならいいでしょう。

楽しみながら運動を

うっかりからのケガや、遊びすぎての肌荒れ、暴飲暴食で体型を崩してしまうようなことがあるので注意しましょう。飲みすぎて痛い思いをすることもあるかも。楽しみながらダイエットや運動をするのはいいので、軽いスポーツやダンス、カラオケでパワーを使うのがオススメ。美意識を高めるのはいいですが、エステなどへの浪費や、不要な契約をして後悔することもありそうなので用心しましょう。

開運のつぶやき　｜　自分を守ることばかり考えて、相手を守ろうとしない人に、幸運は訪れない

12月　△準備の月

1（金）	×	周囲の言葉に惑わされそうな日。愚痴や不満、マイナスな話が不安の原因になりやすいので、余計なことは言わないようにしましょう。
2（土）	▲	大掃除をするにはいい日。不要なものは早めに処分したり、いつもはあまり掃除をしないところもきれいにしましょう。温泉やスパに行って、日ごろの疲れをとることも大事です。
3（日）	＝	気になることには素直になってみるといいでしょう。自ら調べてみたり、足を運んでみると、おもしろい発見やいい体験ができそうです。ただし、ドジなケガや、慌てて忘れ物などをしないよう気をつけて。
4（月）	＝	ほかの人のアイデアや意見を聞いてみるといい日。自分とは違う考え方や発想を知ることで、いいアイデアにつながったり、ものの見方を変えるきっかけになりそうです。
5（火）	□	余計な言葉が出てしまいそうな日。しっかり言葉を選んで、品のない表現をしないように気をつけましょう。悪意がなくても、相手を小馬鹿にするような言い方は、いつか自分を苦しめる原因になるでしょう。
6（水）	■	目の疲れを感じたり、目の前のことに集中できない感じがする日。体調に問題がなくても、無理をすると夜にドッと疲れが出てしまうことが。今日は、ハイペースで仕事をしないようにしましょう。
7（木）	◇	頑張りが評価されたり、いい結果を残せそう。自分よりも頑張っている人や、才能のある人を、素直にほめたり認めるようにするといいでしょう。若い人に、少しでもチャンスや道をつくってあげましょう。
8（金）	△	乗せ上手な人にうまく転がされそうな日。半分は冗談やウソだと思うような言葉で、つい気分がよくなってしまいそう。楽しく過ごすのはいいですが、無謀な行動や決断には気をつけましょう。
9（土）	○	親友に会っておくといい日。しばらく会えていなかった人に連絡してみると、タイミングよく再会でき、いい話ができそうです。思った以上に楽しい時間を過ごすこともできるので、気になるお店や場所に行ってみましょう。
10（日）	○	クリスマスプレゼントや、年末年始に使いそうなものを購入するといい日。お世話になった人にはお歳暮を贈っておくといいでしょう。年賀状の準備も忘れずに。
11（月）	▽	日中は、いい判断ができ、何事にも前向きに取り組めそうです。ただし、夕方あたりからは、甘い言葉や誘惑に負けやすくなるでしょう。異性に気持ちを振り回されることもありそうなので気をつけて。
12（火）	▼	同じような失敗を繰り返して人に迷惑をかけたり、いままでやってきたことを投げ出したくなってしまいそうな日。周囲からどう思われているかを気にしすぎたり、物事をマイナスに考えすぎないように。
13（水）	×	期待外れな出来事が多くてガッカリしそうですが、あなたも周囲の期待に応えられなくて、ガッカリさせている場合があるので気をつけましょう。何事も最善をつくし、相手の気持ちを考えて行動するように。
14（木）	▲	身の回りに、置きっぱなしで使っていないものや、もう読まなそうな本があるなら、一気に片付けるようにしましょう。何年前からあるのかわからないようなものは、すべて処分してもいいでしょう。
15（金）	＝	気になることを調べるのはいいですが、どうでもいいものを見て、無駄な時間を過ごしてしまいそう。スマホは手の届かないところに置いて、余計な情報を得ないようにしましょう。

開運のつぶやき　成功も失敗も通過点

16 （土）	＝	興味のあるイベントやライブなどを見つけたら、即行動してみるといいでしょう。気になったお店に入ってみると、いい商品や、おいしそうなものを見つけられそうです。
17 （日）	□	年末年始の遊びの計画を立てるにはいい日。家族や友人、恋人に予定を聞いてみるといいでしょう。恋人とは、親に挨拶に行く流れをつくってみるといいかも。直接会えない場合は、オンラインを活用するのもオススメ。
18 （月）	■	寝不足を感じるときは注意が必要。段差で転んでケガをしたり、何かにぶつかって痛い思いをするかも。紙で指を切ることなどもありそうです。今日は、慎重にていねいに行動するよう心がけておくこと。
19 （火）	◇	視線を感じたり、異性からチヤホヤされそうな日。勢いで誘ってみるのもいいですが、今月出会った人とは、遊びで終わることや、短い縁になる場合が多いと覚悟しておきましょう。
20 （水）	△	忘れ物や連絡ミスなど、ふだんしないようなミスが増えてしまいそう。前向きな失敗ではないので、叱られる場合もあるでしょう。確認を怠らないように気をつけて過ごしましょう。
21 （木）	○	冒険よりも、安定を目指したほうがいい日。気になることを見つけても、今日はまだ、手を出さないほうがよさそうです。仕事では、自分の得意なことを活かして周囲を手助けするといいでしょう。
22 （金）	○	余計な出費が増えそうな日。誘惑に負けて、不要なものをネットで買ってしまうことがあるかも。勢いで買わないで、一度冷静に考えるようにしましょう。仕事でも、数字や時間、儲けにこだわって取り組むといいでしょう。
23 （土）	▽	午前中は、いい流れで物事が進みそう。大事な用事や手間のかかることは、先に終わらせてしまうのがオススメ。年賀状を書くなど、年末年始に向けた準備も済ませておきましょう。
24 （日）	▼	今年のクリスマスイブは、過度に期待するとガッカリしそうなので気をつけましょう。小さな幸せに目を向けたり、現状に満足すると楽しく過ごせそうです。マイナスに思えるときほど、プラス面を探すようにしましょう。
25 （月）	×	外出してから忘れ物に気づき、焦って取りに戻って遅刻するようなことがありそう。大事な用事をすっかり忘れている場合もあるので、気をつけましょう。スケジュールをしっかり確認しておくこと。
26 （火）	▲	余計なことを考えすぎてしまう日。目の前の物事に集中するためにも、気が散るものはそばに置かないこと。整理整頓も忘れないようにしましょう。
27 （水）	＝	新しい体験や経験ができそうな日。何事もおもしろがって挑戦してみると、いい話のネタになったり、周りも楽しんでくれそうです。今日は、未経験のことを自ら探してみるといいでしょう。
28 （木）	＝	「できない」と勝手に諦める前に、「何事も続けてみないとわからないものだ」と思って気楽にはじめてみるといいでしょう。気になる本を読んでみたり、長編ドラマを見はじめるのもオススメです。
29 （金）	□	忘年会を主催してみるといい日。「飲みましょう」と口約束で終わっている人に連絡すると、いい縁がつながりそうです。ただし、飲みすぎたり、長時間になりやすいので、先に終わりの時間を決めておきましょう。
30 （土）	■	油断していると風邪をひいたり、体調を崩してしまいそう。急に「筋トレしよう」などと思い立つのはいいですが、張り切りすぎて筋肉痛や肉離れになることもあるので気をつけましょう。何事もほどほどにしておくように。
31 （日）	◇	1年の最後に、ラッキーな出会いがあったり、いい縁がつながりそう。カウントダウン・ライブやイベントに行ってみるといいかも。友人の集まりに参加すると、素敵な出会いがありそうです。

☆開運の日　◎幸運の日　◇解放の日　○チャレンジの日　□健康管理の日　△準備の日
▽ブレーキの日　■リフレッシュの日　▲整理の日　×裏運気の日　▼乱気の日　＝運気の影響がない日

1月

○ チャレンジの月

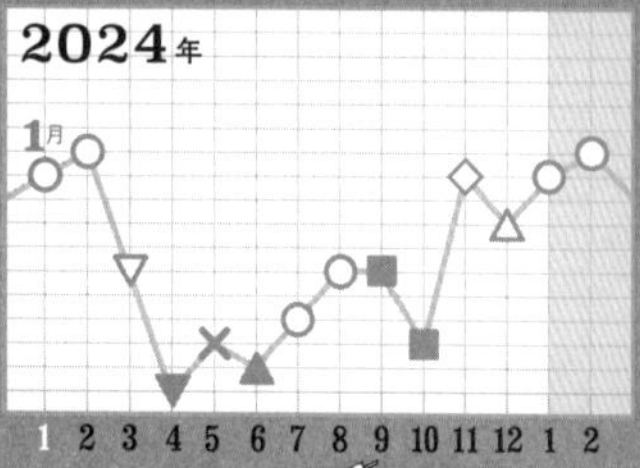

今月の開運3か条

- 人の意見をしっかり聞く
- お世話になった人への感謝を忘れない
- 周囲に協力する

総合運

課題から逃げてきた人は厳しい指摘を受けるかも

今月と来月は、 2023年の「ブレーキの年」の流れがまだ続いているので、 2024年の「乱気の年」の影響をそこまで受けないでしょう。むしろ、ラッキーな評価やうれしい報告を聞けそうです。ただし、問題を放置していた人や逃げてきた人は、厳しい指摘をされたり、「あの件はどうなりました?」と催促されるような状況になる場合が。問題は流さず、しっかり受け止めましょう。自分の至らない点を認めて改善したり、勉強してもっと成長するよう努めること。

開運のつぶやき　感謝を伝えて損はない。感謝は互いに得になるもの

恋愛＆結婚運

相手の運気のいいときに気持ちを伝えよう

今月中であれば、片思いの相手や気になっている人と交際できる可能性がわずかにあります。相手の運気を調べて、タイミングのいいときに気持ちを伝えてみましょう。新しい出会い運は期待が薄い時期ですが、友人や身近な人と関係が進展することも。ただし、「乱気の年」に交際をはじめると、思わぬトラブルや予想外の出来事が多くなるので覚悟しておくこと。結婚運は、昨年末に話が盛り上がっていれば、今月中に婚姻届を出すといいでしょう。

仕事運

周囲への感謝を忘れず人のために行動して

一生懸命取り組んできた人には、急な出世や異例の昇進、ポジションが変わるなどの変化がありそうです。逆に、サボったり逃げたり、他人任せにしていた人には、厳しい結果が出ることが。実力不足を認めざるを得ない状況になることもあるでしょう。自分をサポートしてくれる人への感謝を忘れず、あなたも周りの役に立てるように協力しましょう。

金運＆買い物運

借りたものはすぐ返すこと

日ごろお世話になっている人に、些細なものでもお返しをしたり、ご馳走するといいでしょう。ものやお金を借りているなら、すぐに返しておきましょう。今年は、ふだんなら必要だと思わないようなものが欲しくなってしまうので、軽はずみな買い物はしないこと。お金を使うよりも、できるだけ節約して、貯金することが大切です。投資も失敗しやすいため注意しましょう。

美容＆健康運

ヘルシーな生活を意識しよう

2023年の10月あたりに体調を崩したり、異変を感じていた場合は注意が必要。不調をそのままにしないで、早めに病院に行って検査を受けましょう。今月からは健康的な食事やリズムを意識するなど、生活習慣を整えるように。人に誘われると飲みに行ってしまうことが多いタイプですが、連日は避けて、家での飲酒も控えましょう。美容運は、今月から体型がゆっくり崩れてくるので、こまめに運動をしておきましょう。

開運のつぶやき　｜　大切なことは、「自分はできる」と信じて行動すること

1月 ○チャレンジの月

1（月）	△	新年早々ドジなミスをしやすい日。寝坊や遅刻をしたり、約束を忘れてしまいそうです。お年玉袋にお金を入れずに渡してしまうことなどもあるので、何事も準備と確認をしっかりするようにしましょう。
2（火）	○	久しぶりに会う親戚や家族といい話ができそう。厳しいことを言ってくれる人への感謝を忘れないようにしましょう。思い出話をしたことで初心がよみがえって、やる気につながることもありそうです。
3（水）	◎	気になる場所に出かけたり、知り合いや友人を誘ってみるといい日。ノリをよくするといい経験ができそうです。ただし、出費も増えてしまうので、ほどほどにしておきましょう。
4（木）	▽	日中は、ゆとりをもって行動できて、満足することが多いでしょう。夕方あたりからは、ガッカリするような出来事や、思い通りに進まないことが増えてしまいそう。
5（金）	▼	頑張りを認めてもらえないことや、信頼していた人に裏切られてしまうことがありそう。人との距離感を間違えていたり、余計なことをしゃべりすぎているのが原因かもしれません。
6（土）	×	自分のダメな部分ばかり考えてしまいそうな日。マイナス思考やネガティブな気分にならないように。前向きなことを言ってくれる先輩や友人に連絡してみるといいでしょう。
7（日）	▲	部屋の掃除や片付けをするといい日。昨年末に捨てるか悩んだものは、思い切って処分するといいでしょう。「いつか使うかも」と思うものから処分してみましょう。
8（月）	＝	気分で仕事をしていると、いつまでも成長できません。どんな仕事でも、気持ちを込めて一生懸命取り組んでみるといいでしょう。周囲の見る目が変わってきたり、仕事のおもしろさを発見できそうです。
9（火）	○	勉強になる出来事がある日。どんなことにもマイナス面とプラス面があるもの。考え方を柔軟にしてみると、おもしろいことに気がつけそうです。
10（水）	□	今日はていねいな言葉選びを心がけて。仲がいい人だからといって、雑な言葉を使わないように。愚痴や不満を言っていると、大事な味方もいなくなってしまうので気をつけましょう。
11（木）	■	乾燥や疲れの影響が肌に出やすい日。口内炎に悩むこともありそうです。寝不足や疲労を感じるときは、軽いストレッチをするなど、少し体を動かしてみましょう。
12（金）	◇	人と楽しく交流できる日。仲間や友人と本音で話すことができて、いい時間を過ごせそうです。周りからチヤホヤされることもあるかも。好きな人には気持ちを伝えてみるといいでしょう。
13（土）	△	手が滑って食器を割ったり、大事なものを壊してしまうことがありそう。自分で思っている以上に、行動が雑になりやすいので気をつけましょう。今日はていねいに振る舞うように。
14（日）	○	親友と遊ぶといい日。しばらく会っていない人や連絡をしていない人に、突然でもいいので電話をかけてみましょう。新年会を開くことになったり、おもしろい話をたくさん聞けたりしそうです。
15（月）	○	真剣に仕事に取り組んでみると、いい結果につながりやすい日。急だったり重要な仕事を任されることもありますが、勇気を出して挑戦してみるといいでしょう。

開運のつぶやき　無理に新たな能力を身につけなくても、そもそもあるものを伸ばせばいい

16（火）	▽	目の前のことに集中すると、不安な気持ちや心配事を忘れられそう。身の回りを片付けたり、1、2分で終わりそうなことにドンドン手をつけてみるのがオススメです。
17（水）	▼	弱点や欠点が表に出そうな日。人任せにしていたり、甘えている人ほど厳しい指摘を受けることが。実力不足や努力不足を感じる場合もありそうです。ガッカリしないで、いまやるべきことにしっかり取り組みましょう。
18（木）	×	相手の言葉をマイナスに受け止めすぎたり、あなた自身の言い方や伝え方も悪くなってしまいそうな日。上品な言葉や、相手がよろこんでくれるような言い方を選ぶようにしましょう。
19（金）	▲	失恋をしたり、知り合いと疎遠になってしまいそうな日。人との別れをもっとも悲しむタイプですが、互いの成長のために必要な別れもあるので、執着しないように。
20（土）	＝	目新しいお店を見つけたら、足を運んでみましょう。お気に入りの品や気になるものを見つけられそうです。いい発見もあるでしょう。
21（日）	＝	買い物や食事をしたお店で、気楽に店員さんと話してみて。思った以上に盛り上がったり、楽しい時間を過ごせそうです。今日の出来事がきっかけで常連になる場合もあるかも。
22（月）	□	時間や数字にこだわってみるといい日。自分がひとつの作業にどれくらい時間を使っているのか計算してみたり、移動にどれだけ時間を割いていたか考えてみるといいでしょう。
23（火）	■	目の疲れや肩こり、腰痛などに悩んでしまいそう。朝から軽くストレッチをしたり、あき時間に体を動かしておくといいでしょう。急に重いものを持つ場面や、段差などにも気をつけて。
24（水）	◇	気がついたら話の中心にいたり、盛り上げ役になっていることがある日。相手の話を楽しく聞いて、よく笑うことが大切です。いいリアクションができるよう意識してみるといいでしょう。
25（木）	△	間違った情報に振り回されたり、先走ってしまい失敗をしやすい日。今日はいつも以上に落ち着いて行動し、何事も確認を忘れないようにしましょう。
26（金）	○	人との縁を感じられる日。偶然の出会いがあったり、知り合いの話をしたら共通の友人だとわかって驚くこともありそう。突然思い出した人に連絡して、会う約束をしてみるのもいいでしょう。
27（土）	○	趣味にお金を使うといい日ですが、使いすぎには注意しましょう。今日は、財布のヒモがゆるくなって、急に高価なものが欲しくなりそうです。
28（日）	▽	日中は、自分の考えに素直になって話したり行動するといいでしょう。夕方あたりからは、周囲に振り回されてしまいそうです。相手に合わせることで、いい発見ができる場合もあるでしょう。
29（月）	▼	よかれと思ってした発言が裏目に出たり、自分を苦しめたり、恥ずかしい思いをするハメになりそう。今日はでしゃばらず、控えめに過ごすといいでしょう。
30（火）	×	信頼していた人や付き合いの長い人と、考え方や意見が違ってガッカリしそうです。その一方で、自分中心に考えすぎていないか反省も必要かも。
31（水）	▲	何事も順序が大切です。何を優先させるのか、誰が先なのかを考えてから行動しましょう。「誰でも平等」と考える気持ちも大切ですが、目上の人や先輩、上司はしっかり立てるようにしましょう。

2月

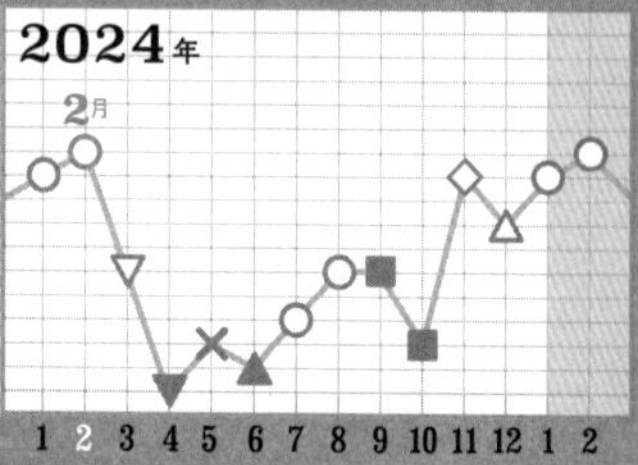

○ チャレンジの月

今月の開運3か条

- お金の貸し借りをしない
- 「お得」「安い」に飛びつかない
- 柔軟体操をする

総合運

ノリや勢いでの判断はNG。欲を出しすぎないように

ラッキーと思って飛びついた話が、不運やトラブルの原因になることがありそうです。面倒なことに巻き込まれたり、出費が増える場合もあるので、ノリや勢いでの判断には要注意。とくに、お金関係の問題が起こりやすい運気です。「お得」「安い」などの売り文句に流されないで、現状維持に努めましょう。人とのつながりを大切にするのはいいですが、今月はじめて出会った人には裏切られてしまう場合があるので気をつけること。

開運のつぶやき　大切なのは、運よりも「思いやり」

育った環境が違う人には要注意。慎重に判断すること

今月恋をした相手とは、のちに金銭トラブルが発生したり、価値観の違いを楽しめないことがあるでしょう。育った環境が違いすぎる人とつながりができるのも、「乱気の年」の特徴です。相手に貢いだり、金銭感覚の不一致が原因で苦しい恋になるケースがあるので、慎重に判断しましょう。ただし、数年前からの知り合いで、2023年に急接近した人なら、相手の運気次第では問題ない場合も。結婚運は、自分の欠点を少しでも減らす努力をしましょう。

仕事運

仕事内容や関わる人が変わる「修業の時期」

これまでとは違ったタイプの仕事を任されたり、やることが増えてしまいそうな時期。ストレスになるような人との関わりも出てきそうです。「修業の時期」だと思っておくといいでしょう。また、あなたのミスが大きな損害やトラブルを生んでしまう場合もありそうです。数字や時間、金額はしっかり確認し、納期もきちんと守って、ていねいに仕事をするようにしましょう。仕事の付き合いも増えそうですが、無理だと思ったら断ることも大切です。

金運&買い物運

思わぬ出費があるかも

お金のトラブルが起きやすい時期。信頼できる人や家族との間でも、お金の貸し借りは避けましょう。儲け話やお得に思える買い物、契約、投資などもオススメできません。軽い気持ちで交わした契約が原因で、のちに大損する場合がありそうです。買ったものが壊れて、修理に時間とお金がかかることも。機械トラブルに巻き込まれたり、仕事道具やスマホが壊れるなど、予想外の出費もしやすい月なので、とくに高価なものはていねいに扱うようにしましょう。

美容&健康運

家でできる自分磨きを

美意識を高めるのはいいですが、高額の出費には気をつけましょう。高級エステやサプリ、これまで使ったことのない化粧品に、突然お金をかけたくなるかも。街なかで勧誘されて、長期の契約をしてしまう場合もあるので要注意。今月からは、半身浴をしたり、好きな音楽を聴いてのんびりする時間をつくるのがオススメです。家でできる筋トレや、体幹トレーニングをするのもいいでしょう。柔軟体操やヨガなどの動画を見て真似してみましょう。

開運のつぶやき ┃ もっと自分に期待して、もっと前向きに、もっと挑戦するといい

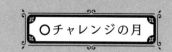

2月 ○チャレンジの月

1(木)	＝	これまでとは違う考え方を取り入れられる日。周囲の人との会話から自分とは違う発想を知ることができたり、本を読んで勉強になることがあるでしょう。人それぞれの「正しさ」の違いも学べそうです。
2(金)	＝	苦労を感じるときは、自分のことばかり考えているか、反対に他人のことを心配しすぎている場合がありそうです。自分のことも他人のことも、半々くらいで考えるとバランスがとれるでしょう。
3(土)	□	ダラダラ過ごすとかえって疲れてしまうだけ。ヒマをつぶすなら、映画を1本しっかり観てみるのがオススメです。夜は、遅くならないうちに帰宅して、少し早めに寝るようにしましょう。
4(日)	■	疲れや不調を感じそうな日。予定が入っている場合は、ゆっくりしたり昼寝をする時間をつくっておくといいでしょう。元気であっても、無茶はしないこと。
5(月)	◇	少し開き直ってみるといい日。言いたいことはハッキリ言うといいですが、言葉選びには気をつけること。言葉にせずに、「伝わってほしい」「察してほしい」と求めすぎないように。
6(火)	△	うっかりミスや確認漏れをしやすい日。メールを送ったあとに抜けがあることに気がついたり、外出してから「あれ? 玄関の鍵かけたっけ?」と不安になるようなことがありそう。何事もしっかり確認する癖をつけるようにしましょう。
7(水)	○	挑戦したうえでの失敗からはたくさん学べますが、なんとなく行動して同じような失敗を繰り返していると信用を失うだけ。失敗から学んで、次にどう活かすのか考えてみると、いい1日になりそうです。
8(木)	○	サービス精神を大切にするといい日。相手のよろこぶことを考えて、行動に移しましょう。相手の想像を超えるサービスを目指してみるといいでしょう。
9(金)	▽	日中は、周囲と協力し合えたり、楽しく仕事を進められるでしょう。夕方あたりからは、余計なことを考えすぎることや、人間関係で悩むことがありそう。
10(土)	▼	自分のことばかり考えていると、イライラしそう。相手にも立場や状況、事情があると心得ておきましょう。自分と他人に違いがあるからこそ、世の中がうまく回っていることを忘れないように。
11(日)	×	誰かから声をかけてもらうのを待っていないで、自ら連絡をして遊びに誘ってみましょう。相手と楽しめそうな場所を探したり、よろこんでもらえそうなお店を調べてみるといいでしょう。
12(月)	▲	今日は、不思議と気持ちに余裕がなくなって、物事をマイナスにとらえてしまいそうです。相手の言葉はプラスに受け止めるよう意識しておきましょう。
13(火)	＝	いつもと違うやり方や、新しい方法を試してみるといい日。すぐにコツをつかめなくても、挑戦することで学びや発見がありそうです。
14(水)	＝	友人や同僚などに、安くてもいいのでバレンタインのチョコを渡してみましょう。これをきっかけに、まさかと思う人があなたに好意を寄せてくれることもあるかも。
15(木)	□	ラクをしようとするから苦しくなるだけ。大切なのは、どんな人生にも苦労や困難がつきものだと思っておくこと。足りないのは、「己の覚悟」ということを忘れないようにしましょう。

開運のつぶやき　「よく頑張ってきた」「頑張ろうとした」と思って、また少し頑張ればいい

16（金）	■	今日は、しっかり仕事をして、しっかり休みましょう。疲れを栄養ドリンクでごまかさないように。集中力が続かないときは、目を閉じて、目の周りをマッサージするのがオススメです。
17（土）	◇	意外な人から遊びに誘われそうな日。気が乗らないときほど逆に誘いに乗ってみると、思った以上に楽しい時間を過ごせるかも。突然告白されてしまうこともありますが、即OKするのはやめておきましょう。
18（日）	△	約束をすっかり忘れて、相手に迷惑をかけてしまいそうです。大事なものを壊して、ガッカリする場合も。忘れ物や置き忘れ、失くし物などもしやすいので、十分注意して過ごしましょう。
19（月）	○	経験が自然と活きてくる日。これまで素敵な人に注目していたなら、素敵な言葉や行動が身についているでしょう。逆に、マイナスな人ばかり見ていたなら、いいところが出せなくなってしまいそう。素敵な人から学んで生きるようにしましょう。
20（火）	○	急な出費が増えてしまいそうな日。ランチや食事に誘われたら、値段の高いお店でびっくりすることがあるかも。自分へのご褒美だと思って、今日は少し贅沢を楽しんでみて。
21（水）	▽	日中は、周囲や仲間と波長が合って、いい流れで仕事ができそうです。夕方あたりからは、和を乱すような出来事が起きそう。「多少の面倒事は、人生のスパイス」と思ってみるといいでしょう。
22（木）	▼	ダメなことはダメとハッキリ伝えるのはいいですが、言い方やタイミングをよく考えること。不機嫌な感じが表に出て、周囲に気を使わせてしまうことがありそうなので、気をつけておきましょう。
23（金）	×	小さな空回りが多い日。よかれと思ってした言動で気まずい空気になったり、予想外のリアクションが続いてしまうかも。「こんな日もある」と思って、開き直ってしまいましょう。
24（土）	▲	部屋の掃除や片付けをするにはいい日。使わないものや置きっぱなしのものは、ドンドン処分しましょう。スマホに入っている不要なアプリや、時間の無駄になるゲームも消去すること。
25（日）	＝	はじめて行く店で、いい体験ができたり、お気に入りを見つけられそう。評判のいい店には必ず人気の理由があるものなので、探してみるといいでしょう。お金を使いすぎないよう、予算は決めておくのが安心。
26（月）	＝	少しでも生活リズムを変えてみるといい日。起きる時間をちょっと変えたり、仕事へ行く時間を早めてみましょう。これまで気がつかなかったことが見えてきそうです。
27（火）	□	誰とでも対等でいる気持ちはいいですが、相手への尊敬の念や尊重する姿勢は忘れないように。敬語を使うなど、人としてのマナーを意識して過ごしましょう。
28（水）	■	肌の調子が悪くなったり、疲れで目の下にクマができてしまうかも。思っているよりも心身ともに疲れがたまっている時期です。今日はしっかり湯船に浸かってから寝るようにしましょう。
29（木）	◇	良くも悪くも注目される日。日ごろの行いがいい人はよい方向で目立つことができるでしょう。自分勝手に生きていた人は、厳しい指摘をされそうです。そこから学んで成長するといいでしょう。

☆開運の日　◎幸運の日　◇解放の日　○チャレンジの日　□健康管理の日　△準備の日
▽ブレーキの日　■リフレッシュの日　▲整理の日　×裏運気の日　▼乱気の日　＝運気の影響がない日

3月

▽ブレーキの月

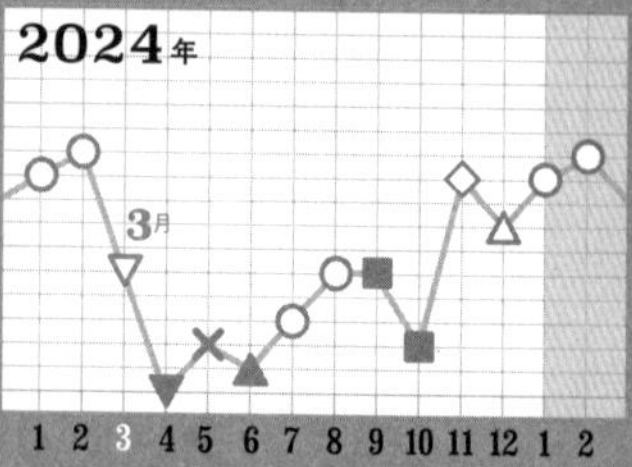

今月の開運3か条

- 挨拶や礼儀を欠かさない
- 道具の修理や手入れを行う
- 面倒なことを楽しむ覚悟をする

総合運

「乱気の年」の影響が表れる月。感謝の気持ちを忘れないで

上旬は、助けてもらう機会が多くなりそうです。協力してくれた人に、素直に感謝の気持ちを伝えることを忘れずに。中旬からは徐々に「乱気の年」の影響を感じるようになり、人間関係が変わってきたり、不慣れなポジションを任されることがあるでしょう。やる気があっても実力が追いついていない自分に気づいてしまうことも。今月は、挨拶やお礼など礼儀をこれまで以上にしっかりしておくことで、困ったときに助けてもらえる可能性が出てくるでしょう。

開運のつぶやき　本当に強い人は、誰よりも誰にでもやさしい

恋愛＆結婚運

新たな出会いより
すでに出会っている人に注目を

恋人や好きな人と、噛み合わなくなったり距離があく出来事が起きそうな時期。2023年と同じ感覚でいると、相手の気持ちが離れてしまうことがあるので注意しましょう。また、やさしくしてくれた人には、あなたもやさしさを返すことを忘れないように。今月は新しい出会いより、すでに出会っている人に目を向けたほうが、素敵な相手を見つけられそうです。結婚運は、中旬までに話がまとまらない場合は、気持ちを切り替えて交際を純粋に楽しんで。

仕事運

他人の粗を探さず
自分の仕事に集中しよう

プラスとマイナスが重なる時期。大きな仕事の話がきても、先にほかの案件が入っていてチャンスを逃したり、重要なポジションを任された一方で、面倒事も増えてしまうようなことがありそうです。中旬以降は予定を詰め込みすぎず、少しゆとりをもっておきましょう。小さなミスも増えるので確認作業はしっかりすること。他人に不満や文句を言う前に、もっと自分の仕事に集中するといいでしょう。

金運＆買い物運

身の回りの
メンテナンスを

調子が悪いものや長年使っているものは、一度メンテナンスに出しておくといい時期。下旬を過ぎると突然壊れたり、トラブルが起こりはじめるかも。家の排水溝やトイレなどの水回りもチェックしておきましょう。電球や照明を変えて部屋を明るくするのもオススメです。買い物は、ポイントが多くもらえる日と運気に問題のない日が重なるタイミングを選ぶといいでしょう。投資は、無理がない程度の少額にとどめておくこと。

美容＆健康運

肌や目の不調は
即病院へ

上旬までは多少無理をしても問題なさそうですが、中旬あたりから疲れを感じたり、肌の調子を崩す日が増えてしまいそう。パソコン操作など、目に負担のかかる仕事をしている人は、視力の低下や不調を感じたら早めに眼科に行きましょう。下旬からは美意識も下がりやすいため、暴飲暴食に走らないよう気をつけること。スクワットや腕立て伏せなど、軽い運動をこまめに行うといいでしょう。

2024 March

銀の時計座

乱気の年

2024年3月 ブレーキの月

開運のつぶやき ｜ 日々いい思い出をつくろうと努める人に、幸運はやってくる

3月

▽ブレーキの月

1（金）	△	小さな失敗をしやすい日。恥ずかしいと思うのは、周りの目を気にしている証拠です。ひとりでいるときなら、なんとも思わず気持ちを切り替えられるもの。周囲を気にせず、次に目を向けて行動しましょう。
2（土）	=	付き合いの長い人や友人との縁を感じる日。会う予定がなくても偶然出会うことがありそう。また、一緒にいると笑える話をたくさんできる人に連絡してみるといいでしょう。
3（日）	=	日用品や消耗品を買いに行くにはいい日。ただし、余計なものを買いすぎたり、ふだんは買わないものが気になって、勢いで手に取ってしまいそうなので注意しましょう。必要なものを事前にメモしてから出かけるのがオススメです。
4（月）	▽	日中は、周囲の力を信じられて、いい協力態勢がとれるでしょう。夕方あたりからは周りの人のマイナスな部分が目について、イライラしそう。余計なことを考えず、自分のやるべきことにもっと集中するようにしましょう。
5（火）	▼	思い通りにいかなくても、不満を抱かないように。すべてが思い通りになっている人など、世の中にひとりもいません。苦労や面倒なことから学んで成長する姿勢が大切です。
6（水）	×	苦手だと思っていた人と仲よくなれたり、意外な人と話ができる日。どんな人にもいいところがあるので、長所を探して笑顔で話してみると、いい関係になれそうです。相手に抱いていた誤解が解けることもあるでしょう。
7（木）	▲	失ったことや自分にないことばかりに目がいってしまいそうですが、いまが幸せだと思ってみると気持ちが楽になるでしょう。今日は、失ったからこそ気がつけることもありそうです。
8（金）	=	新しいことに挑戦するのはいいですが、その前にできるだけ情報を集めるようにしましょう。詳しい人に教えてもらうことも大事です。教わるときは相手の話を最後まで聞くように。
9（土）	=	本や映画、ドラマのなかから、あなたに響く言葉を見つけられそう。「前向きになれるメッセージや素敵な言葉と出会えたらラッキー」と思って過ごしてみましょう。
10（日）	■	今日は、前向きな言葉を使う日だと思って、ポジティブな話をしたり、どんなこともプラスに変換して発言してみましょう。楽しくておもしろい1日になりそうです。
11（月）	■	朝から疲れを感じてしまいそう。顔のむくみやニキビ、肌荒れに気づいてハッとすることも。旬のフルーツや野菜を意識して食べるといいでしょう。
12（火）	◇	失敗を恐れて何もしないより、思い切って挑戦してみるといい日。ダメ元でも「数撃ちゃ当たる」と開き直って何度も続けることで、いいチャンスをつかめそうです。
13（水）	△	雑な言葉には注意が必要。冗談半分で余計なことを言って、変な空気をつくってしまうかも。逆に、心ない言葉を発する人に会う場合もあります。心構えをして、上手に受け流しましょう。
14（木）	=	なんとなく手つかずになっている本や雑誌を読んだり、買ったまま放置しているものをドンドン使うようにしましょう。「置きっぱなしが一番もったいない」ということを忘れないで。
15（金）	=	余計なことを考えるより、いますぐできることをはじめるといい日。ゆっくりでかまわないので、まずは目の前のことから取り組んでみると、評価されるようになったり、いい流れに乗れるでしょう。

開運のつぶやき　挨拶は自分からすると運気が少し上がるもの。笑顔ですると、さらに上がる

16 (土)	▽	大事な用事は午前中に済ませておきましょう。掃除や片付け、買い物も、できるだけ早めに終わらせて。午後はゆっくり過ごすといいので、無理に予定を詰め込みすぎないように。
17 (日)	▼	ネガティブな気持ちになったり、周囲に振り回されてしまいそうな日。家族や身近な人から厳しい言葉をかけられても、感謝を忘れないで。自分の至らない点は素直に認めるようにしましょう。
18 (月)	✕	エラそうな人や苦手な人と一緒になる時間が増えてしまいそうです。あなたが苦手だと思う人は感情がわかりやすいタイプが多いので、上手におだてたり、相手に合わせてみるといいでしょう。
19 (火)	▲	もっとも消すべきなのは、「努力の痕跡」です。自分がどれだけ頑張ったのかアピールしても、それを評価されないと不満に変わるだけ。「努力の痕跡」を上手に消せる人に運が味方すると思って、笑顔で仕事に取り組みましょう。
20 (水)	=	教えてもらったことや本で読んだことを、すぐに実践してみましょう。即行動に移せる感性が、あなたの人生をいい方向に導いてくれるはず。そうした素直さに周囲も動かされるでしょう。
21 (木)	=	「また今度」「明日から」「気が向いたら」と言っていると、ドンドン運を逃してしまいます。何事もいますぐ取りかかりましょう。気になることをはじめてみたり、気になる人をお茶や食事に誘ってみるのもいいでしょう。
22 (金)	■	難しいことを無理にやろうとしないで、いまの自分にできることを可能な範囲でやってみましょう。「単純で簡単な積み重ね」こそが重要だと忘れないで。
23 (土)	■	今日は無理せず、しっかり体を休ませましょう。時間があるなら近くの温泉やスパに出かけたり、マッサージを受けに行くとよさそう。軽くストレッチをするのもいいでしょう。
24 (日)	◇	小さなラッキーがある日。小さな幸運を探したり、感謝できることに目を向けると、いい日になるでしょう。過度な期待をしていると見逃してしまいます。
25 (月)	△	思ったよりも行動が雑になってしまう日。細かくチェックしたと思って安心していると、大きな見落としをしている場合があるので気をつけましょう。
26 (火)	=	失敗を許してもらった経験は、誰にでも一度や二度はあるもの。少しうまくいかないくらいでヘコまないで、期待に応えられるよう気を引き締めて取り組むようにするといいでしょう。
27 (水)	=	今日を無駄にしたら、それはあなたの責任です。「人生に無駄な日はない」と思って今日を一生懸命に生きてみると、いい流れに乗れるでしょう。真剣に取り組むと仕事もおもしろくなってきます。
28 (木)	▽	日中は、いい流れで仕事ができたり、信頼できる人に囲まれて過ごせそうです。夕方あたりからはモヤモヤする出来事や、気持ちが乗らない感じになるかも。好きな音楽を聴いて、気持ちを切り替えましょう。
29 (金)	▼	いろいろと文句を言いたくなる人ほど、あなたが認めている相手であるという証拠。あなたの悪口を言ってくる人がいたら、「この人は自分を認めてくれている」とプラスに受け止めるといいでしょう。
30 (土)	✕	失敗や挫折をするから、いいアイデアが浮かんだり次のことを考えられるもの。失敗や挫折は悪いことではありません。人生をどう挽回するのか、考える力や知恵が身につくチャンスだととらえましょう。
31 (日)	▲	無駄な我慢をしたり、無理に嫌なことをしないで、好きなことに時間を使いましょう。ただし、掃除が嫌いだからといって、身の回りを散らかしっぱなしにしないこと。「部屋の乱れは心の乱れ」と思って、少しでも片付けるように。

☆開運の日　◎幸運の日　◇解放の日　○チャレンジの日　□健康管理の日　△準備の日
▽ブレーキの日　■リフレッシュの日　▲整理の日　✕裏運気の日　▼乱気の日　＝運気の影響がない日

4月

▼乱気の月

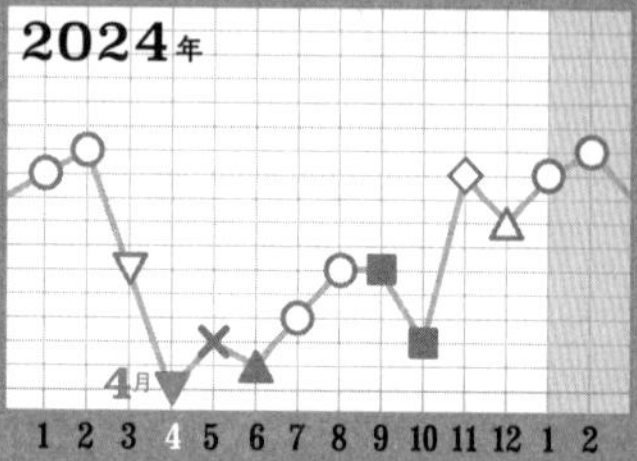

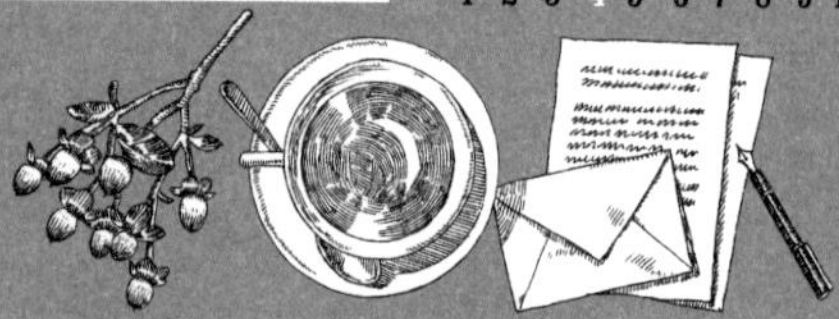

今月の開運3か条

- 流れに身を任せる
- 他人に過度な期待をしない
- 欲張らない

総合運

流れに逆らわないことが大事。素直に反省すれば成長につながる

「乱気の年」の「乱気の月」は、もっとも運気のバランスが悪い時期。心や思考が不安定になったり、周囲に振り回されすぎることもあるでしょう。良くも悪くも、これまでの行い次第で波のようすは変わってきます。感謝が足りない人ほど、苦しい状況になったり学ぶべき出来事が多くなるでしょう。流れに逆らわず素直に受け止め、反省点を認めることで、大きく成長できそうです。今月得た学びから、これからやるべきことも見えてくるでしょう。

開運のつぶやき　嫌いな人に注目して生きるほど、人生はヒマではない

Webアンケートでもらえる!

応募締切:2024年1月31日

アンケートに回答いただいた方の中から抽選で

30名様に
図書カード1000円分を
プレゼント!

スマホで
簡単アクセス!

アンケート回答&メルマガ登録は
←こちらから

※当選の発表は、発送をもってかえさせていただきます。

さらに!!
最新&お得な情報を
お届けする
メルマガも
登場予定!

『五星三心占い2024』のもうひとつの楽しみ方

未収録ページをお見せします!

購入者限定で、
本編には未収録の
ページを公開中!
見るも見ないもあなた次第!?
QRコードを読み取って、
もっと占いを味方にしよう!

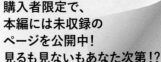

嫌な予感がする相手とは自分から縁を切ってもよし

恋人や好きな人、親しい人に裏切られることや、縁を切られることがありそうです。恋人の浮気が発覚したり、好きな人に恋人ができる場合も。少しでも嫌な予感がしたら、あなたから先に縁を切ったほうが泥沼化せずに済むでしょう。情で付き合い続けるのは愛ではなく意地なので、離れたほうがよさそうです。新しい出会い運は、危険な人や表面的な人しか現れないので、知り合いくらいの距離感で接しましょう。結婚運は、縁がないので気にしないように。

「学び」の月。現状に感謝して踏ん張ろう

不向きだと思う仕事や、これまで経験したことのない業務を任されそうです。孤独を感じるようなポジションにおかれる可能性も。不満を抱く前に仕事があることに感謝して、自分のためではなく周囲の人のためにひと踏ん張りしてみましょう。意見やソリの合わない人との関わりも増えますが、「いろいろな人がいるから世の中が回っている」ということを学ぶ時期だと思っておきましょう。

見栄を張らず節約を

仕事や作業の量、責任が増えた割には、給料は変わらないままだったり、サービス残業が増えてしまうかも。にもかかわらず、これまで興味の薄かったハイブランド品が欲しくなって突然購入してしまいそうです。ふだんなら避けられるようなアヤしい話に引っかかってだまされてしまうことも。大金を動かしたり、儲け話に耳を貸さないよう気をつけること。今月は、見栄を張らずに節約やポイ活を楽しむのがいいでしょう。

体調の乱れに要注意

健康運が大きく乱れはじめる時期なので、もっとも注意が必要です。少しでも体調に異変を感じているなら、すぐに病院で検査を受けましょう。すでに通院している人は、セカンドオピニオンを受けたほうがいい場合もありそうです。ケガをしたり、事故にも遭いやすいので、今月はお酒を控え、健康的な食事と生活を心がけておきましょう。美意識も一気に低下しそうです。スキンケアをしっかりして、軽い運動も忘れずに行いましょう。

開運のつぶやき 悩んでも過去は変わらない

4月

▼乱気の月

1（月）	＝	「エイプリルフールだから」と小さなウソをついたら、本当のことだと思われて叱られてしまうかも。反対に、人のウソにだまされて大恥をかいてしまうこともありそうです。今日は用心して過ごしましょう。
2（火）	＝	偶然や奇跡を望むよりも、地道にコツコツ積み重ねたほうがいいでしょう。のちに評価されたり、結果につながるはずです。慌てずに、長い目で見てゆっくり取り組みましょう。
3（水）	■	「当たり前」「当然」と思うことにも感謝する気持ちを忘れないように。ふつうの日々への感謝を失うと、不満が生まれてしまいます。何も変わらない毎日を過ごせることが、どれほど幸せなことか心に留めておきましょう。
4（木）	■	相手のやさしさが伝わらなかったり、些細なことでイラッとするのは、疲れがたまっている証拠。一服して頭や心を落ち着かせましょう。甘いドリンクなどを飲みながら、ムッとしてしまったことを反省するとよさそう。
5（金）	◇	現実をしっかり受け止めることが大切な日。今日出た結果が、いまの実力だと認めること。いい結果なら周囲のおかげ、納得がいかない場合は自分に問題があると考え、今後の課題にしましょう。
6（土）	△	余計な発言には要注意。信頼できる相手だからといって、人の気持ちを考えずに、他人の愚痴や不満、悪口ばかり言っていると、あなたの評価が落ちるだけです。素敵な言葉を発するよう意識して過ごしましょう。
7（日）	＝	10年前や子どものころを思い出して、そのときの自分がいまのあなたを見たら、何を思い、何を言うのか、想像してみましょう。その言葉から、今後自分は何をすべきかを考えて、行動に移してみましょう。
8（月）	＝	出費が増えてしまいそうな日ですが、みんなで楽しい時間を過ごすためなら、プラスになると考えましょう。部下や後輩にご馳走したり、ちょっとしたプレゼントをするのもいいでしょう。
9（火）	▽	日中は、周囲に助けてもらえそうです。手を差し伸べてもらったときは、感謝の気持ちを忘れないように。夕方あたりからは誤解されやすくなってしまうので、気をつけておきましょう。礼儀や挨拶も、これまで以上にしっかりしておくこと。
10（水）	▼	他人に甘えている人ほど、厳しいことを言われてしまいそうな日。至らない点は素直に認め、勉強したり成長するべく努めましょう。問題を他人のせいにして逃げていると、同じことを繰り返してしまいます。
11（木）	×	プレッシャーに負けてしまいそうな日。実力以上のことはできないので、現実をしっかり受け止めましょう。至らない点は反省して、次に活かすことが大切です。今日は体調も崩しやすいので、無理はほどほどにしましょう。
12（金）	▲	気分で仕事をしていると成果がブレてしまいます。どんな内容であっても、しっかり気持ちを込めて取り組むこと。相手や周囲の気持ちももっと考えて仕事をしてみましょう。
13（土）	＝	行ったことのない場所にあえて足を運んでみるといい日。ハードルが高いと思っていた高級店や、苦手意識のある場所に行ってみましょう。いい勉強ができたり、おもしろい発見があるでしょう。
14（日）	＝	「楽しませてもらおう」と思うよりも、「楽しませよう」という気持ちをもつように。友人や知人を笑顔にするために時間を使ってみましょう。多少空回りしても、その状況をおもしろがってみることで、いい日になるはず。
15（月）	■	「誰かに救ってもらおう」と思う前に、少しでもほかの人の背中を押したり前向きになれそうな言葉を投げかけてみましょう。笑顔で挨拶をするだけでも相手を元気にできると信じて実行を。

開運のつぶやき　苦い経験は、のちに自分の人生にプラスになる

16（火）	■	肌の調子が悪くなったり、口内炎ができたり、唇がガサガサになってしまいそう。野菜とフルーツを少し多めに摂っておきましょう。軽い運動をするのもオススメですが、体調を崩しやすい日なので、無理はしないように。
17（水）	◇	好みではない人からデートに誘われたり、好意を寄せられてしまいそうな日。寂しいからといって仲よくすると、のちに面倒なことになる場合があるので気をつけて。
18（木）	△	口が滑って余計なことを言ってしまいそう。他人の秘密や会社の事情などを、うっかり話してしまうことがあるので要注意。恥ずかしいミスもしやすいため、今日は気を引き締めて過ごしましょう。
19（金）	＝	知ったかぶりをせず、わからないことは素直に聞くことが大切です。見栄やプライドは早く捨てないと、のちに大きな恥をかいてしまいます。若い人や部下から教えてもらえることもあるでしょう。
20（土）	＝	誘惑に負けやすい日。出費が多くなりそうなので、今日は予算を決めてから遊ぶといいでしょう。予算内でおいしいものを食べたり、楽しく過ごす工夫をしてみましょう。
21（日）	▽	日中は、あなたの気持ちを理解してくれる友人や家族と一緒に過ごせて楽しめそう。夕方あたりからは、ネガティブな情報や言葉に振り回されやすくなるので要注意。芸人さんのネタを見てたくさん笑うといいでしょう。
22（月）	▼	失敗したことがつらくて恥ずかしいのではなく、失敗を他人に見られてしまったことがつらくて恥ずかしいだけ。前向きにそこから学べば、何も問題ないでしょう。他人の目を気にする前に、改善点を見つけること。
23（火）	×	裏目に出やすい日。やさしくしたつもりが、「余計なお世話」と受け取られてしまいそう。これまでのあなたにも原因はあるので、相手のせいにしないように。今後の発言や行動を変えるきっかけにするといいでしょう。
24（水）	▲	身の回りの整理整頓を行うといい日です。ただし、余計なことはしないように。大事なものを間違って処分したり、操作ミスでデータを消したり、機械を壊してしまうこともありそうです。確認作業は、しっかりしましょう。
25（木）	＝	遊び心を忘れないように。「人生は遊び」だと思って、仕事も生活も「遊びのひとつ」だと思ってみると、学んでみたいことを見つけられたり、やる気がわいてくるでしょう。楽しくないときは、遊び心や楽しむ工夫を忘れているときです。
26（金）	＝	失敗を恐れて行動を控えるのではなく、「失敗してもいい」と思い切って行動してみると、いい経験になるでしょう。叱られることもあるかもしれませんが、叱ってくれる人の愛を見失わないように。
27（土）	■	今日と明日は疲れをためないこと。スケジュールにはゆとりをもたせて、無茶な行動は慎みましょう。とくにお酒は、ケガやトラブルを避けるためにも控えたほうがよさそうです。
28（日）	■	しっかり休んで日ごろの疲れをとりましょう。予定が入っていなければ、20分でも昼寝をしたり、ストレッチをするといいでしょう。
29（月）	◇	意外な人から遊びに誘われそうな日。考え方の違う人の意見を聞くからこそ、視野を広げられるものです。「世の中には、いろいろな人がいる」ということを覚えておきましょう。
30（火）	△	財布を落としたり、スマホの画面を傷つけたりと、ガッカリするような出来事が起きてしまうかも。今日は、自分が思っている以上にドジをしやすいので、気をつけて過ごしましょう。

☆開運の日　◎幸運の日　◇解放の日　○チャレンジの日　□健康管理の日　△準備の日
▽ブレーキの日　■リフレッシュの日　▲整理の日　×裏運気の日　▼乱気の日　＝運気の影響がない日

5月

×裏運気の月

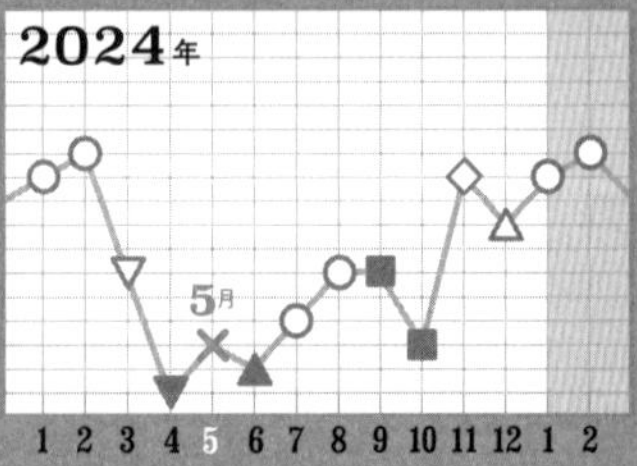

今月の開運3か条

- 信頼できる人に相談する
- 愚痴や不満を言わない
- カラオケに行く

総合運

なにかと裏目に出る月。「やさしくしてくれる人」がカギ

これまで甘えていたことや人任せにしていたこと、頑張っていなかった部分を突っ込まれてしまう時期。実力不足を認めることで、今後の課題が浮き彫りになるでしょう。仲のいい人と距離があいたり、進むべき方向がわからなくなることもありそうです。なにかと裏目に出ることも多い運気ですが、やさしくしてくれる人やどんな状況でも変わらず接してくれる人に相談したり、話を聞いてもらいましょう。気持ちが楽になり逆境にも耐えられそうです。

開運のつぶやき　謝罪も反省もなく逃げたら、本当にダメな人になってしまう

恋愛&結婚運

急に惹かれた人には要注意。のちに問題が発覚しそう

危険な人にハマったり、長続きしない恋に走ってしまいそうです。とくに、これまでと違うタイプや、そもそも好みではなかった人には要注意。一時は楽しめても、すぐに冷めたり、別れるタイミングを逃してズルズルと関係が続いてしまいそうです。相手の不倫や浮気、 DVや借金問題などがのちに発覚する可能性も。今月は多少寂しくても、知り合いと遊ぶくらいにとどめましょう。結婚運は、縁がないタイミングなので、期待しないほうがよさそうです。

仕事運

不慣れな仕事は避け得意な人に任せよう

仕事の進め方に悩みそうな時期。先月あたりから流れが悪くなっている場合は、今月さらに面倒な事態に陥ることや、希望とは違う方向に進んでしまうケースも。人間関係などで困ったときは、付き合いの長い人に相談しましょう。不慣れなことをするとトラブルの原因になるので、得意な人に任せたり、頭を下げて教えてもらうようにしましょう。周囲に協力してもらうためにも、あなたが先に相手に力を貸すように。

金運&買い物運

お金を使う機会を減らそう

仕事を急に辞めて収入がなくなったり、突然給料が下がってしまったりと、予想外の出来事が起きそうです。今月は、不要な出費をしないよう意識して過ごしましょう。見栄を張らないことも大切です。買い物自体もできるだけ控えて、安いからといって、不要なものまで買わないようにしましょう。投資は、情報に振り回されやすいので、今月は余計なことをしないで。

美容&健康運

上手にストレス発散を

体調を崩しやすく、思った以上に体力が落ちることや、ストレスで精神的につらくなってしまうことがある月。体調に問題がない場合は、ヨガやダンスなどで軽く体を動かしたり、カラオケに行ってストレスを発散するといいでしょう。肌荒れもしやすいので、野菜やフルーツを少し多めに摂り、食物繊維が豊富な食材を選びましょう。映画や話題のドラマをのんびり観て、ひとりの時間を楽しむのもよさそうです。

開運のつぶやき｜まずは受け入れる。そこからがスタート。逆らっても自ら不運をつくるだけ

5月

×裏運気の月

1（水）	＝	懐かしい人に会うのはいいですが、悪友や嫌なことを思い出させる人、あなたを利用しようとしている人の場合もあるので気をつけましょう。いい思い出のある場所に、ひとりで行ってみるのがオススメです。
2（木）	＝	安いと思って購入しても結局使わなかったり、ネットで買ったら送料が高くついたりと、ガッカリすることがありそう。今日は、お金は使わず知恵を使って楽しみましょう。
3（金）	▽	日中は楽しく過ごせる日。朝から体を動かしたり、ストレッチをするといいでしょう。時間があれば散歩に出かけるのもオススメです。夕方あたりからは予想外の出来事がありそうなので、ゆとりをもって行動すること。
4（土）	▼	突然予定が変わりそうな日。周囲に振り回されてしまうことがあるかも。今日は、慌てて行動して事故に遭ったりケガをしたりしないよう、慎重に過ごしましょう。
5（日）	×	他人に過度に期待すると、イライラしたりガッカリすることになりそうな日。他人はロボットではありません。誰にでも不調なときがあることを忘れないで。自分の機嫌の悪さを、簡単に表に出さないようにしましょう。
6（月）	▲	人との距離があいてしまう日。恋人に冷たくされたり、仲がいいと思っていた人と疎遠になりそう。相手に甘えていたことや、人任せにしていたことが原因かもしれません。反省して、成長すべきところを見つけるように。
7（火）	＝	朝から何事も全力で取り組んでみると、いい1日を過ごせるでしょう。やる気は待っていてもやってきません。目についたことから、ドンドン手をつけてみましょう。
8（水）	＝	間違ってもいいので、工夫して仕事に取り組んだり、自分なりのやり方に挑戦してみましょう。うまくいかないときは原因をしっかり探り、不勉強や実力不足なところを素直に認めることが大切です。
9（木）	■	悪習慣や、時間を無駄にしていると思うことがあるなら、今日からやめるようにしましょう。スマホを触る時間を減らし、本を読む時間を増やしてみて。
10（金）	■	油断しているとケガをしたり、体調を崩しそうな日。寝起きから調子が悪いと感じたら、ストレッチタイムや、白湯を飲んでゆっくりする時間をつくりましょう。好きな音楽を聴くのもオススメです。
11（土）	◇	急な遊びの誘いがありそうな日。興味がない相手でも少し会ってみると、思ったより楽しい時間を過ごせそうです。ただ、過度な期待をするとガッカリするだけなので、注意して。
12（日）	△	遊びに出かけるといい日ですが、ドジなケガをしたり、忘れ物をしやすいので気をつけること。前向きな話ができる人や、たくさん笑える人と一緒に過ごすといいので、思い浮かぶ人に連絡してみましょう。
13（月）	＝	今日は、不慣れや不得意、苦手なことをそのままにしていないで、少しでも克服するよう努力してみましょう。過去にうまくできなかったことにも再挑戦すると、ちょっと手応えを感じられるかも。おもしろい発見もありそうです。
14（火）	＝	時間やお金、数字についてもっと真剣に考えてみるといい日。仕事でも儲けや経費を意識したり、自分のお金の使い方を見直してみましょう。家計簿アプリなどを使って、収支のチェックをするのがオススメです。
15（水）	▽	いろいろな人の考え方を学べる日。「自分の考えややり方だけが正しい」と思っていると、気づけないことや見えないことがあるものです。今日は、人の話を最後までしっかり聞くよう心がけましょう。

開運のつぶやき｜希望の光は、立ち上がろうとした人にしか見えない

16（木）	▼	空回りしたり、思うように評価されずヘコんでしまいそう。まずはあなたが、頑張っている人を認めたり、評価されていない人を見つけてほめましょう。他人の頑張りを素直に認められる人を目指してみて。
17（金）	×	文句や愚痴を言っている間は、誰もあなたに協力してくれません。どうしても不満があるのなら、自分は周囲に認めてもらえるほど、やるべきことができているのか考えてから発言しましょう。
18（土）	▲	人との縁が切れそうな日。相手から距離をおかれてしまう場合があるので、下品な言葉は使わないようにしましょう。周囲の人に親切にすることも忘れないで。
19（日）	＝	行ったことのない場所に出かけてみるといい日。ただ楽しむのではなく、そこで学べることを見つけるようにしましょう。これを癖にできると、人生が大きく変わってくるでしょう。
20（月）	＝	今日は変化を楽しむといいでしょう。ランチや買い物に行くなら、同じ店ばかり選ぶのではなく、これまでと違うところに足を運んでみて。生活リズムを変えるのもオススメです。
21（火）	■	考え方を変えるヒントをもらえる日。雑談や広告のなかにも、いい話やいい言葉が見つかるものです。いろいろなところに、いまのあなたに必要な言葉があることに気がつくといいでしょう。
22（水）	■	疲れがたまってしまいそうな日。少しでもゆっくりする時間をつくるといいでしょう。集中力が散漫になりやすく、仕事も進みにくくなりそうです。ダラダラしないよう気を引き締めておきましょう。
23（木）	◇	小さな幸運がある日。些細なことでもしっかりよろこぶようにすると、さらにうれしいことが起こるでしょう。感謝の気持ちも忘れないように。「当たり前だと思うことほど当たり前ではない」と覚えておきましょう。
24（金）	△	珍しいミスをしやすい日。ふだんしっかり時間を守る人ほど寝坊をして慌てたり、忘れ物や確認ミスをしがちになるので気をつけましょう。慣れた仕事ほど、とくに注意が必要です。
25（土）	＝	外出先で知り合いに会いそうです。そのまま通りすぎずに話しかけてみると、おもしろい縁がつながるでしょう。しばらく連絡していなかった人に、メッセージを送ってみるのもいいでしょう。
26（日）	＝	消耗品を買いに行くといい日。新商品よりも使い慣れたものを選ぶのがオススメです。ただし、安いからといってまとめ買いは避けること。今月は必要なぶんだけ購入するようにしましょう。
27（月）	▽	日中はいい勢いで仕事ができたり、スムーズに物事が進みそうです。夕方あたりからは、傷つくことややる気を失うようなことを言う人に会ってしまうかも。
28（火）	▼	不機嫌さが態度に表れたり、周囲に気を使わせてしまいそうな日。気分で仕事をせず、気持ちを込めるようにしましょう。疲れてイライラしてしまうなら、体力づくりをはじめてみて。
29（水）	×	厳しいことを言われたり、残念な情報が入ってきそうです。自分の口の悪さや、これまで言ったことが返ってきていると思いましょう。一方で言葉に問題のなかった人は、救いの手が差し伸べられるかも。
30（木）	▲	使わないものはドンドン処分するといい日。ケチケチしていると、いつまでも成長できません。年齢に見合わないものや使わないものは、一気に片付けましょう。職場もきれいに整えておくこと。
31（金）	＝	流行の音楽を聴いたり、便利なアプリを試してみるなど、新しいことにもっと敏感になってみましょう。若い人と話してみると、知らないことを教えてもらえそうです。

☆開運の日　◎幸運の日　◇解放の日　○チャレンジの日　□健康管理の日　△準備の日
▽ブレーキの日　■リフレッシュの日　▲整理の日　×裏運気の日　▼乱気の日　＝運気の影響がない日

6月

▲整理の月

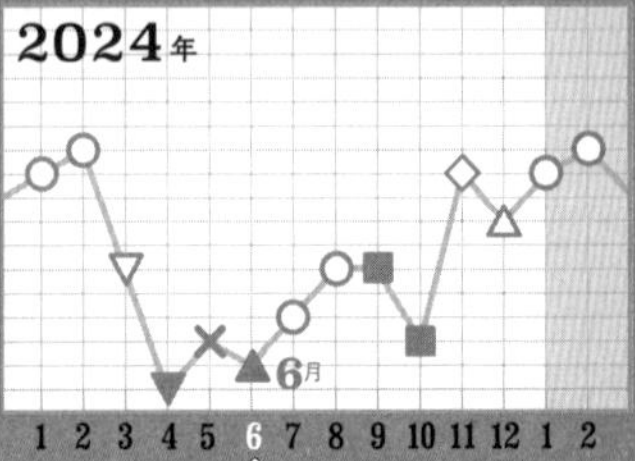

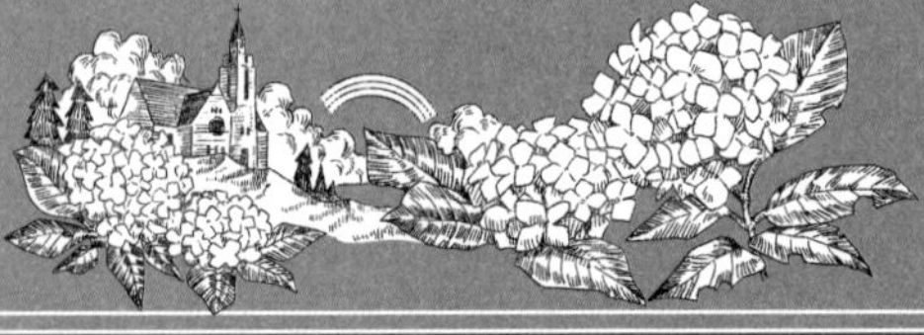

今月の開運3か条

- 区切りをつける
- 不要なものを処分する
- 自ら別れを切り出す

総合運

面倒事は今月で一段落。「手放す」ことがポイントに

春から続いていたゴタゴタは、今月で一区切りつきそうです。とくに問題のなかった人も、人との別れがあったり、急に環境が変わったり、大事なものを失うことがあるでしょう。すべてを失うわけではありませんが、周囲に甘えすぎていた人ほど厳しい結果を突きつけられそう。また、自分の向き不向きが見えてくる時期でもあります。本来進むべきではない道を選んでいたと気づいたら、現状に執着せず手放すことで、気持ちが楽になるでしょう。

開運のつぶやき　後悔してもいいし、悔いが残ってもいい。ただ、そこに執着しないこと

恋愛&結婚運

執着せずに縁を切ることで次の恋を楽しめる

片思いの恋が終わりを迎えたり、恋人のいる人は別れる流れになる月。ここ数か月、不穏な空気になっている場合は、今月キッパリ縁を切ってしまったほうが、次の恋を楽しめるでしょう。相手に執着したり、ズルズルと関係を続けていても先はないので、別れを決意したらしっかり気持ちを切り替えること。新しい出会い運は期待が薄いでしょう。結婚運は、2023年の段階で結婚することを決めていたのであれば問題ありません。

仕事運

結果を出したいなら合理的な進め方を心がけること

順調に進んでいた仕事でも、突然区切りがついたり、部署やチームを離れる流れになりそうです。すでに引き継ぎや次に進む準備をしていた人は、いいバトンタッチができるでしょう。不向きな仕事に就いていた場合は、悩みや不安が増えることがありますが、自分に合う仕事を見つけるきっかけにもなりそうです。合理的にできるようやり方を工夫すると、問題なく仕事を進められて、いい結果も残せるでしょう。

金運&買い物運

体験や経験に投資しよう

何かの購入を考えるより、不要なものを処分したほうがいい時期。もったいないと感じるなら、フリマアプリなどで出品してみると、思わぬ収入になりそうです。ダメ元でも試してみて。売れそうにないものは処分したり、友人にあげましょう。また、今月は体験や経験にお金を使うといいので、気になる舞台やライブ、旅行に行くといいでしょう。投資はうまくいかない時期。出資するなら来月以降がオススメです。

美容&健康運

無駄な脂肪を落とせる月

人間関係の乱れが多く、ストレスを感じやすい時期。スポーツジムなどで筋トレをしたり、ランニングをして汗を流しましょう。気持ちがスッキリして、余計なことを考えずに済みそうです。ストレス発散を口実に暴飲暴食をすると、逆に体調を崩したり、肌の調子が悪くなるので気をつけて。今月は、無駄な脂肪を落とせるタイミングなので、ダイエットをするのはオススメです。こまめに体重計に乗るようにするといいでしょう。

6月

▲整理の月

1（土）	＝	いつも行く場所やお店ではなく、気になったところに足を運んでみるといい日。小さな勇気を出すことで、素敵な場所を見つけられたり、いい体験や経験ができそうです。
2（日）	■	必要なものと不要なものを分けるといい日。買ったのにずっと読んでいない本や、使わないまま何年も置いてあるものは、処分するか友人にあげるようにしましょう。
3（月）	■	1週間のはじまりですが、頑張りすぎると疲れてしまいそう。今日はペースを考えながら、ほどほどに仕事をするくらいがちょうどいいかも。限界を感じる前に、周囲に助けてもらいましょう。
4（火）	◇	小さなラッキーがある日。大きな幸運を望んでばかりいると、うれしいことも見逃してしまいます。些細な幸せを見つけてしっかりよろこぶと、さらによろこべるようなことが起きるでしょう。
5（水）	△	残念な扱いを受けることや、ソリやノリの合わない人と一緒になってしまうことがありそう。いちいちヘコまないで、何事ももっとおもしろがったり、楽しんでみて。
6（木）	＝	苦手なことを避けてばかりいないで、少しは克服しようと努めてみましょう。今日中にうまくいかなくてもかまわないので、未来の自分にもっと期待してみるといいでしょう。
7（金）	＝	仕事でいい結果を出せるなど、満足できることがありそう。自分へのご褒美においしいものを食べに行ったり、仕事のあとに飲みに行くといいでしょう。ただし、財布のヒモが緩みやすいので気をつけておくこと。
8（土）	▽	付き合いの長い人やお世話になった人に連絡して、日ごろの感謝をかたちにするといいでしょう。些細なものでもいいのでプレゼントを贈ったり、食事やお茶をご馳走してみましょう。
9（日）	▼	嫌な予感が的中しそうな日。余計なことを言ったり、自分のことばかり考えて行動しないように。面倒な人と関わるのも避けておきましょう。
10（月）	×	何事からも学ぶ気持ちが大切な日。相手の気分に振り回されてしまうことがありますが、どう対応すべきか考えることが重要です。あなたが至らなかったところは、素直に認めるようにしましょう。
11（火）	▲	順調に進んでいた仕事が急に白紙になってしまったり、仲のよかった人が職場や担当を離れることになるかも。別れなど区切りがつきやすい日ですが、のちに「これでよかったんだ」と気づくことがありそうです。
12（水）	＝	いろいろな人の考えや意見を聞いてみるといい日。自分とは違う発想をする人を素直に認めたり、おもしろがるといいでしょう。相手に考え方のコツを聞いてみるのもいいかも。
13（木）	＝	考えてばかりいないで、行動に移すことが大事な日。失敗することもありそうですが、そこから学んだことや体験したことを、次に活かすようにしましょう。
14（金）	■	何事も、粘りや忍耐力が必要であることを忘れないようにしましょう。順調に進まなくてもイライラせず、最善をつくすと、のちに「いい経験ができた」と思えるでしょう。
15（土）	■	体調を崩したり、疲れが一気に出てしまいそうな日。少しでも昼寝をするなど、ゆっくりする時間をつくりましょう。評判のいいマッサージ店に行くのもオススメです。

開運のつぶやき　孤立してはいけないが、孤独を楽しめるように成長する必要はある

16（日）	◇	急に遊びの誘いがきたり、うれしい連絡がありそう。誘いが重なってしまうこともありますが、知恵をしぼってみんなで一緒に遊べるようにしてみて。楽しい時間を過ごせたり、いい縁がつながりそうです。
17（月）	△	信用を失うようなミスをしやすい日。些細なことでもしっかり確認して、適当に作業しないよう気をつけましょう。失言にも十分注意しておくこと。
18（火）	＝	反省を活かせる日。これまでの経験をうまく活かせば、問題が起きてもクリアできそうです。経験が足りない場合は、学べることが多くなります。今日は、「いい経験ができる日」だと思っておきましょう。
19（水）	＝	3分でもいいので、お金について真剣に考えてみるといい日。具体的な収入の目標を立てたり、今後どのくらいのお金が必要になるのか、計算してみましょう。ただし、3分以上考えると、かえって無駄な時間になりそうなので気をつけること。
20（木）	▽	日中は、気持ちを込めて仕事ができ、多少の問題は乗り越えられそう。夕方あたりからは、勝手に「無理」と決めつけがちになるかも。何事も「無理、難しい」ではなく、「難しかった」と言えるよう、行動してから判断しましょう。
21（金）	▼	ネガティブな気持ちになったり、心が大きくブレてしまいそうな日。甘えているところを突っ込まれることや、欠点や弱点を指摘されてしまうことも。自分の改善点を素直に認めて、今後の課題にしましょう。
22（土）	×	運が悪いのではなく、自分の考えがマイナスな方向に進んでいるだけ。プラスな部分を探したり、些細なことにも感謝を忘れないようにしましょう。「感謝が足りないとつらくなる」と心得ておくこと。
23（日）	▲	気持ちと身の回りの整理が必要な日。不要な縁を切ったり、無駄なものは思い切って処分するようにしましょう。過去の思い出に執着していると、いつまでも時間が止まったままになってしまいます。手放して前に進みましょう。
24（月）	＝	知らないことは恥ずかしいことではなく、「知ろうとしない姿勢」が恥ずかしいだけ。すべてを知っている人など、どこにもいません。足りない部分を学んで成長しましょう。
25（火）	＝	やるべきことが増える日。どんな仕事でも生活でも、楽しくする工夫はできるはずです。考え方を変えたり、知恵を使うことを楽しんでみて。
26（水）	□	過ぎてしまったことは仕方ないので、嘆いてばかりいないで気持ちを切り替え、明るい未来を想像しましょう。具体的な目標を決めて、いまからできることをすぐにはじめてみるといいでしょう。
27（木）	■	心身ともに疲れてしまいそう。求められるのはいいことですが、実力以上の仕事を任されて、プレッシャーに押しつぶされてしまうかも。限界を感じる前に周囲に助けてもらったり、ヒントをもらうようにしましょう。
28（金）	◇	ダメ元で挑戦したことが、いい流れをつくってくれそうな日。何事も簡単に諦めないようにしましょう。いい出会いもあるので、誰に対しても敬意を忘れず接すること。前向きになれる言葉も見つけられそうです。
29（土）	△	遊びに行くのはいいですが、今日は恥ずかしい失敗をしやすい日です。忘れ物や失くし物、ドジなケガにも気をつけておきましょう。ボーッとして食べこぼしをすることもあるので注意すること。
30（日）	＝	親友と呼べる人に助けられそうな日。愚痴や不満を言って頭のなかを整理できるのであればいいですが、整理できそうにないなら、おもしろい話や笑える話をたくさんして、楽しい時間を過ごしましょう。

☆開運の日　◎幸運の日　◇解放の日　○チャレンジの日　□健康管理の日　△準備の日
▽ブレーキの日　■リフレッシュの日　▲整理の日　×裏運気の日　▼乱気の日　＝運気の影響がない日

7月

○チャレンジの月

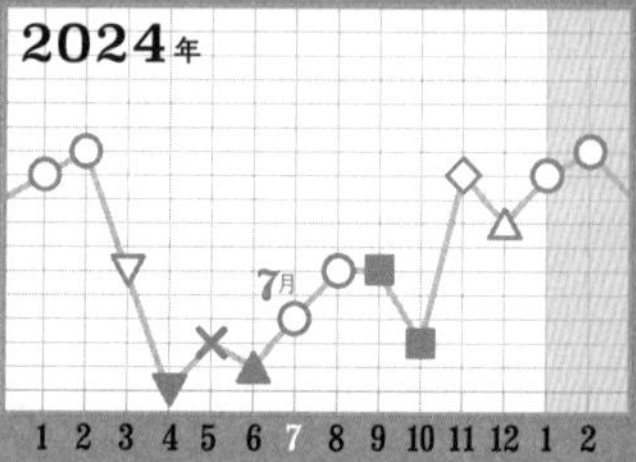

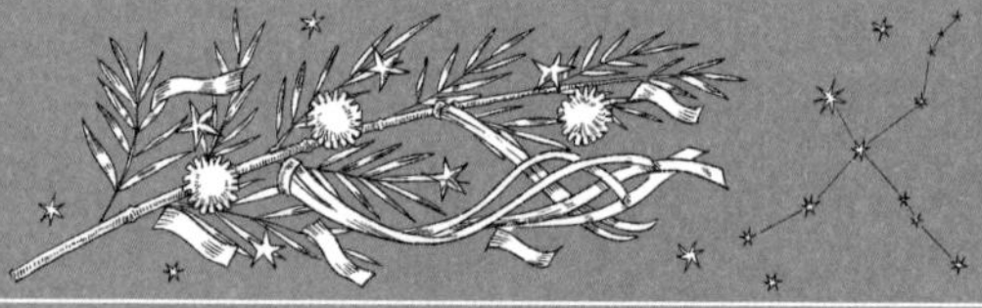

今月の開運3か条

- 新しいお店に行く
- 新たな人とのつながりを楽しむ
- 生活リズムを変える

人間関係がスッキリして モヤモヤが晴れる月

ネガティブな気持ちや考えから抜け出せて、少し前向きになれたり、新たなことに目を向けられるようになる時期。思い通りにならないことを気にするより、うまくできたことに注目しましょう。当たり前だと思っている物事への感謝も忘れずに。面倒な人間関係がスッキリしたり、いい距離感で人付き合いができそうです。小さな変化を楽しんでみると、引きずっている過去の出来事や、モヤモヤしている問題を忘れられるようにもなるでしょう。

開運のつぶやき　変化を恐れずに、流れに乗ることが大切

恋愛&結婚運

思いがけない恋の予感。周囲の意見を参考にして

気持ちを明るくしてくれるような人に出会えそう。仕事や恋の相談をするといい関係になれそうです。以前とは違うパターンで仲よくなったり、好みではないタイプが急に気になって困惑することもありますが、意外な恋を楽しむといいでしょう。相手の「才能がありそうな雰囲気」に流されることもあるので、周囲の評判や意見をしっかり聞いて、冷静に判断することが大切です。結婚運は、恋人と協力し合えるところはどこか、考えてみて。

仕事運

「新しいこと」は吉兆のサイン。試練が自分を強くする

仕事内容や担当が変わるなど、変化がある時期。新しい仕事を任されたら、「いい流れに乗れている」と思ってよいでしょう。これまで関わりの少なかった人と仕事をする機会もありそうです。出勤時間を早めたり、相手と仲よくなれるよう努めてみるのもいいでしょう。不慣れなことや苦手なことに直面する場面も増えそうですが、自分を鍛えるために必要なことだと思って、しっかり受け止めることが大切です。

金運&買い物運

気になる場所に出かけよう

高価でなければ、新しいものを購入したり、買い替えてもいいでしょう。ただし「乱気の年」ではあるので、ものは慎重に選ぶこと。値段が高くなるタイミングで買ってしまったり、のちに不要になるものを間違って選んでしまう場合もあるため、注意が必要です。はじめての場所やお店に足を運ぶといい気分転換になりそうなので、気になるスポットを探してみましょう。知り合いに誘われたところや習い事に行くのもオススメです。

美容&健康運

未経験の運動に挑戦を

生活習慣を改善したり、新たなリズムで生活するといい時期。2023年の末あたりからいまの環境に飽きて、変化を求める流れがあるので、今月はこれまでやってこなかった運動をスタートさせてみるといいでしょう。朝からジョギングやウォーキング、ヨガやストレッチをしたり、スポーツジムに通いはじめるなど、思い切った挑戦もオススメです。美意識にも変化が表れる時期。新しい化粧品やシャンプーなどを試して、変化を楽しんでみましょう。

開運のつぶやき｜己の弱点や欠点を克服する努力を怠ると、いい運気を逃す

7月 ○チャレンジの月

1（月）	＝	今日はマイナスなことを見つけてしまったときほど、「こう考えるとプラスかな」ととらえ方を変える練習をしてみましょう。思ったよりも楽しく実践できそうです。周囲にも伝えてみるといいでしょう。
2（火）	▽	日中は周りの人に協力してもらえそうですが、甘えすぎないようにしましょう。夕方あたりからは、厳しい指摘を受けたり、突っ込まれて困ってしまうことがあるかも。何事も自信をもって取り組むようにするとよさそうです。
3（水）	▼	寝不足やパワーダウンを感じそうな日。集中力が途切れてしまったときは、少し休憩をとって気分転換してみるといいでしょう。面倒な人との関わりも増えそうなので、上手に距離をとるように。
4（木）	×	感情のコントロールがうまくできなくなりそうな日。不機嫌さが顔に出たり、些細なことでイラッとしてしまうことも。ていねいな言葉遣いや所作を心がけて過ごしましょう。
5（金）	▲	時間があるときは、身の回りを片付けたり、不要なものを処分するといいでしょう。「思い出があるから」と置きっぱなしにしているものも片付けること。写真のデータも整理しておくように。
6（土）	＝	新たな経験ができる日。気になる場所に行ってみると、素敵な出会いがありそうです。ふだんなら気にならないものが目につくこともあるので、どんなものなのか調べてみるといいでしょう。
7（日）	＝	少しくらい難しいと思っても、チャレンジするといい日。うまくできなくても、「経験することが重要」だと思っておきましょう。友人や知人からの誘いには、即OKしてみましょう。
8（月）	□	気さくな感じで話すのもいいですが、今日は、上下関係や礼儀をもっと意識して、きちんと敬語を使うようにしましょう。相手への敬意が伝わるような態度を心がけて。
9（火）	■	「体は丈夫」と思っている人ほど、体調を崩してしまったり、肌の調子が悪くなりそうな日。疲れが一気に出て、体力の低下を感じる場合も。ゆっくりでいいので生活習慣の改善をはじめましょう。
10（水）	◇	周囲から頼りにされる日。最善をつくしてみると、思わぬ人が評価してくれそう。頼ってもらえることを、「利用されている」などとマイナスに受け止めないようにしましょう。
11（木）	△	嫌な予感がするときは、立ち止まって確認し、最終チェックもしっかり行いましょう。忘れ物をしたり、約束の時間を間違えていることもあるかも。
12（金）	○	不慣れなことに手を出すのではなく、自分の得意なことをもっと極めるための勉強や、努力をするといいでしょう。人間関係では、付き合いの長い人の言葉に救われることがありそうです。
13（土）	○	買い物をするといい日ですが、高価なものや長く使うものの購入は避けること。見栄を張って高いものを選ばず、安くていいものを探してみましょう。
14（日）	▽	思ったよりも時間を上手に使えて、満足できそうな日。あいた時間に本を読んで充実感を得られたり、忙しくもいいリズムで過ごせるでしょう。勢いで気になる人に連絡してみるといいかも。
15（月）	▼	余計な一言が原因で、人間関係が悪くなってしまいそう。あなたが冗談だと思っていても、相手は不愉快に思うこともあります。言葉を選んで発言するようにしましょう。

開運のつぶやき 「はじめて」は、人生のなかでいちばんおもしろいことのひとつ

16（火）	×	自分のことばかり考えていると、苦しくなってしまいそうな日。周囲や相手の気持ちをもっと考えて行動しましょう。勝手にネガティブにならないよう注意することも大切です。
17（水）	▲	無駄な動きをできるだけなくすよう意識するといい日。無駄にスマホを見たり、ネットで余計なことを検索しないようにしましょう。
18（木）	＝	不安や心配に思うことがあるなら、行動してみることが大切な日。興味がわくものを探したり、気になっていることを調べてみるといいでしょう。小さなことでも挑戦してみると、いい発見がありそうです。
19（金）	＝	失敗を気にせず、思い切って行動したり、自分の意見を伝えてみて。間違えたとしても、注意してくれる人や違いを教えてくれる人が現れるでしょう。
20（土）	□	今日と明日は、日ごろの疲れをしっかりとったほうがいいでしょう。思ったよりも心身ともに疲れていたり、夏バテしたりすることがありそう。胃腸の調子を悪くすることもあるので、消化のいいものを摂るようにしましょう。
21（日）	■	遊びに行くのはいいですが、暑さ対策だけでなく、冷房対策もしっかりしておきましょう。のどの調子が悪くなってしまうこともありそう。
22（月）	◇	目立たないようにしていても、自然と注目されてしまいそうな日。今日は、プラス面もマイナス面も目立ってしまうので、弱点や欠点を突っ込まれる場合が。今後の課題として受け止めておきましょう。
23（火）	△	ミスや忘れ物をしやすい日。出かける前にはしっかり確認するようにしましょう。仕事で小さなミスが重なったり、信用を一気に落としてしまう場合もありそうなので気をつけること。
24（水）	○	慣れた仕事ほど、ていねいに取り組みましょう。新しい仕事を引き受けることもありますが、想像以上に手間取ったり、コツをつかむまでに時間がかかってしまうかも。
25（木）	○	後輩や部下、ふだんお世話になっている人にご馳走したり、お菓子などをプレゼントしてみるといいでしょう。ケチケチせず、みんなが笑顔になることにお金を使ってみて。
26（金）	▽	自分と意見が違う人がいるから、おもしろいアイデアが出てくるもの。自分だけが正しいと思わず、相手の考え方を受け入れるよう努めましょう。
27（土）	▼	気持ちが落ち着かなくなりそうな日。いま何をするべきかわからなくなったり、これまで楽しく取り組んでいたのに突然気持ちが冷めてしまうことがあるかも。
28（日）	×	予定が突然キャンセルになったり、思い通りに進まなくなりそう。今日は、「振り回されること」を楽しんでみると、いろいろな発見があるでしょう。
29（月）	▲	間違えて大事なものを処分したり、データを消去してしまうことがありそう。不要だと思っても、しっかり確認しておきましょう。他人のものも勝手に捨てないように。
30（火）	＝	笑顔で挨拶したり、おもしろいと思ったら些細なことでもしっかり笑ってみると、自然と幸せが集まってくるでしょう。無愛想にしていると幸運を逃してしまいます。
31（水）	＝	はじめて会う人から学べることが多い日。自ら積極的に挨拶して、どんな話題がいいのか考えて話しかけてみましょう。初対面なのはお互いさまです。

☆開運の日　◎幸運の日　◇解放の日　○チャレンジの日　□健康管理の日　△準備の日
▽ブレーキの日　■リフレッシュの日　▲整理の日　×裏運気の日　▼乱気の日　＝運気の影響がない日

8月

○ チャレンジの月

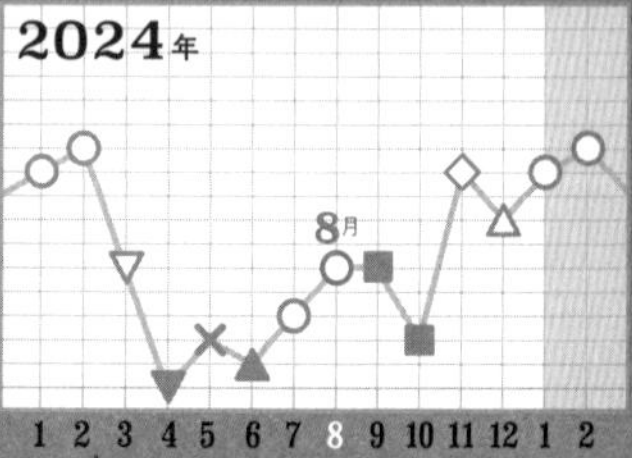

今月の開運3か条

- 慣れた仕事もていねいに進める
- 信頼できる先輩に相談する
- お笑いライブやコメディー映画を観る

総合運

弱点や甘さを突っ込まれたら成長のチャンス

「苦労や困難を乗り越えるからこそ人は成長し、前進できる」と思っておくといい時期。甘い考えや相手任せの姿勢など、あなたの弱点や鍛えていない部分を突っ込まれることがありそうです。不運で片付けず、やるべきことや学ぶべきこと、今後の課題がわかったと受け止めるようにしましょう。困ったときは、信頼できる先輩や年上の人の話をしっかり聞いて、素直に従ってみるといいでしょう。

開運のつぶやき　ゆっくりでもいいので、未来の自分がよろこぶ努力を積み重ねよう

恋愛&結婚運

追いかけすぎず気軽に接すると いい関係を築ける

友人をつくるつもりで人脈を広げたものの、寂しい気持ちが強くなって、特定の人に執着したり追いかけすぎてしまうことがありそうです。あなたの好意が相手に「重い」と思われて距離をおかれてしまう場合も。一緒にいる時間を楽しむくらいの気持ちでいると、いい関係を築けそうです。結婚運は、恋人としっかりコミュニケーションをとるといいでしょう。楽しい会話を心がけてみて。

仕事運

「ていねいな仕事」を 意識してみて

新しい仕事を任されたり、不慣れなことをやらなくてはならない状況になりそうな時期。どんなことでもていねいに取り組む姿勢が大切です。慣れているからと雑に進めていると、信頼を失うだけでなく、面倒事に巻き込まれてしまうことがあるでしょう。また、気がつかないうちにあなたの評判が悪くなっている場合もありそうです。合理的に進められるよう工夫してみましょう。

金運&買い物運

自分を高める ことに投資を

今月調子に乗ってお金を使いすぎると、あとで苦労することになりそうです。一瞬の満足のためだけに出費するのは控えましょう。また、お金の貸し借りは、少額でもトラブルの種になるので避けるように。少し遠回りでも勉強やスキルアップにつながることにお金を使うにはいいタイミングです。ただし、高額な契約はしないこと。投資は、勉強のつもりで少額出資するくらいならいいでしょう。

美容&健康運

無理せず 心身を癒やして

ヨガや瞑想をしたり、座禅を組むなど、気持ちを落ち着かせる時間をつくることが大事な時期。精神力を鍛えるのもいいですが、無理をするよりも癒やされる空間でのんびりしたり、友人とたくさん笑ったりするほうが、健康にも美容にもよさそうです。お笑いのライブやコメディー映画、芝居を観に行くのもいいでしょう。休日は、ハーブティーを飲みながら、読書をしたり好きな音楽を聴いたりして、ひとりで過ごすのもオススメです。

開運のつぶやき　確率を気にすると前に進めなくなり、可能性に賭けると前に進めるようになる

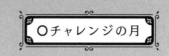

8月

○チャレンジの月

1（木）	□	ていねいに行動することが大切な日。挨拶やお礼もキッチリ行いましょう。ダラダラすると時間が長く感じられたり、疲れがたまってしまいそうです。
2（金）	■	肌の調子が悪くなったり、体調を崩しやすい日。無理して暑さを我慢しないように。お腹を冷やしてしまう場合もあるので、エアコンのききすぎた場所にも注意しましょう。
3（土）	◇	気持ちが少し楽になる日。仲のいい人と話したり、遊びに行くことができそうです。夢を語るなど、できるだけ前向きな話をしてみるといいでしょう。愚痴や不満ばかりにならないよう気をつけること。
4（日）	△	しっかり遊ぶことが大切な日。関心のある場所に出かけてみましょう。気になる相手がいるなら、じっとしていないでダメ元で連絡してみて。
5（月）	○	付き合いの長い人からのアドバイスを大事にするといい日。耳の痛いことや厳しいことを言われたときは、「まだまだ期待されている」と前向きに受け止めるようにしましょう。
6（火）	○	今日は仕事に真剣に向き合うといいでしょう。実力不足や至らない点をしっかり認めて、今後の成長につなげましょう。時間や数字にもっとこだわることも大切です。
7（水）	▽	日中は、あなたにとって必要な情報が入るでしょう。厳しい指摘を受ける場合もありますが、プラスになる言葉ももらえそうです。夕方以降は、自分中心に考えていると壁にぶつかってしまうことがあるかも。
8（木）	▼	甘えてばかりいると厳しい状況になってしまいそう。自分も相手も笑顔になるために何が必要なのか、考えて行動するようにしましょう。
9（金）	×	期待外れな出来事が増えそうな日。人に任せたことの結果が想像以下だったとしても、自分の指示が悪かったり、信頼関係を築けていなかったことが原因かもしれないと考え、人との関わり方を改善するきっかけにしましょう。
10（土）	▲	いらないものをできるだけ処分するといい日。とくに「過去の栄光」と思えるようなものは、見えないところに片付けること。「過去は過去」と割り切って前に進みましょう。
11（日）	＝	自分の好きなことに素直に行動するといい日。好きな食べ物やメニューがあるなら、評判のいいお店を調べて行ってみましょう。好奇心に従って行動してみると、世界が自然と広がってくるでしょう。
12（月）	＝	「どんなことからも学べる」ということを忘れないようにしましょう。周囲にいる人を観察したり、ものやサービスなどについていろいろ考えてみましょう。学べることがあることに気づけると、楽しい1日になりそうです。
13（火）	□	自分のミスを許してほしいなら、あなたも周囲のミスに寛容になることが大事。自分にやさしく、他人にはもっとやさしく親切に生きてみると、人生が大きく変わっていくでしょう。
14（水）	■	夏の暑さに負けて体調を崩すことや、食欲が落ちてしまうことがありそうな日。涼しい場所で少し体を動かしたり、ストレッチをしておきましょう。水分補給は大事ですが、ジュースの飲みすぎには気をつけて。
15（木）	◇	人の集まりに参加してみるといい日。前向きな話やいい話を聞くことができそうです。素敵な表現や言葉を使う人がいたらしっかり耳を傾けて、どんな意味なのか考えるようにしましょう。

開運のつぶやき　「頑張る」のは自分のためではなく、相手や周りの人のため

16 （金）	△	忘れ物をしたり、時間にルーズになってしまいそうな日。自分でもびっくりするようなミスをすることもあるので気をつけましょう。確認や事前準備は怠らないように。
17 （土）	○	懐かしい友人とつながったり、しばらく会っていなかった人から連絡がきそう。嫌な予感がする場合は短時間で切り上げましょう。尊敬できる人や憧れている人に会うと、いいパワーをもらえそうです。
18 （日）	○	体験や経験に投資するといい日。ライブやイベント、映画館や美術館などに足を運んでみましょう。夏らしい遊びをするのもいいですが、お金の使いすぎには注意すること。
19 （月）	▽	日中は、いい流れで仕事ができて、集中力も続きそうです。夕方近くからは、叱られてしまったり、やる気を失うような出来事があるかも。目の前の仕事をていねいに行うようにしましょう。
20 （火）	▼	あいまいな返事をしたことが原因で、人間関係が崩れたり、距離があいてしまうことがありそう。ウソでもいいので、前向きな言葉や周囲のよろこぶ言葉を発しておくといいでしょう。
21 （水）	×	相手を気遣って言わなかったことで、逆に「不親切だ」と思われてしまう場合がありそう。相手のためを思うなら、言葉を選んで伝えてみて。
22 （木）	▲	少しでも身の回りを片付けておくといい日。汚れている共用スペースや落ちているゴミは掃除しましょう。誰にも見られていなくても行動する姿勢が、運気の流れをいい方向に進めてくれるでしょう。
23 （金）	＝	待っていないで、自らすすんで取り組みましょう。会話でも盛り上げ役になって、周囲を笑わせたり、笑顔になるような話をするよう意識してみて。多少失敗をしても、いい経験になるでしょう。
24 （土）	＝	はじめて行くお店で、いい発見やおもしろい出会いがありそうです。安くておいしいお店の情報が入ったら、足を運んでみるといいでしょう。友人や知人を誘ってみると、思った以上に盛り上がりそう。
25 （日）	□	今日は予定を詰め込まず、のんびり過ごしましょう。張り切りすぎると、明日に疲れが残ってしまいそうです。早めに帰宅してゆっくり湯船に浸かり、早めに寝ましょう。
26 （月）	■	昨日の疲れが出やすい日。体調をしっかり整えていた人は問題なさそうですが、無理は禁物です。外の暑さ対策だけでなく、エアコンの寒さ対策もしっかりしておきましょう。
27 （火）	◇	頼りにされる日ですが、「利用されている」とネガティブにとらえないで。「人に利用されるくらい自分には価値がある」とプラスに受け止めるようにしましょう。
28 （水）	△	余計なことばかり考えていると、ミスが増えてしまう日。過ぎたことにこだわらず、前向きなことを考えましょう。誘惑にも負けやすくなるため、間食をしすぎないよう気をつけておきましょう。
29 （木）	○	一生懸命に仕事や趣味に打ち込んでいる友人や先輩に会うといい日。厳しいことを言われる場合もありますが、情熱のある人から、いい影響を受けられそうです。
30 （金）	○	どんな仕事も細部までこだわりましょう。完璧はないものですが、自分の最善をつくしたり気持ちを込めて取り組むことで、気分がよくなりそうです。いい結果にもつながるかも。
31 （土）	▽	午前中は運気がいいので、家の用事を片付けたり、食料や日用品を買いに行くといいでしょう。少し贅沢なランチをするのもオススメです。夜は予定を乱されてしまいそう。

☆開運の日　◎幸運の日　◇解放の日　○チャレンジの日　□健康管理の日　△準備の日
▽ブレーキの日　■リフレッシュの日　▲整理の日　×裏運気の日　▼乱気の日　＝運気の影響がない日

9月

■リフレッシュの月

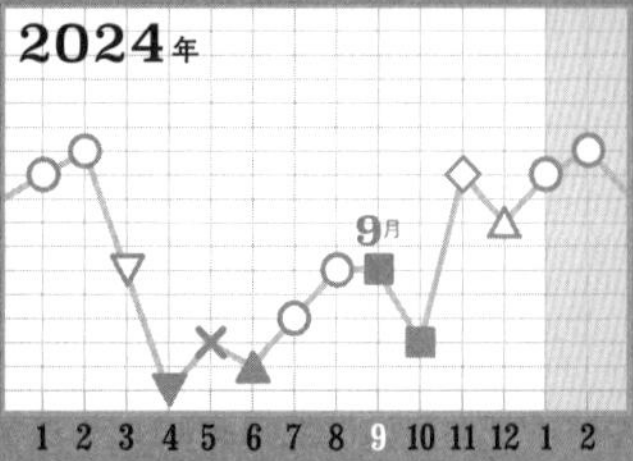

今月の開運3か条

- 人のいいところをほめる
- 儲け話や誘惑に気をつける
- 生活習慣を見直して整える

総合運

「現状維持」を心がけるといい月。お得に思える話や甘い誘惑に注意

「当たり前」「当然」と思っていることに感謝して、これまでお世話になった人に恩返しをするようにしましょう。浮いた話に乗ると、信用を落としたり、身勝手だと思われてしまいます。お得な情報や甘い誘惑などにはとくに気をつけ、現状を守っておきましょう。口の悪さが原因で周囲に距離をおかれてしまうこともあるので、慎重に言葉を選ぶよう心がけましょう。

開運のつぶやき｜未来を変えるということは、過去の考え方を変えることでもある

恋愛&結婚運

「ほめてくる人」にご用心。軽はずみに仲を深めないで

あなたをほめてくれる素敵な相手と知り合えるなど、うれしい出会いがありそうです。ただし今月は、そもそも好みではなかったり相性が悪い人、体やお金目当てに近づいてくる人も現れる時期。軽はずみに関係を深めず、友人や周囲の人の意見をしっかり聞くようにしましょう。2022年や2023年に出会っている相手なら、ランチデートをするなどしてゆっくり距離を縮めてもいいでしょう。結婚運は、決断できずズルズルしてしまいそうです。

仕事運

不満がたまっても転職や離職の決断は待って

今年に入って不慣れなポジションや苦手な仕事を任されていた人は、転職や離職に気持ちが向いてしまいそうです。ただし、ここで決断すると、のちに苦労したり、さらに大変な状況を招く可能性があります。今月は自分の至らない点を素直に認め、遠回りでも成長を目指してコツコツ努力していきましょう。甘い話や誘惑にはとくに気をつけること。愚痴や不満を言ってもストレスがたまるだけなので、仕事があることに感謝しましょう。

金運&買い物運

「オイシイ話」に気をつけて

お金の貸し借りは少額でもやめておくように。すでに貸している場合は、返ってくることはないと諦めて、区切りをつけたほうがいいタイミングです。買い物では、ふだんなら欲しいと思わないものをローンで購入したり、長期の契約を結んでしまうことがあるので要注意。エステなどの勧誘や儲け話にも乗らないように。オイシイ話には裏があると思って警戒しておきましょう。投資は、NISAを少額で行うか、ポイ活を楽しむくらいがオススメです。

美容&健康運

体の異変はすぐ病院へ

中旬までは問題なさそうですが、下旬になると急にお腹や肌の調子を崩してしまう可能性があります。少しでも異変を感じた場合は、早めに病院に行って検査を受けましょう。歯の痛みや、ほかの部位の不調も、放置せず病院で診てもらうように。今月からは不健康な生活リズムを整え、ストレス発散も兼ねて運動をしましょう。美容運は、家でできるエクササイズやストレッチ、半身浴などをするとよさそうです。

開運のつぶやき　他人に与え、教え、託すことができると、一歩前に進める

9月

■リフレッシュの月

1 （日）	▼	発言に注意が必要な日。冗談半分でも悪口や愚痴を言っていると、評判を落としてしまいます。話を聞いている側の気持ちをもっと考えて、言葉を選ぶようにしましょう。
2 （月）	×	余計なことを考えてしまいそうな日。過去の失敗や失恋を思い出して、後悔してしまいそう。いまとなってはどうすることもできないことを悩むよりも、「あの経験があったから、いまの自分がいる」とプラスに考えるようにしましょう。
3 （火）	▲	雑な行動をしやすい日。ものを失くしたり、壊してしまう場合があるので気をつけること。投げやりな発言にも注意が必要です。今日は1日、ていねいな言動を心がけましょう。
4 （水）	＝	苦労や面倒事は、「いましかできない体験」と思って楽しむようにしましょう。考え方を変えてみると、つらいことも案外楽しめるものです。どうしても前に進めないときは、周囲に相談して話を聞いてもらいましょう。
5 （木）	＝	いつもより少しでもいいので、素敵な言葉を選んだり、挨拶やお礼をていねいにしてみましょう。その変化に気づいてくれる人も現れそうです。「縁は言葉でつながる」ことを忘れずに。
6 （金）	□	思い通りにならないことを考えるよりも、順調に進んでいることや感謝できることに注目すると、いい1日になるでしょう。「当たり前」「当然」と思うことにこそ、感謝を忘れないようにしましょう。
7 （土）	■	しっかり体を休ませて、ストレスを発散するといい日。カラオケに行ってはしゃいだり、友人とたくさん話して笑う時間をつくるといいでしょう。
8 （日）	◇	楽しい1日になりそう。昨年くらいから仲よくなった人を、遊びや食事に誘ってみるといいでしょう。気になるイベントやライブなどに足を運んでみると、楽しい時間を過ごせそうです。
9 （月）	△	うっかりミスに注意が必要な日。聞き間違いや勘違いをして、恥ずかしい思いをすることがありそうです。今日の失敗談は、後々いい話のネタになるかも。
10 （火）	○	不満を感じるのは悪いことではありません。納得できないことが生まれるからこそ、学びを得て成長につながるのだということを忘れないようにしましょう。不満を愚痴にして発散するのではなく、成長するパワーに変えていきましょう。
11 （水）	○	責任を重くとらえるよりも、「いまだからできる貴重な体験」として受け止めましょう。「ここでの苦労や経験が未来に役立つ」と思ってみると、悩みや不安は徐々に消えていくでしょう。
12 （木）	▽	親しい人だけを大事にするのではなく、ふだんあまり関わらない人にも話しかけて、交流してみましょう。相手のよい部分を見つけてほめてみると、いい関係を築けそうです。自分にやさしくしてくれる人ばかりと仲よくしないように。
13 （金）	▼	欠点やミスを隠そうとすると、信用を失って成長にもつながらないでしょう。過ちを素直に認めて、しっかり叱ってもらうことが重要です。アドバイスしてくれる人の言葉を信じて、行動を即変えるようにしましょう。
14 （土）	×	期待通りに進まなかったくらいでイライラしないようにしましょう。自分の想像力が甘かったと思って、もっと相手の立場などを考えるように。「愛のあるやさしい人」を目指しましょう。
15 （日）	▲	この夏に使わなかったものや、着なかった服などを処分するといい日。年齢に見合わない趣味はここで断ち切り、時間を無駄にしてしまうアプリなども消去しておきましょう。

開運のつぶやき　結果に向かって頑張るのが努力。結果を考えずに頑張っているのは自己満足

16（月）	＝	今日は、買ってから開いていない本や読みかけの本を、数ページでもいいので読んでみましょう。本屋さんに行って気になるものを探してみると、素敵な本に出会えるかも。
17（火）	＝	後輩や部下のお手本になるような生き方や仕事をしましょう。至らない点は素直に認め、成長する姿を相手に見せることが大切です。結果がなかなか出ていない人の頑張りも認めましょう。
18（水）	□	「いまの幸せ」に気づきましょう。先のことを考えて、不安になったり心配する時間は不要です。「これまで頑張ってきたから、いまの幸せがある」ということを忘れないように。
19（木）	■	疲れからイライラして、ケンカをしたり気まずい空気になってしまいそう。相手を無視すると、その場は流せても問題は解決しません。後日、自分から謝るか話しかけるようにしましょう。
20（金）	◇	最善をつくしてみるといい日。大きな結果を望むよりも、自分は何ができて、何が足りないのかを学ぶ機会にするといいでしょう。協力してくれる人に感謝し、ねぎらうことも忘れないで。
21（土）	△	ダラダラ過ごしてしまいそうな日。ゆっくりするのはいいですが、時間を決めて動くようにしましょう。また、外出先で転んだり食べこぼすなど、ドジな行動をしやすいので気をつけること。
22（日）	○	付き合いの長い人や親友と縁がある日。しばらく会っていないと思う人に連絡してみると、相手も「ちょうど会いたかった」とうれしいことを言ってくれそうです。
23（月）	○	ストレス発散に時間とお金を使うといい日。予算を決めて楽しむといいでしょう。神社仏閣をめぐったり、美術館や博物館に行ってみると、いい時間を過ごせそうです。
24（火）	▽	すぐに結果を求めるよりも、あえてなかなか結果が出ないことに挑戦してみることが大切な日。よろこびは大きな結果が出る未来にあると思って、気長に努力を続けましょう。
25（水）	▼	「誰も教えてくれない」と嘆く前に、自分がどこに向かっていきたいのか、あらためて整理してみましょう。いまの自分に足りていないものは何か、これから何をすべきなのか、もっと真剣に考えてから、人にアドバイスを求めるように。
26（木）	×	ネガティブな情報に振り回されてしまいそうな日。悩んだり不安になったりするときほど、自分のことばかり考えているか、たんにヒマなだけの場合があります。目の前の仕事にもっと集中するようにしましょう。
27（金）	▲	大きなことにいきなり手を出すよりも、小さなことを長く続けるほうが大切だと覚えておきましょう。「ゆっくり時間をかけて成長すること」こそが重要です。
28（土）	＝	「楽しいことはないかな」と求めるのではなく、「人生は自分で楽しくすることが大事」だと心得ておきましょう。もっと好奇心を膨らませて、気になることを探してみて。
29（日）	＝	友人も知り合いもごちゃ混ぜで遊んでみるといい日。不思議な縁がつながったり、おもしろいアイデアが浮かぶこともありそう。恋に発展する場合もあるかも。
30（月）	□	ニコニコ過ごしてもクヨクヨ過ごしても、同じ「一生」です。せっかくなら笑顔で過ごせるよう工夫して生活しましょう。笑顔になるためには、苦労や努力も必要だということも忘れないように。

☆開運の日　◎幸運の日　◇解放の日　○チャレンジの日　□健康管理の日　△準備の日
▽ブレーキの日　■リフレッシュの日　▲整理の日　×裏運気の日　▼乱気の日　＝運気の影響がない日

10月

■リフレッシュの月

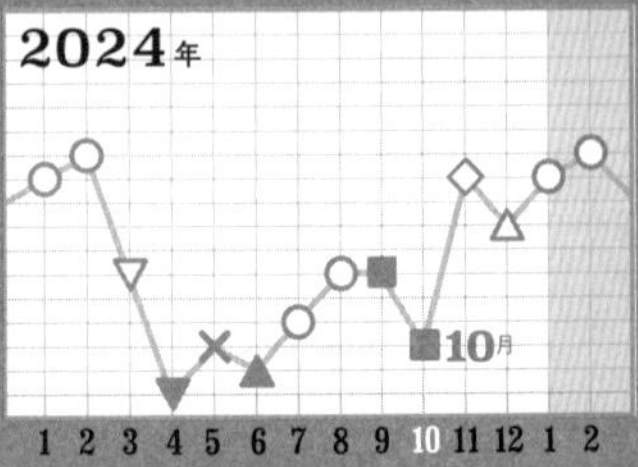

今月の開運3か条

- 8時間以上寝る
- たくさん笑う
- 温泉やスパに行く

総合運

温泉旅行やコメディー映画鑑賞で気晴らしを

不安なことや余計なことを考える時間が増えてしまう時期。心身ともに疲れやすく、体調を崩すこともあるので無理をしないように。今月は、休日の予定を先に決めてしっかり体を休ませるようにしましょう。リフレッシュできる場所に出かけるのもオススメ。気晴らしに温泉旅行に行ってのんびりしたり、コメディー映画や芸人さんのライブを観に行くと心が一気に晴れそうです。友人と話す時間をつくってたくさん笑うのもいいでしょう。

開運のつぶやき　思いっ切り失敗する人のほうが、好かれて、評価されるもの

恋愛&結婚運

デート前日はしっかり寝て疲れをとっておくこと

恋人や好きな人に振り回されて疲れそうな月。相手があなたに合わせてくれたり体調を心配してくれるやさしい人なのか、見極めるときだと思うといいでしょう。疲れが顔に出ることや、些細なことでイライラして空気が悪くなるときもありそうなので、デート前日はしっかり寝て疲れをとっておいて。新しい出会い運は、相性が悪い人に会う可能性があるため、無理に交流を広げないように。結婚運は、話が進みにくい時期。期待しないほうがよさそうです。

仕事運

残業は控えて無理のない範囲で仕事をしよう

頑張りすぎに要注意の1か月。限界を感じるまで仕事に没頭するのではなく、ほどほどのところで終わらせるようにしましょう。期日に間に合わないからといって、連日残業したり家に持ち帰ってまで働かないこと。できないときは「できない」と上司に伝えて、一緒に対応策を考えましょう。飲み会や付き合いの集まりに顔を出すのはいいですが、お酒は避けてソフトドリンクを飲み、早めに帰宅するように。

金運&買い物運

贅沢してでも自分をいたわる

ストレス発散にお金を使うといい月。体調に問題がないなら、おいしいものを食べに出かけたり、旅行に行くといいでしょう。マッサージや温泉、スパなどでゆっくり過ごすのもよさそうです。少し贅沢をしてでも、体によいことやストレス発散になることをしておきましょう。長く使うものの購入はオススメできませんが、どうしても必要な場合は、運気のいい友人や家族に選んでもらうように。投資はストレスの原因になってしまいそうです。

美容&健康運

無になる時間をつくろう

1年のなかでもっとも体調やメンタルを崩したり、異変を感じやすい時期。身体的には問題なくても、精神的な疲れがたまってしまうことがありそうです。運動や筋トレで汗を流し、余計なことを考えない時間をつくるといいでしょう。少しでも体調に違和感を覚えたら、早めに病院に行って検査を受けること。今月は禁酒や禁煙、健康的な食事を意識し、毎日8時間は寝るようにしましょう。

10月

■リフレッシュの月

1（火）	■	心身ともに疲れてしまうことがありそうです。今日は無理をせずゆっくりする時間をつくり、早めに帰宅すること。湯船にしっかり浸かってから早めに寝るようにしましょう。
2（水）	◇	周囲とうまく協力することができて、楽しい1日を過ごせる日。チヤホヤされたり持ち上げられることもありそうです。素直によろこんだほうがあなたも周囲も笑顔でいられていいでしょう。
3（木）	△	困難やトラブル、難問を楽しむくらいの気持ちが大切です。小さなことでヘコんだりやる気をなくさないように。「何もかも思い通りに生きている人などいない」と思って物事を前向きにとらえ、成長するきっかけにしましょう。
4（金）	＝	過ぎたことをいつまでも考えていては前に進めなくなってしまいます。反省を活かし、同じ失敗をしないよう気をつけるだけでいいでしょう。良くも悪くも「過ぎて去ったから過去」だと思っておきましょう。
5（土）	＝	マッサージや温泉など、リラックスできることにお金を使ってみましょう。お笑いや落語を見てたくさん笑うのも、いいストレス発散になりそう。情報を調べて足を運んでみて。
6（日）	▽	午前中に、家の用事や片付け、食品の買い出しなどをできるだけ終わらせて、午後は家でのんびり過ごしましょう。予定が入っている場合は、早めに切り上げて帰宅するといいでしょう。
7（月）	▼	朝から疲れや体の異変を感じているなら、無理せず早退したり早めに病院に行きましょう。ストレスのかかる人と一緒にいる時間も増えそうなので、上手に距離をおくように。
8（火）	×	ネガティブな言葉に振り回されたり、ヘコんでしまいそうな日。あなたも余計なことを言うことや口が悪いときがあるので、相手を反面教師だと思って、同じことをしないよう気をつけておきましょう。
9（水）	▲	自分の得意不得意を理解しておきましょう。好きなことが得意なことだとは限りません。自分は周囲から何を求められることが多いのか、しっかり分析してみるといいでしょう。
10（木）	＝	ネガティブな言葉を発すると、自分も周囲もやる気をなくしてしまうだけ。ウソでも前向きな言葉を発することで、自然とやる気がわいてくるでしょう。
11（金）	＝	新たな課題や問題が発生したとしても、永遠に課題なわけではありません。自分が成長すれば「ただの経験」と思えるようになるでしょう。自分の成長に期待して取り組むようにしましょう。
12（土）	■	今日と明日は、健康的な生活を心がけましょう。軽い運動やストレッチをするといいですが、頑張りすぎて筋を痛めたり、ケガをしないよう気をつけて。
13（日）	■	朝と夜に白湯を飲んでみると、胃腸の調子がよくなりそう。家で好きな音楽を聴いたり昼寝などをして、のんびり過ごすのもオススメです。体調を崩す原因になるので、予定は詰め込まないように。
14（月）	◇	急に誘われることがある日。多少面倒でも遊びに行ってみると、思った以上に楽しい時間を過ごせそう。以前から遊びたいと思っていた人に連絡してみるにもいい日です。
15（火）	△	うっかりミスやドジなケガをしやすい日。事故も起こしやすいので車の運転には十分注意しましょう。歩いているときも油断せず、車や自転車の動きをしっかり見て行動するように。

開運のつぶやき　感謝のない人の言葉に振り回されないで、感謝のある人の言葉に耳を傾けて

16（水）	＝	嫌な予感が当たりやすい日。「これは」と気になることがあったら、踏みとどまって考えることが大事です。これまでの経験を上手に活かせば、問題をうまく回避できるでしょう。
17（木）	＝	余計な出費が増えてしまいそうな日ですが、ストレス発散になるなら気になったものを買ってもいいでしょう。お菓子やドリンクも、我慢しすぎてストレスをためないように。
18（金）	▽	日中は、順調に物事が進むでしょう。勢いで判断しても、いい結果につながりそうです。夕方以降は、人付き合いに振り回されて疲れてしまうかも。無理せず早めに帰宅しておきましょう。
19（土）	▼	今日と明日はできるだけのんびり過ごしましょう。温泉やスパなどで、贅沢な時間を過ごすのもオススメ。スマホを触ったりネットを見る時間をできるだけ減らして、目の疲れをとるように。
20（日）	×	油断すると、ケガをしたり病気にかかりやすい日。とくに肌が荒れやすいので、ビタミン豊富なものや旬の食材を食べるようにするといいでしょう。軽いストレッチをするのもオススメです。
21（月）	▲	安請け合いをすると、あとで苦しくなってしまう日。多少時間ができたとしても、少し手伝うくらいに留めておきましょう。疲れて仕事が中途半端になってしまう場合もあるので気をつけること。
22（火）	＝	無理に頑張らなくてもいい日。新しいことを試すのはいいですが、頑張りすぎると無駄に忙しくなったり、面倒な事態になってしまいそうです。今日は、情報を集めるくらいにしておきましょう。
23（水）	＝	失敗から学ぶことは大事ですが、疲れているときにしてしまったミスからは学べることは少ないもの。調子がよいと思えるなら、新しいことに挑戦してみるといいでしょう。
24（木）	■	自分の目標を見失わないようにしましょう。高い目標でなくてもいいので、目指すところに向かう努力を忘れないこと。日々の生活を繰り返しているだけでは努力のうちに入らないと思って、学べることを見つけて取り組みましょう。
25（金）	■	周囲の人の言動にイライラしたり、振り回されてヘトヘトになってしまいそうな日。体調にも異変が出やすいので無理をしないように。
26（土）	◇	遊びに出かけるなら、マッサージや温泉など、ゆっくりできる場所に行くのがオススメです。ゆったり自然を眺めながら贅沢な時間を過ごすのもいいでしょう。
27（日）	△	操作ミスやうっかりミスをしやすい日。「少しくらいなら」と階段からジャンプして捻挫をしたり、油断してケガをすることがあるので、調子に乗らないよう気をつけましょう。
28（月）	＝	実力を発揮できたり、問題が起きてもうまく処理できそうな日。経験が足りないと苦しい状況になることもありますが、それもいい経験だと思っておきましょう。
29（火）	＝	多少うまくいかなくても、その経験から学べることは必ずあるもの。思い通りにならないときは自分の至らない点を素直に認め、うまくいったときは周囲への感謝を忘れないようにしましょう。
30（水）	▽	日中は、予定通りに進むので問題は少なそう。時間をもっと意識して、ドンドン進めてみましょう。夕方あたりからは余計なことを言われたり、周囲に振り回されて疲れてしまうかも。
31（木）	▼	余計な心配事が出てきたり、トラブルに巻き込まれやすい日。理不尽な人や不機嫌な人に振り回されて、疲れてしまうこともありそうです。今日は、少しでもいつも通りに進んだらラッキーだと思っておきましょう。

☆開運の日　◎幸運の日　◇解放の日　○チャレンジの日　□健康管理の日　△準備の日
▽ブレーキの日　■リフレッシュの日　▲整理の日　×裏運気の日　▼乱気の日　＝運気の影響がない日

11月

◇解放の月

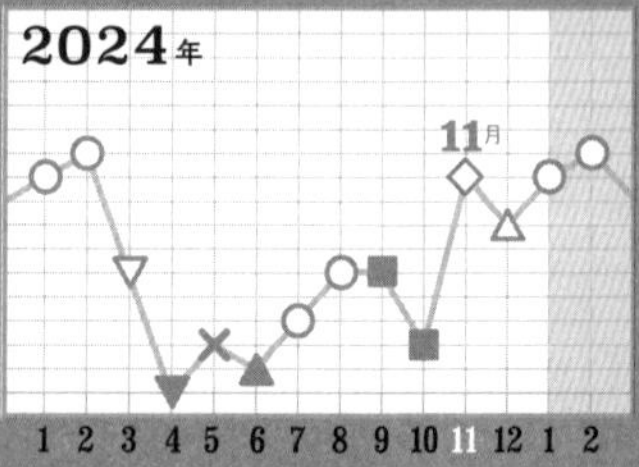

今月の開運3か条

- 何事も最善をつくしてみる
- お節介と思われても手伝う
- 周囲の人をしっかり観察する

総合運

自分にとって大切な人がわかる時期。周りをよろこばせてみよう

「乱気の年」の「解放の月」は、「出る杭は打たれる」ような時期。ただ、あなたの善意が伝わらない人を見極めることができるので、よかれと思ったことには全力をつくしてみるといいでしょう。お節介と思われても、相手がよろこぶことを考えて行動に移すと、味方になってくれる人や本当の意味でいい人を見つけられそう。あなたを悪く言う人や気持ちが伝わらない人とは距離ができてもいいと割り切れれば、気が楽になるでしょう。

開運のつぶやき　揺れないように生きるのではなく、揺れながらバランスをとって生きるといい

恋愛&結婚運

好意を誠実に受け止めてくれる人を探して

相手への愛をしっかり伝えてみるといい時期。あなたの好意を素直に受け止めてもらえなかった場合は、自分の見る目のなさを反省して、もっと素敵な人を探しましょう。意外な人から告白されたり、好意を寄せられることもありそうです。周囲からの評判がいい人なら、思い切って交際してもいいでしょう。結婚運は、相手に任せず、すべて自分で計画して押し切ってみて。反応が悪ければ「恋愛だけの人」だと割り切ること。

仕事運

自分がサボるとサボっている人が目につくもの

あなたの思いや考えがうまく伝わらない感じになりそうです。誤解や勘違いを生む場合もありますが、最善をつくしてみると予想外の人に評価されたり、いい経験にもなるでしょう。お節介と思われてもいいので、周囲の仕事を少しでも手伝っておくこと。本気で仕事に取り組むと、同じように本気で取り組んでいる人が見えてきますが、サボってしまうとサボっている人が目につき、不満がたまってしまうでしょう。

金運&買い物運

人のためにお金を使おう

今月は、少しでも人のためにお金を使うといいでしょう。お世話になっている人にプレゼントを贈ったり、後輩や部下に食事をご馳走して頑張りをねぎらうのもオススメです。感謝されない場合もありますが、人からの親切に対してよろこんだりお礼を伝えることの大切さを学べるでしょう。ふだんは購入しないような高級品や不要になりそうなものが欲しくなりますが、誘惑に負けないように。投資は、勉強のつもりで少額で行うならいいでしょう。

美容&健康運

目標を立てて運動の習慣化を

先月体調を崩してしまった人は、調子が戻って健康な状態になれそうです。生活リズムや食生活を整えながら、定期的な運動をはじめて体を鍛えましょう。動画を見ながらできそうな運動やダンス、ヨガや筋トレを試してみると、思ったよりも続けられるでしょう。「今月中に1キロ減らす」など、まずは目標を立ててみて。美意識も高められる月。肌によいサプリなどを試したり、スキンケアをしっかりすること。

11月　◇解放の月

1（金）	×	頑張りが裏目に出てしまうこともありますが、いまやれることに全力で取り組んでみましょう。一生懸命になることで、自分の実力や至らないところがハッキリ見えてくるはずです。
2（土）	▲	いるものといらないものを分けるようにしましょう。「いつか使うかも」と思って取っておいた紙袋や輪ゴムなど、ずっと置きっぱなしのものは一気に処分するように。もらったけれど使わないものも捨てましょう。
3（日）	＝	いろいろな言葉を学んでおくといい日。本を読んで、いい言葉を探しましょう。どんな言葉も文章も、相手に伝わらないと意味がないので、伝わりやすい言葉を見つけてみましょう。
4（月）	＝	何も考えないのはダメですが、考えすぎもよくありません。少し考えたら、あとは行動しながら考えてみるといいでしょう。まずは、気になったことに勇気を出して挑戦してみましょう。
5（火）	□	自分が周囲や会社を支えるくらいの気持ちで、経営者の目線に立って仕事に取り組んでみましょう。これまで気づかなかったことに目がいくようになり、大きく成長できそうです。
6（水）	■	季節の変わり目で体調を崩してしまいそう。風邪をひいたり、のどの調子を悪くしてしまう場合があるので気をつけましょう。今日は、鍋料理やショウガの入ったものを食べるのがオススメです。
7（木）	◇	情報を集めすぎると、気持ちも考えもブレてしまうかも。自分も周囲もよろこぶことに素直に突き進んでみると、いい結果が出るでしょう。反対意見もあるかもしれませんが、気にしすぎないように。
8（金）	△	疑うことも多少は大事ですが、今日は余計なことを考えすぎるとミスが増えてしまいそうです。目の前のことに集中し、時間をもっと意識して取り組むようにしましょう。
9（土）	○	思い浮かんだ人に連絡してみましょう。相手もあなたに会いたいと思っている可能性があるので、まずはメッセージを送ってみて。おいしいお店を紹介するとよろこんでもらえそうです。
10（日）	○	日用品や消耗品を買いに出かけるにはいい日。外出ついでにお世話になっている人にお菓子を買って、明日渡してみるといいでしょう。ただし、買いすぎには気をつけて。
11（月）	▽	午前中は、努力がいいかたちになって、満足できる結果が出そう。午後は、不安になることがあったり、自分のやるべきことを見失ってしまうかも。ネガティブな人の言葉に振り回されることもありそうなので、注意しておきましょう。
12（火）	▼	プレッシャーに押しつぶされてしまいそうな日。プレッシャーをはねのけるくらい、もっと自分に自信をもって取り組んでみましょう。「これまでの経験に無駄なことはない」と信じることが大切です。
13（水）	×	相談する人やアドバイスを求める人を間違えないようにしましょう。経験のない人や実力のない人に聞いても、かえって迷ってしまうだけ。何事もその道の専門家に聞くようにするといいでしょう。
14（木）	▲	苦手なことがわかりそうな日ですが、自分の成長できる部分に気づけただけなので、ヘコまないように。どんな人でも最初は不慣れで、苦手意識や壁を感じることはあるもの。慣れれば問題ないと思っておきましょう。
15（金）	＝	今日はしっかり仕事をして、明日しっかり休むといいでしょう。多少疲れを感じても、明日ゆっくりできると思えば乗り切れそうです。

開運のつぶやき　頑張るのはいいですが、欲張らないようにしましょう

16（土）	＝	午前中は少しのんびりして、昨日の疲れをとるといいでしょう。ストレッチをしたり、軽い運動や筋トレをするのもよさそうです。ダラダラしすぎるとかえって疲れてしまうので、時間を決めて休むようにしましょう。
17（日）	□	思い通りにならないからといってイライラせず、そこから発見できることや学べることを見つけましょう。あいた時間は本を読んだり、周囲を観察してみるといいでしょう。
18（月）	■	疲れて不機嫌な感じが顔に出てしまったり、ついストレートな言い方をしてしまいそうな日。本当のことだからといって、なんでも言葉にしていいわけではないので、気をつけておきましょう。
19（火）	◇	前に進んでいないのではなく、夢と希望を忘れてしまっているだけ。叶えられそうな夢をひとつ掲げてみると、前進できるようになるでしょう。
20（水）	△	迷いに迷って判断ミスをしやすい日。自分で決められないときは、すぐに周囲に相談してみましょう。どうしてもひとりで選択する必要があるときは、「楽しそう」と思ったほうを選ぶとよさそうです。
21（木）	○	良くも悪くも自分の「癖」が出てしまいそうな日。悪い癖だと思ったら、気をつけるように。自分の得意なことで周囲がよろこぶなら、素直に手を貸してあげましょう。
22（金）	○	あなたにとって必要な情報を得られそう。知っていると思うことでも、時間がたって変わっている可能性もあるので、最後までしっかり聞いておくといいでしょう。お得な買い物情報もゲットできそうです。
23（土）	▽	いろいろな人に会いに行ったり、周囲の人を観察してみるといい日。自分とは違う価値観や考え方で生きている人を尊重すると、人間のおもしろさにあらためて気づけそうです。
24（日）	▼	あなたにやさしくしてくれる人や、本当の親友がわかる日。時間をつくって会いにきてくれたり、悩みや不安を聞いて励ましてくれる人を大切にして、感謝を忘れないようにしましょう。
25（月）	×	仲がいいからといって相手に甘えすぎていると、厳しいことを言われたり冷たくされてしまいそう。自分の考えだけが正しいと思い込まず、相手のことをもっと考えて行動しましょう。
26（火）	▲	区切りをつけるにはいい日。この1年ズルズルと関係が続いていた人や未練が残っているものをキッパリ諦めて手放してみると、次に進めるようになるでしょう。
27（水）	＝	ある程度のリスクを背負わないと人は成長できないもの。マイナスなことを避けてばかりではなく、ときには覚悟して背負ってみるといいでしょう。勉強と成長につながっていくはず。
28（木）	＝	どんな人からも学びがあることを忘れないように。いろいろな人の意見があなたを成長させ、学べることを教えてくれるでしょう。
29（金）	□	信頼するから信頼してもらえるもの。あなたが人を信頼しないままでは、周囲との関係はいつまでも変わりません。信頼できる人をひとりでも多くつくってみると、人生が楽しくなってくるでしょう。
30（土）	■	今月の疲れが出そうな日。スマホから離れて、のんびりしてみましょう。好きな音楽を聴いたり、散歩をする時間をつくってみるのもオススメです。

☆開運の日　◎幸運の日　◇解放の日　○チャレンジの日　□健康管理の日　△準備の日
▽ブレーキの日　■リフレッシュの日　▲整理の日　×裏運気の日　▼乱気の日　＝運気の影響がない日

12月

△ 準備の月

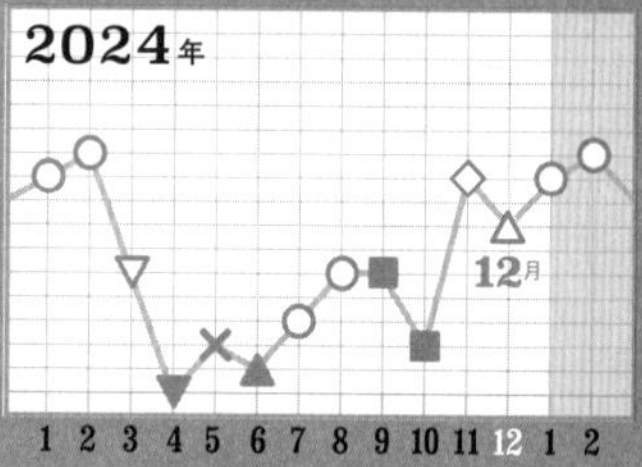

今月の開運3か条

- いまある仕事に感謝する
- 事前準備と最終確認を怠らない
- 軽はずみな判断や行動はしない

総合運

自己中心的な判断と余計な発言に注意すること

大きな判断ミスをしたり、人との縁が一気に切れたりする時期。大切なものを失う可能性もあるでしょう。軽はずみな判断や気分でしてしまった先を考えない決断が、後悔する結果を招くので注意しておきましょう。とくに、自己中心的な判断をしないことが大切。余計なことを言って信頼を失ってしまう場合もあるため気をつけること。しっかり仕事をしてしっかり遊び、周囲も自分自身も楽しませてみると、いい流れに乗ることができるでしょう。

開運のつぶやき　なんやかんやあっても「自分、生きているな〜」と自分をほめるといい

恋愛&結婚運

関係を深める前に相手のことをしっかり調べて

珍しい人に恋をしたり、本来なら興味をもたないタイプの人に押し切られて交際をはじめてしまいそうです。寂しさから「とりあえず」で付き合って後悔することも。あなたは真剣でも、相手からはセフレのひとりと思われている場合もあるので、相手のことをしっかり調べ、ある程度理解してから関係を深めるようにしましょう。新しい出会い運は、あなたを振り回したり疲れさせる相手の可能性があるため要注意。結婚運は深い話は避けておきましょう。

仕事運

文句や愚痴が増えがちに。それでも感謝を忘れずに

やる気のなさが周囲に伝わってしまうことや、大小さまざまなミスを繰り返すことがある時期。これまで以上に事前準備と最終確認を怠らないようにしましょう。急に転職を考えることや、会社の体制・仕組みに不満を抱いたり、周囲への愚痴を言いたくなることもありそうです。大変なときでも、感謝の気持ちを忘れないようにすること。職場の人としっかりコミュニケーションをとり、楽しく仕事ができるよう工夫して乗り切りましょう。

金運&買い物運

予算を決めて生活しよう

ストレスで出費が多くなってしまいそうです。不要な買い物や契約をして後悔することもあるので、「1か月の予算」を決めて過ごすようにしましょう。誘惑に負けて暴飲暴食する日が続いたり、アヤしい契約を結んで借金を抱えてしまう場合もあるため気をつけること。儲け話にはとくに注意しておきましょう。投資にも不向きな時期。関わらないほうがよさそうです。

美容&健康運

落ち着いて慎重に行動を

誘惑に負けやすい時期。これまでダイエットを頑張っていた人も、食べすぎて一気に体型を崩してしまうことがありそうです。余計な考え事や歩きスマホが原因で大ケガをする場合もあるので、今月は慎重な行動を心がけましょう。遊ぶときはしっかり遊んでストレス発散を。たくさん笑うと気持ちが楽になって、肌の調子も整いそう。瞑想をしたり、ポジティブな言葉を意識して使うようにするのもオススメです。

開運のつぶやき　自分の心に余裕がないときにも、他人のことを考え行動する人が幸運をつかむ

12月

△準備の月

1（日）	◇	自分の考えだけが正しいと思い込んでいると、周囲と噛み合わなくなってしまいそう。今日は、人の意見に合わせてみると、新たな発見があったり視野を広げられるでしょう。
2（月）	△	油断しやすい日。寝坊や遅刻、チェックミスには十分注意しておきましょう。軽はずみな発言はのちに自分を苦しめる原因になるので、気をつけること。
3（火）	○	長い付き合いの人との縁を切りたくなったり、積み重ねてきたことを投げ出したくなってしまいそうな日。感謝と恩返しの気持ちを大事にし、やさしく親切にしてくれる人の存在を忘れないようにしましょう。
4（水）	○	順調に仕事が進んだり、いい流れで物事を動かせて満足できる日。周囲の人の頑張りに注目して、お世話になった人には、些細なものでもいいのでご馳走してみるとよさそうです。
5（木）	▽	午前中は、周囲や仲間とうまく連携できそう。集中して仕事をドンドン片付けていきましょう。夕方以降は、意外なところを突っ込まれたり、気持ちが沈むようなことが起きるかも。
6（金）	▼	自分は不幸だと思い込むと、ドンドン不満に目がいってしまいそう。いまの幸せを見落とさないようにしましょう。ソリの合わない人とは、少し距離をあけたほうがよさそうです。
7（土）	×	他人に期待するとイライラするだけ。相手はロボットではないので、機嫌の悪いときや調子の悪いときがあって当然だと思っておきましょう。
8（日）	▲	身の回りを片付けて、年末の大掃除の準備をしておきましょう。使わないものや着ない服、置きっぱなしの靴などがあれば、ドンドン処分してスッキリさせましょう。
9（月）	＝	「自分から笑顔で挨拶すると、運が少しよくなる」と思って実践してみて。運がよくなったと思えるまで続けてみるといいでしょう。
10（火）	＝	変化が多い日。不慣れなことや苦手なことを任される場合もありますが、そのぶん学べることもありそうです。いろいろなものを調べてみるともっと好奇心がわいて、人生が楽しくなってくるでしょう。
11（水）	□	計画をしっかり立てて行動するといい日。これまで自分が何を積み重ねてきたのか、思い返してみましょう。自分がもっとも得意なことで周囲を手助けしたり、人の役に立てるよう努めることが大切です。
12（木）	■	ドジなケガに要注意な日。階段を踏み外したり、慌てて転んでケガをすることがありそうです。今日は、時間にゆとりをもって行動するようにしましょう。
13（金）	◇	あなたの魅力や才能に気づいてくれる人が現れる日。素直によろこんでおくといいですが、実力以上のことを任される場合もありそう。いい経験だと思って挑戦してみて。
14（土）	△	約束をすっかり忘れてしまったり、時間を間違えることがありそう。自分でも驚くような失敗をしやすいので、とくに車の運転には注意すること。
15（日）	○	一緒にいるとやる気になれたり、たくさん笑える人を食事や飲みに誘ってみて。厳しいことはしっかり受け止めつつ、前向きな話をして楽しい時間を過ごしましょう。

開運のつぶやき　本物の成功者とは、他人を笑顔にした回数が多い人のこと

16（月）	○	仕事運がいい日。多少面倒なことにも、思い切って挑戦してみるとクリアできそうです。頭の回転のよさを実感できることもあるでしょう。明日やる予定の仕事なども、勢いで終わらせておくといいかも。
17（火）	▽	午前中は、実りのある話し合いや、前向きな話ができそうです。意見が通りやすい日なので、思ったことを伝えてみましょう。午後は、リズムが悪くなったり、意見を押しつけられてしまうことがあるかも。
18（水）	▼	よかれと思った行動が裏目に出たり、余計なお世話と思われてしまいそうな日。急に人との縁を切りたくなる場合も。やる気のない発言をしたり、無駄にため息をついてしまうこともありそうです。
19（木）	×	ネガティブな情報に振り回されず、あなたを信頼してくれる人をもっとよろこばせるために努力してみましょう。事前準備などももっとしっかり行って、隙のないようにしておきましょう。
20（金）	▲	人との縁が切れたり、気持ちが離れてしまいそうな日。仕事への集中力が続かなくなってしまうこともありそうです。仲間や身近な人と気まずくなる場合もあるので、余計な発言をしないよう注意すること。
21（土）	＝	新しいことに目を向けるのはいいですが、今日は珍しいことが気になってしまいそう。誘惑に負けて刺激的な方向に進まないよう、冷静に判断しましょう。
22（日）	＝	ゆとりをもって1日を過ごしましょう。予定を詰め込むとヘトヘトになったり、判断ミスをしてしまいそうです。契約を急がせる人や強引に購入させようとする人が現れたら、しっかり断るように。
23（月）	□	今年の目標をどれだけ達成できたか、振り返るといい日。やろうと思っていたのにできなかったことがあるなら、今日からでもはじめてみて。
24（火）	■	頑張りすぎてしまいがちな日。今日は一生懸命取り組むと楽しくなりそうですが、疲れが一気にたまったり、調子を崩しやすくもなるので気をつけておきましょう。
25（水）	◇	予想外に楽しいクリスマスになりそうです。職場でいい話が聞けたり、人の意外な一面を見ることもできるかも。自分の気持ちに素直になって、頼れる先輩に相談するにもいい運気です。
26（木）	△	つらいことや苦しいことに負けるより、快楽や誘惑に負けてしまうほうが恥ずかしいと思っておきましょう。仕事でも、サボったり力を抜いたりしないように。
27（金）	○	過ぎたことは、いつまでも考えたり言ったりしないことが大切です。自分も他人も、未来に向かっているのを忘れないように。過去のすべてに「おかげさま」と感謝して、前に進むようにしましょう。
28（土）	○	年末年始に必要なものを買いに行くといい日。お得なものを上手に見つけられそうですが、勢いで不要なものまで購入してしまうことがあるので、冷静に判断を。
29（日）	▽	午前中から片付けや大掃除をするといいでしょう。明日以降に延ばすと大きな失敗につながる可能性があります。夕方以降はヘトヘトになりそうなので、家でのんびり過ごしましょう。
30（月）	▼	予定が乱れやすく、物事が順調に進まない日。誘惑に負けて、1日を無駄に過ごしてしまうこともありそうです。今日はゆとりをもって早めに行動するよう心がけて。
31（火）	×	大晦日に体調を崩したり、家族や身近な人に振り回されてしまいそう。どうしても年内に間に合いそうにないことはキッパリ諦め、来年になってから手をつけるようにしましょう。

SILVER
HOROLOGIUM

第2部

銀の時計座がさらに運気を上げるために

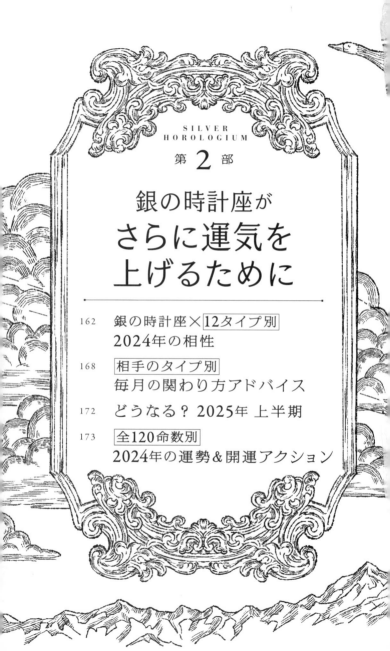

占いを使いこなすには
自分を占うだけではまだ半分。
人を占い、人を思いやって行動してこそ
人間関係はよりよいものになっていきます。
この先のページを読んで
人付き合いに活かしていきましょう。

銀の時計座×12タイプ別

相手が

金の

羅針盤座

［解放の年］

魅力が輝く最高の年がはじまる相手と、一区切りついて次に向かおうとしているあなたでは、考え方や価値観、受ける刺激が大きく異なる年。振り回されるかもしれませんが、この相手にできるだけ合わせたほうが、ラッキーな出来事が増えるでしょう。

恋愛 相手と付き合いたいなら、 面倒事が起こったり、 相手中心の交際になると覚悟しておきましょう。深い付き合いになるほど嫌な思いをすることになりそうです。 相手に甘えていると、 ネガティブな方向に気持ちをもっていかれることもありそうなので、 くれぐれも気をつけるように。

仕事 あなたの頑張りや実力を素直に評価してもらえなかったり、 相手の手柄になってしまいそうな年。 今年は相手のサポート役になると思っておいたほうがいいかも。 相手が上司なら、 あなたの悩みの種になるので辛抱すること。 部下の場合も、 相手がストレスの原因になりそうですが、 無駄な議論はしないようにしましょう。

初対面 本来なら学べることがありいい刺激を与えてくれる相手ですが、 このタイミングで出会った場合はあなたが我慢することになりそうです。 不快な気持ちにさせられることもあるかも。 縁が切れてしまったほうが互いに楽になるでしょう。

相手が

銀の

羅針盤座

［リフレッシュの年］

互いに体調に注意が必要な年。どちらかが病気になったり体調を崩す可能性が高いので、健康的に過ごすことを2人の目標にするといいでしょう。体によさそうな健康法などの情報交換をするのもオススメ。また、相手のストレスの原因にならないよう気をつけること。

恋愛 あなたとどこか似た恋愛観をもっている相手ですが、 今年は互いに噛み合わず、 つながりが弱くなってしまいそう。 2023年中にいい関係になっているなら、1~2月に気持ちを伝えてみるといいですが、 あなたと執着するところが違う相手なので、 多少の苦労は覚悟しておくように。

仕事 あなたとはこだわるところが違うタイプ。 今年はさらにリズムが合わず、互いにストレスの原因になってしまうかも。 相手が上司なら、 理解に苦しむような命令や指示をされそうですが、 慌てずゆっくり仕事を進めるように。 部下なら、あなたのやさしさが裏目に出てしまいそう。みんなで協力しあえる体制をつくっておきましょう。

初対面 一緒にいると疲れてしまいそうな相手。 とくに今年は、 深い関係になるとストレスの原因になりそうです。 短い付き合いになると思って割り切っておくといいでしょう。 相手のよいところをしっかり観察してみると、学べることがありそうです。

恋愛 恋愛相手との今年の相性　仕事 仕事相手との今年の相性　初対面 今年はじめて出会った人との相性

2024年の相性

今年の相性を知って、付き合い方の参考にしましょう。

相手が 金 の インディアン座 ［幸運の年］

あなたがどんな状況にいても、気にせず付き合いを続けてくれる人。あなたも変わらず接するといいですが、今年は心のブレやいつもとは違う感じが相手に伝わってしまいそう。相手を束縛すると逃げてしまうので、一緒にいるときは明るく楽しく振る舞うようにしましょう。

恋愛 悩みや不安があっても、この相手の前ではテキパキ動いて、元気な姿を見せておくといいでしょう。話したいときは「相談に乗ってくれない?」と突然連絡してみると、いい関係に進めそうです。ただ、今年はあなたから告白すると失敗しやすいので、相手の動きを待つことも大切でしょう。

仕事 長年積み重ねてきた努力が実る年の相手と、物事が一区切りついて次にやるべきことに進みはじめる年のあなたでは、仕事に対する考え方が大きく異なるでしょう。相手が上司なら、数字や時間はキッチリ守ること。部下なら、前向きな言葉をかけつつ、背中で教えるようにしましょう。

初対面 2024年の年末に出会えている場合は少し縁がありますが、それ以外の場合は縁がないと割り切って接しておきましょう。この相手から学べることは非常に多そうです。とくに相手の「人に執着しない生き方」を吸収しておくこと。

相手が 銀 の インディアン座 ［準備の年］

「乱気の年」のあなたと「準備の年」の相手では、噛み合わない感じがありそうです。互いに心をつかめず、何を考えているのかわからなくなってしまいそう。付き合いが長い場合は、「そんな一面もあるよね」くらいで済みそうですが、深入りすると大ゲンカやトラブルに発展する場合があるため気をつけて。

恋愛 この相手は執着心がないタイプ。遊ばれてもいいと思うならあっさり関係をもてそうです。ただし、あなたが本気になると関係が悪くなってしまうかも。今年だけの短い付き合いになる可能性が高いですが、距離を保ちつつ楽しんでみるといいでしょう。

仕事 互いに仕事へのやる気が出ない年。ただ、相手は運気好調ゆえに少し脱力している時期なので、あなたの状況とは異なります。一緒になって力を抜いたり遊んでしまうと厳しい状況になりそうです。相手が上司なら、臨機応変な対応を心がけて。部下なら、やる気をなくすようなことを言わないように。

初対面 今年はつながりが非常に弱いため、一緒に遊んだり楽しい時間を過ごすくらいの距離感でいるといいでしょう。ただ、あなたがマメにならないと自然消滅したり、縁が簡単に切れてしまいそうです。マイペースな相手ですが、計算している部分もあると忘れないように。

銀の時計座×12タイプ別

相手が
金の
鳳凰座
［ブレーキの年］

相手は実力が評価されるとき。一緒にいると自然と笑顔になれることがあるでしょう。相手と一度仲よくなっておくと、あなたを大切にしてくれそうです。困ったことがあれば、見栄を張らずに素直に相談してみるといいでしょう。

恋愛 相手から好意を寄せられているなら、交際をスタートしてみるといいでしょう。相手に頼るのはいいですが、甘えすぎないように。また面倒を見すぎても、うっとうしいと思われてしまう場合があるため、距離感を間違えないようにしましょう。

仕事 今年は、この相手の近くにいることでいい影響を受けられたり、自信がわいてくることがあるでしょう。相手が上司なら、仕事に集中できるよう上手にサポートするように。部下なら、安心して仕事に取り組めるよう、周囲との人間関係をフォローしてあげましょう。

初対面 相手のなかでのあなたの第一印象はあまりよくないかも。また、あなたも相手のことを面倒に感じるなどして、つながりが弱くなってしまいそうです。今年は縁がない相手だと思っておいたほうが、気楽に付き合えていいでしょう。

相手が
銀の
鳳凰座
［開運の年］

運気が最高にいい年の相手。影響力も強いでしょう。相手はしゃべりが雑なタイプなので、キツく聞こえたり、よかれと思ってかけてくれた言葉とわかっていても、厳しく感じてヘコんでしまうことがありそうです。近くにいるといい影響もありますが、ほどほどの距離感を保つように。

恋愛 本来なら安定感のある相手ですが、今年は相手の勢いがよすぎてあなたの心が乱され、噛み合わない感じになりそう。はじめて会ったときから相手に好意を寄せられている感じがあるなら押し切られることがありますが、相手にばかり都合のいい交際になる場合も。

仕事 相手の近くにいることで仕事が順調に進み安心できそうですが、不慣れなことや苦手なこと、レベルの高い仕事を求められる場合もありそう。我慢しなければならない場面が増えてヘコんでしまうことも。相手が上司なら、自信のない感じを相手の前で出さないように。部下なら、相手を信じて素直に頼ってみると、いい結果を出してくれるでしょう。

初対面 相手から見たあなたの第一印象が微妙になりそうな年。反対に、相手が今年のあなたを気に入った場合は、のちに「思っていた人と違う」と思われて面倒なことになる場合も。出会ったタイミングが悪かったと思っておきましょう。

恋愛 恋愛相手との今年の相性　仕事 仕事相手との今年の相性　初対面 今年はじめて出会った人との相性

2024年の相性

今年の相性を知って、
付き合い方の参考に
しましょう。

相手が 金の 時計座 [裏運気の年]

あなたと考え方や価値観が似ている相手。2023年は相手を理解できない感じがしたり気持ちが離れていたとしても、今年は2人だけが理解できるようなつながりができそうです。ただ、互いに進むべき道を間違えやすいときなので、何事も慎重かつ冷静に判断するように。

恋愛 相手もあなたも、つくしてもらいたいと思うタイプ。お互いのやさしさが裏目に出てしまうことがありそうです。よかれと思ったことを行動に移すのも大切ですが、今年は縁が簡単に切れやすいため要注意。もっと相手のことを理解しようと努めたり、先のことを考えて関わるようにしましょう。

仕事 互いに仕事に集中できない感じがしたり、不慣れなポジションを任されている年。これまでうまく協力できていた場合でも、今年の相手はストレスの原因になってしまいそう。相手が上司なら、仕事を押しつけられる覚悟をしておくこと。部下なら、何事もしっかり話し合うようにしましょう。

初対面 同じ目的があると惹かれ合いますが、今年は出会ったタイミングが悪く、感情的なケンカをして縁が切れてしまうかも。ただ、2人とも完全に縁を切ることが苦手なタイプなので、時間をあけてもう一度会ってみると、また仲よくなれることもあるでしょう。

相手が 銀の 時計座 [乱気の年]

あなたと同じ「乱気の年」の相手。互いの大変な状況や心の乱れをわかり合えそうです。近況報告をしてみると、「乱れ」にもいろいろあることを学べるでしょう。相手の話を聞いておくことで病気やケガ、無駄なトラブルを避けられることも。今年はときどき会って話す時間をつくるといいでしょう。

恋愛 2022年か2023年に出会っている場合は縁があるので、1~2月中に気持ちを伝えてみるとよさそうです。交際に至らなかった場合は友人として接していくといいでしょう。また、相手の欠点や雑なところが見えたら、自分にも似たところがあると思って気をつけること。

仕事 互いにやる気が出ない気持ちは理解できても、一緒にいるとイライラしたりストレスの原因が増えてしまいそうです。相手が上司なら、間違った指示や面倒な業務を押しつけられるかも。部下なら、相手の負担を上手に減らす方法を一緒に考えてあげましょう。

初対面 「乱気の年」に出会っていますが、互いに人との縁を大切にするタイプなので、運気が上向きのときは仲よくできそうです。ただ、付き合いが長くなったときに頑張りが足りていなかったり甘えすぎていると、縁を切られてしまうかも。努力を怠らないようにしましょう。

銀の時計座×12タイプ別

相手が 金 の カメレオン座 [チャレンジの年(1年目)]

互いに運気が動き出すときですが、あなたは下り坂で、相手は上り坂に入っている年。相手にリードしてもらおうとするとヘトヘトになってしまうので、互いに違う風景を見ている時期だと思っておきましょう。今年はグループで付き合うくらいがちょうどよさそうです。

恋愛 相手が頼りになる人に見えて、近づきたい気持ちが出てきそうな年。ただ、相手は前進する年なので、あなたのことを重荷に感じたり魅力がないと思っていそう。相手に夢を語ってみるとよさそうですが、最終的にはスルッと逃げられるか心をつかめない感じになるかも。

仕事 相手に任せてついていくことが大切。大きな結果が出るというよりは相手が大きく成長する姿を見られそう。相手が上司なら、一生懸命仕事をする姿を見せないと厳しい指摘を受けるかも。部下なら、突っ込まれないよう何事もしっかりと計画や計算をしてから伝えましょう。

初対面 あなたの気持ちのブレが原因で、相手から落ち着きのない人だと思われてしまいそう。本当に仲よくなれるのは最短で3年後なので、いまは学ぶ時期だと思って、自分に足りない部分を鍛えるようにしましょう。相手に相談をしてみると、ていねいに教えてもらえそうです。

相手が 銀 の カメレオン座 [整理の年]

本来ならいい縁がつながる相手ですが、今年は互いに運気が乱れているため、よさが見えず気持ちが離れてしまうかも。考え方や環境が大きく変わり、落ち着いて互いを理解する余裕がなくなりそうです。相手と長く一緒にいると不快に感じる場合があるので気をつけて。

恋愛 一緒に楽しい時間を過ごせたとしても、今年は互いに気持ちが離れたりつなぎ止められない感じになるでしょう。とくに、あなたの発言や態度がきっかけで、相手が縁を切りたいと思ってしまうこともあるので気をつけること。相手に甘えずしっかり自立しましょう。

仕事 仕事に対する不満や不安が増えはじめるあなたと、不満や不安を乗り越えたタイミングの相手では、仕事に対する考え方や気持ちが大きく異なるでしょう。相手が上司なら、頑張りを認めてもらえない場合がありますが、諦めず努力し続けることが大切です。部下なら、仕事以外での付き合いを大切にしてみるといいでしょう。

初対面 全タイプのなかで今年もっともつながりが弱い相手。どんなに素敵な人だとしても執着せず、短い付き合いになると思っておきましょう。ただ、3年以上たってから再会することができれば、縁がつながる可能性が少し高まります。それまでに自分をしっかり成長させておきましょう。

2024年の相性

今年の相性を知って、付き合い方の参考にしましょう。

相手が

金のイルカ座

［健康管理の年］

あなたの魅力が少しでも欠けると離れてしまう人です。「裏切られた」と思うのではなく、あなたが相手を楽しませられなかったり、頼りにしすぎた結果だと受け止めるようにしましょう。相手を退屈させないサービス精神が必要になりそうです。

恋愛 本来ならいい関係を築ける相手ですが、あなたが「乱気の年」に入るため、恋愛に対する考え方や価値観にズレが出てくるでしょう。あなたの口の悪さやネガティブな発言が相手を苦しめてしまい、あなたのもとを離れていってしまうことも。セフレ止まりになるケースもありそうです。

仕事 相手は今後の道を決めて前に進む年。一緒にいると助けてもらえそうですが、相手のパワーに振り回されたり、相手が先に次の段階に進んで突然おいていかれる場合も。相手が上司なら、頼まれ事は嫌な顔をせず即OKするように。部下なら相手の努力をほめ、結果が出たら認めてあげるといいでしょう。

初対面 あなたにとっては縁が薄い時期ですが、相手にとっては長い縁になるタイミングでの出会い。相手に気に入られないと、簡単に縁が切れてしまいそうです。周囲の人気者になる努力や、才能を磨く努力を怠らないようにするといいでしょう。

相手が

銀のイルカ座

［チャレンジの年（2年目）］

未経験のことに直面する機会が増える運気という意味では、相手と共通点があります。ただ、あなたは不慣れなことや苦手なことが多くなる年で、相手は前向きに物事に挑戦している年です。相手のスピードについていけなくなってしまうかもしれませんが、遊び心や何事にも楽しく取り組む姿勢を見習うといいでしょう。

恋愛 遊び相手としてはいいですが、体は満足できても心は満たされない感じになるかも。とくに今年は、このタイプと真剣な交際を望んでも相手に振り回されたり、もてあそばれて終わってしまいそうです。金銭トラブルも起こりやすいので、距離感を間違えないように。

仕事 あなたの心が乱れていてもそこまで気にする人ではないので、職場で明るく接してくれて、終業後の付き合いも楽しめそうです。相手が上司なら、多少噛み合わなくても明るい雰囲気を出しておきましょう。部下なら、気分で指示せず、冷静に言葉を選んで伝えるように。

初対面 無理に相手に合わせようとしないほうがいいタイミングです。あなたはあなたらしく、楽しいことやおもしろいことを見つけておけば、相手のほうからあなたを気にかけてくれるようになるでしょう。愚痴や不満ではなく「いま何が楽しいか」を話してみるとよさそうです。

相手のタイプ別
毎月の関わり方アドバイス

	相手が羅針盤座 金	相手が羅針盤座 銀	相手がインディアン座 金	相手がインディアン座 銀	相手が鳳凰座 金	相手が鳳凰座 銀
1月	最新の情報や流行を教えたり、おもしろい人を紹介するといいタイミング。	相手が新しいことに目を向けるきっかけをつくり、似合う髪型や服も提案してみて。	相手は体調を崩しがちな月。気遣いをして、温かい飲み物をあげるとよろこばれそう。	相手が最近ハマっていることを聞き、あなたもオススメの映画やドラマを伝えてみて。	おもしろい情報を教えるといい月。ドジな失敗話を楽しく聞いてみるのもオススメ。	運気のよさを教えてあげると、いい流れに乗れそう。相手の長所はドンドンほめて。
2月	今年の目標や将来の夢のことを語り合ってみて。前向きな話でいい関係になれそう。	ポジティブな話をしたり、信頼できる友人を紹介するといいでしょう。	魅力や才能を素直にほめ、苦労や頑張りを認めると、相手の才能が開花しそう。	体調を崩したり疲れをためている月。不調がないか観察しつつ、やさしく接して。	思い出話で絆が深まりそう。長い付き合いにしたいなら今月はマメに会うように。	話題のスポットやお店を教えてあげて。一緒に遊ぶとあなたの運気もアップしそう。
3月	疲れが顔に出ていたり元気のなさを感じるときは、負担を減らすようにしましょう。	相手は忙しく疲労がたまっている月。手伝えることを探し、話を聞くようにして。	いい勢いですがミスやドジも増える月。フォローしたり、一緒に笑ったりしましょう。	急でも遊びに誘うとよろこばれそう。知り合いを紹介すれば、いい友達になるかも。	一緒にいると流れが大きく変わる出来事がある月。調子に乗せるくらいおだててみて。	久しぶりでも連絡してみましょう。思い出話をするといい関係になれそうです。
4月	才能や個性を素直にほめてみて。ポジティブな話をして、互いに前を向きましょう。	疲れや睡眠不足で不機嫌になっているかも。無理させず、少し休んでもらいましょう。	相手は実力を出せて忙しい月。付き合いが長いならこれまでの頑張りを認め応援を。	遊びに誘うといい月。気を使って自ら誘えないタイプなので、よろこんでもらえそう。	やりたいことを応援し、一緒にいるとよさそう。互いに満足な結果を残せるでしょう。	「最高の運気」だと伝えてみましょう。一緒に過ごすことであなたにも幸運が訪れそう。
5月	相手は少し行動が雑になりがちな月。些細なことでヘコんでいたら、励ましてあげて。	一緒にストレス発散を楽しむといい月。スポーツやおもしろい話を積極的にしてみて。	大事な役割を任せるとよさそう。相手の魅力を周囲に伝えてあげるのもいいでしょう。	近況報告を兼ねて食事に誘いましょう。思い出話だけでなく、前向きな話も大切に。	相手が調子に乗りすぎて大失敗するかも。危険なときは注意するように。	相手に振り回されても一緒にいるのがオススメ。多少のワガママは受け入れましょう。
6月	これまでの苦労や努力を聞いてみるといいでしょう。思わぬ才能を見つけられるかも。	失敗やケガをして元気がないかも。励ましたり、オススメの本を紹介するとよさそう。	明るい妄想話やアイデアをたくさん聞いてみると、相手のよさを上手に引き出せそう。	お得な話がよろこばれる月。ポイ活や安くておいしいお店などの情報を教えてみて。	相手のワガママが出る月。失敗から学べるよう、距離をとって見守っておくこと。	相手は誘惑に流されたり、いろいろと雑になりがちな時期。うまくフォローして。

今月のほかのタイプはどんな運気？　全タイプの
相手について月ごとに接し方のコツをお伝えします。

	相手が 時計座		相手が カメレオン座		相手が イルカ座	
	金	銀	金	銀	金	銀
1月	ポイ活などのお得な情報で盛り上がりそう。節約や高見えするものの話をするのも吉。	相手の幸せな話をいろいろ聞いてみて。語り合うと感謝の気持ちがわいてきそう。	些細なことで悩んでいるかも。話を聞いたり「大丈夫」と言ってあげましょう。	相手は判断ミスをしやすい月。話をしっかり聞き、冷静になって考えるよう伝えて。	お節介がすぎると縁を切られたり、距離があくことも。ほどよい距離を保つように。	相手は、思い通りにならずイライラしている時期。頑張っていることを認めましょう。
2月	雑談したり、話を聞く時間をつくることが大事。冗談を言って相手を笑わせて。	相手は「守り」の時期。楽しく過ごしつつも、調子に乗せたり無理をさせるのはNG。	悩んだり空回りしている時期。いろいろな考え方があることをやさしく教えてみて。	不安や心配事を聞くといいですが、多くは妄想なので「考えすぎ」と伝えましょう。	最近できたお店の話などをするとよさそう。旬の料理を食べに誘うのもオススメ。	今月は距離をおかれても気にしないで。掃除道具の情報を伝えるとよろこばれそう。
3月	悩みや不安を抱えている月。相談に乗ったり、些細なことでも手助けしてあげて。	あなたの見えないところで問題が起きる可能性が。「困る前に相談してね」と伝えて。	別れて楽になることもあると伝えてみて。一流の人たちの苦労話を語るのもよさそう。	相手のマイナス面が見える月ですが、短所も見方を変えれば長所になると忘れないで。	イベントやライブ、飲み会に誘ってみましょう。新商品の情報を教えるのもよさそう。	相手は気持ちが前向きになっている時期。小さなことでも挑戦をうながしましょう。
4月	相手の雑な部分が見える月。集中できない理由を聞いて前向きなアドバイスを。	いつもと雰囲気が違うと感じたら、じっくり話を聞いて少しでも手助けするように。	友人との集まりに誘ってみましょう。最近ハマっているドラマなどを教えるのも吉。	成功でも失敗でも、過去に執着すると前に進めないということを伝えましょう。	相手の才能や個性をほめることが大切。友人を紹介するのもいいでしょう。	おもしろそうな情報はドンドン伝え、イベントやライブにも誘ってみて。
5月	相手は悲しい別れがある月。まったく関係のない、楽しい話をする時間も大切です。	相手はだまされたり間違った方向に決断しやすい月。落ち着いて話す時間をつくって。	互いに行ったことのないお店に誘い、食べたことのないメニューを試すといい経験に。	知り合いの集まりに誘ったり、本やドラマ、映画を紹介するといい関係を築けそう。	不機嫌なのは疲れている証拠。お菓子を渡したり仕事を手伝うなど、やさしく接して。	10年後の明るい未来を語り合うといいでしょう。将来の夢を話してみるのもよさそう。
6月	相手の気持ちが徐々に前向きになる月。新発売のお菓子や話題のお店の話をしてみて。	パーッと遊んで楽しみましょう。たくさん笑って過ごすことの大切さを教えてあげて。	3年後にどうなりたいかなど未来の話をすると、人生を考えるきっかけになりそう。	内面にも外見にも、いつもと違う変化がありそう。気づいてあげるといいでしょう。	将来の夢を応援してあげましょう。役立つ情報や前向きな話を伝え勇気を与えて。	疲れて元気がないかも。やさしく接し、カフェでゆっくり話を聞くといいでしょう。

相手のタイプ別
毎月の関わり方アドバイス

	相手が 羅針盤座 金	相手が 羅針盤座 銀	相手が インディアン座 金	相手が インディアン座 銀	相手が 鳳凰座 金	相手が 鳳凰座 銀
7月	相手の才能をドンドンほめて、前向きになれるよう背中を押してみましょう。	得意なことを任せるといい月。過去にハマった趣味の話をするのもオススメ。	愚痴が増えそう。前向きな話をしたり、過去の自慢話を聞いてみるといいでしょう。	なんでも抱え込んでしまうとき。雑談がてら相談に乗り本音を聞くといいでしょう。	相手が反省していたら許すことが大切。気持ちの切り替え方を教えるといいでしょう。	予想外の出来事が増える月。話を聞いて、些細なことでも協力してあげましょう。
8月	互いに協力するといい結果が出せそう。相手を調子に乗らせてみるといいでしょう。	結果を求められて忙しくなっている月。無理のない範囲でサポートしましょう。	無謀な行動に走りやすいとき。話を聞いて不安や心配を取り除いてあげましょう。	相手は心配事や不満がたまる時期。おもしろい話で盛り上げるとよさそうです。	相手は新たなことへゆっくりと動き出す月。興味をもちそうな情報を教えてあげよう。	相手は不要なものを処分したい時期。あなたにとって価値があるならもらいましょう。
9月	相手はネガティブな情報に振り回されやすい月。明るい未来について語り合って。	たくさん話を聞くのがオススメ。おいしいお店を教えたり、パーティーに誘うのも吉。	急に人との距離をとったり縁を切りたくなる月。ほどよい距離を保っておくこと。	やる気が出ず小さなミスが増えるとき。相手の話を聞いてみるとうまく助けられそう。	前向きになれる話や成功者のエピソードを話してみると、やる気になってくれそう。	相手は新しいことに挑戦する時期。ドンドン背中を押してきっかけをつくってみて。
10月	情に振り回されやすい月。余計なことを考えないよう楽しい時間を増やしましょう。	相手は疲れやすい時期。すすんで相談に乗り、周囲と協力し合って手助けを。	おもしろそうな情報をドンドン伝えましょう。人との出会いを増やす手伝いも大切。	無謀な行動に走りやすいとき。悩みを聞いたり、相手の長所を伝えてみて。	互いに将来の夢や未来の話をしてみると、頭も気持ちもスッキリ整理できそうです。	いつもと違う友人の集まりに誘うなど、相手の人脈を広げるために協力しましょう。
11月	掃除や整理整頓を手伝って、相手のいらないものを譲り受けるとよろこんでくれそう。	無理は禁物。こまめに休憩をとるようにうながし、会うのも短時間にとどめて。	急でもいいので食事に誘ったり知り合いを紹介すると、おもしろい縁がつながるかも。	しばらく集まっていないなら、あなたから連絡してプチ同窓会を開いてみましょう。	相手は元気そうに見えても疲れがたまりやすい時期。体調を気遣ってあげて。	将来の夢や人生の目標について話してみると、相手の気持ちが定まってきそうです。
12月	最新情報を教えたり、新たな人脈づくりの手伝いを。はじめての場所に誘うのも吉。	悩みを聞いて、別れを決めかねていたら背中を押して。笑える話をするのもオススメ。	1~2年先の目標を話してみましょう。大まかな方向をうまく定められそうです。	人脈を広げることが大切な月。知り合いを紹介したり、食事に誘ってみて。	相手は大きな幸せをつかむ月。うれしいことが起きたら一緒によろこびましょう。	疲れがたまる時期。相手が不機嫌なときは、甘いものや入浴剤を贈るのがオススメ。

あの人はいま、どんな月を過ごしているんだろう。
相手の運気のいいときに誘ってみよう!

	相手が 時計座 金	相手が 時計座 銀	相手が カメレオン座 金	相手が カメレオン座 銀	相手が イルカ座 金	相手が イルカ座 銀
7月	忙しい時期。愚痴や不満を漏らしていたら、前向きな話や未来の話に切り替えて。	新商品をプレゼントしたり話題のお店に誘うなど、未体験のことを一緒に楽しんで。	不機嫌そうにしていたら、「疲れてない?休んだら?」とやさしく気遣ってみましょう。	相手の好きなことを聞いてみるといい月。雑談から共通の趣味を見つけられるかも。	相手のミスをうまくフォローしつつ、しっかり確認を。ノリで遊びに誘うのもオススメ。	相手の話をリアクションよく聞き、うまく調子に乗せて楽しませるといいでしょう。
8月	感情的になりやすいとき。落ち着いてゆったりできる時間を一緒に過ごしてみて。	最近ハマっているおもしろい動画や芸人さんを教えると、相手もハマってくれそう。	才能や個性をほめて、相手が考え込む前に背中を押して動くきっかけづくりを。	疲れをためている月。おもしろい話をして笑わせてみると元気になってくれそう。	あなたから食事に誘ってみましょう。思い出のお店に行くと楽しい時間を過ごせそう。	相手はミスをしやすいとき。ドジな失敗をしたら一緒に笑ってフォローしよう。
9月	疲れをためやすい月。無理させないようにして、いい健康情報を教えてあげましょう。	人知れず問題を抱え込んでいるかも。無理していないか気にかけ、話を聞いてみて。	相手は小さなミスをしやすい時期。気にせず「ご愛嬌」と思ってやさしく接すること。	ポジティブな話を教えてあげるといい月。相手の人生を変えるきっかけになるかも。	相手の頑張りを認めて背中を押してみて。相談に応じると感謝してもらえそう。	「最近調子がいいね」と伝えたり、得意なことを任せると力をうまく引き出せるかも。
10月	前向きな話をたくさんしてみて。若手の芸能人やスポーツ選手の話題もよさそうです。	体の不調が出るとき。疲れていそうなら休ませて。栄養ドリンクを贈るのもオススメ。	子どものころの夢や昔の話を聞いてあげると、うまくやる気を引き出せるでしょう。	相手はドジな失敗をしやすい月。クヨクヨしていたら笑顔で接して、励まして。	中旬まではノリが大切。下旬は空回りしやすいので落ち着いて行動するよう助言を。	日ごろの感謝を伝えると、それをきっかけに相手が想像以上の活躍をしてくれそう。
11月	趣味や遊びの話をしてみて。相手が無謀な行動に走ったらあなたが止めるように。	上品な言葉遣いで話しかけてみて。言い方を変える遊びをしてみるといいかも。	相手をおだてて調子に乗せるとよさそう。いいところを素直に伝えてみましょう。	真面目に物事をとらえがちなとき。楽しく取り組めるようサポート役にまわって。	相手がイライラしていたら疲れている証。話を聞いて、できる範囲でフォローを。	長所をほめて頑張りを認めるように。いい本を見つけたら下旬に教えるといいかも。
12月	思い出の場所に誘うとよさそう。共通の知り合いがいるなら、みんなで集まるのも吉。	困ったときはお互いさま。ドジな失敗は一緒に笑い、笑えないミスは助けてあげて。	帰りの時間を決めてから会うようにしたり、食事やお茶をするなら短時間にすること。	才能や魅力が輝き、いい勢いもあるとき。悩んでいたら即行動するよう助言を。	意地を張って視野が狭くなってしまう時期。少しでも楽しい時間をつくるようにして。	ポジティブな話をして、ひとつの考え方にこだわらないようアドバイスしてみましょう。

どうなる? 2025年上半期

このページでは特別に、2025年上半期の運気をお伝えします。ちょっと先の運気までのぞいてみませんか。

出会いと別れのとき。意外な人脈を得られそう

総合運

学べることが増え、自分の考え方や生き方が変わるきっかけを得られる時期。いままで縁がなかったような人とのつながりができたり、これまで避けてきたタイプの人と仲よくなれることもあるでしょう。一方で、よかれと思ってした行動が裏目に出てしまうことや、身近な人や仲のよかった人があなたの元を離れていくこともありそうです。健康運は、この時期は体調を崩しやすいので、少しでも異変を感じたら早めに病院へ行きましょう。

恋愛&結婚運

「裏運気の年」だからこそ出会える人や仲よくなれる人が現れそうですが、寂しさや情だけで交際すると、後悔することになるので気をつけて。慎重に相手を選び、周囲の反応や意見はきちんと受け入れるようにしましょう。失恋もしやすい時期なので、恋人がいる人は日ごろの発言にはとくに気をつけ、恩着せがましくならないよう注意しておくこと。結婚運は、結婚を諦めていた人や結婚願望が薄い人ほど、急に決まることがありそう。

仕事&金運

これまでにないタイプの人に出会って困惑したり、想像とは違う展開になることがありそう。実力不足や知識不足、サボっていた部分を指摘されることもありますが、今後の課題だと思って受け止めると、大きく成長できるでしょう。自分のことばかり考えるとネガティブ思考に陥ってしまうので、感謝の気持ちをもち、恩返しのつもりで仕事に取り組んでみて。金運は、見栄でお金を使ったり予想外の出費が増えそうです。節約を心がけましょう。

命数ごとに
さらに詳しく占える

全120命数別
2024年の運勢
&
開運アクション

ここまでは12タイプごとに
運気を説明してきましたが
ここからは120命数ごとにさらに詳しく
開運のコツをお届けします。

命数ごとに

STEP 1 自分のことをもっと知ろう

銀の時計座

命数

35 人のために生きられる商売人

もっている星

★ フットワークが軽い星
★ ウソが上手な星
★ 買い物好きな星
★ 貧乏くさい人が嫌いな星
★ 膀胱炎の星

命数別 2024年の運勢&開運アクション 銀の時計座

基本性格 多趣味で視野が広く、計算して振る舞える

フットワークが軽く情報収集が得意な人で、ひとつ好きなことを見つけると驚くような集中力を見せます。視野が広いため、ほかに気になることを見つけると突っ走ってしまうことが多いでしょう。何事も損得勘定でしっかり判断でき、計算をすることが上手で、自分の立場をわきまえた臨機応変な対応もできます。多趣味・多才なため人脈も自然に広がり、知り合いや友人も多いでしょう。予定の詰め込みすぎには注意が必要です。

開運アクション

- 自分の発言に責任をもつ
- 計算や計画の間違いに気をつける
- 損な役割を楽しんでみる

2024年はこんな年 「努力」と「勉強」の年。言葉選びは慎重に

これまでならおもしろがってもらえていたような軽い発言が、今年は「信頼できない人」と思われる原因になってしまいそうです。適当なことを言わないよう注意しましょう。また、あなたのフットワークの軽さや多才なところが裏目に出たり、ソリが合わない人と一緒に過ごす時間が増えてしまうことも。地味で不得意な役割を任される場面もありそうですが、いまは地道に努力して学ぶ時期だと思っておきましょう。健康運は、お酒の飲みすぎに気をつけること。

恋愛&結婚 好きな人に振り回されたり、恋人に浮気される可能性が高い年。もともと注目を集めるような人を好むため、恋のライバルは多いタイプですが、今年はあなたの魅力が欠けやすく、思い通りに進まない状況が続いてしまいそう。一方で、地味でも真面目でやさしい人に出会える可能性もあります。見た目や雰囲気ではなく中身に目を向けてみると、素敵な人を見つけられるでしょう。結婚運は、まったくタイプではない相手と突然結婚を考えることがあるかも。冷静に判断しましょう。

仕事&お金 計算通りに仕事を進めにくい年。苦手なポジションでの業務や、事務作業などが増えてしまうかも。苦労に対して給料が見合わないように感じ、怒りが爆発して転職を考えてしまうこともありそうですが、「いままでが恵まれていたんだ」と思うようにしましょう。損な役割を担うことで、学べることもあるはずです。大変なときほど成長できるものだということを忘れないように。金運は、節約を楽しんでおきましょう。ただし、急な浪費で金欠になってしまう場合があるので気をつけて。

ラッキーカラー	ラッキーフード	ラッキースポット
ピンク、スカイブルー	ライ麦パン、豚しゃぶ	スパ、科学館

命数
詳しい調べ方は巻頭の折込をチェック

キャッチフレーズ もっている星 基本性格
あなたの性格を一言で表すなら?

ラッキーカラー ラッキーフード ラッキースポット
プレゼント、お土産、デート先のヒントに

開運アクション
命数ごとにより詳細な開運のコツ

2024年はこんな年
今年1年間の過ごし方アドバイス

STEP 2 気になる人を調べてみよう

あの人は今年どんな1年になるんだろう

※相手の生年月日から、タイプと命数を割り出してください(▶ 巻頭折込)

金の羅針盤座

命数

6 謙虚な優等生

もっている星

★ 真面目でまっすぐな星
★ ネガティブな星
★ 自信がない星
★ 押されたらすぐ落ちる星
★ 小銭が好きな星

ラッキーカラー	ラッキーフード	ラッキースポット
ピンク ラベンダー	たちうおの塩焼き 栗	温泉旅館 渓谷

基本性格 清潔感と品があり現実的だけど臆病者

真面目でおとなしく出しゃばったことをしない人。やや地味なところはありますが、清潔感や品格をもち、現実的に物事を考えられて、謙虚な心でつねに一歩引いているようなタイプです。他人からのお願いが断れなくて便利屋にされてしまう場合もあるので、ハッキリと断ることも必要。自分に自信がないのですが、ゆっくりじっくり実力をつけることができれば、次第に信頼・信用されるでしょう。臆病が原因で交友関係は狭くなりそうです。

2024年はこんな年 真面目にじっくり取り組んできた人ほど高く評価され、大きなチャンスをもらえる年。遠慮したり臆病になったりせず、思い切って行動しましょう。言いたいことをハッキリ伝えてみると、状況やあなたに対する周囲の扱いも変わってきそうです。完璧よりも場数を増やすことを目指すよう考え方を変えてみると、いい経験と人脈ができるでしょう。手先が器用なところも活かせそうです。健康運は、家でできる筋トレやストレッチをするといいでしょう。

開運アクション

- 聞き直って言いたいことを言ってみる
- 恥ずかしいと思ったら行動する
- イメチェンや自分磨きにケチケチしない

金の羅針盤座

命数 1

ネガティブな頑張り屋

もっている星
- ★ 負けを認められない星
- ★ 頑張りすぎる星
- ★ 友達の延長の恋の星
- ★ 空気が読めない星
- ★ スポーツをするといい星

ラッキーカラー ピンク イエロー
ラッキーフード ささみのチーズカツ 明太子
ラッキースポット スポーツ施設 遊園地

基本性格 サッパリとしているが、じつは人が苦手

負けず嫌いの頑張り屋。人と仲よくなることが得意ですが、本当は人が苦手。誰とでも対等に付き合いたいと思うところはありますが、真面目で意地っ張りで融通がきかないところがあり、人と波長が合わせられないタイプ。生意気なところが出てしまい、他人とぶつかることも多いでしょう。心が高校1年生から成長しておらず、サッパリとした性格ですが、ネガティブなことをすぐに考えてしまうところがあるでしょう。

2024年はこんな年

目標を達成し、同期やライバルに差をつけることができる運気。最高のパフォーマンスを発揮して、充実した日々を過ごせるでしょう。ハッキリとした目標を掲げたほうがより力を出せるので、年内に達成したい目標と、3~4年後に達成できそうな目標を立ててみるとよさそうです。また、今年はいい仲間もできるため、きつい言葉や言い方を出さないよう気をつけておきましょう。健康運は、スポーツをはじめて体力をつけるには最高の年です。

開運アクション

- 次の目標を掲げる
- 身近な人とのコミュニケーションを大切にする
- 後輩や部下の面倒を見る

金の羅針盤座

命数 2

チームワークが苦手な野心家

もっている星
- ★ 合理主義の星
- ★ 派手な星
- ★ 話を最後まで聞かない星
- ★ 追いかける星
- ★ 内弁慶の星

ラッキーカラー レッド ダークブルー
ラッキーフード かぼちゃコロッケ ウニ
ラッキースポット コンサート リゾート地

基本性格 ひとりで未知の世界に飛び込む行動派

頭の回転が速く、何事も合理的に物事を進めることが好きなタイプ。表面的な人間関係はできますが、団体行動が苦手で、好き嫌いが激しく出てしまう人。突然大胆な行動に走ってしまうことで周囲を驚かせたり、危険なことに飛び込んでしまったりすることもあるでしょう。ひとりでの旅行やライブが好きで、ほかの人が見ないような世界を知ることも多いはず。他人の話を最後まで聞かないところがあるので、しっかり聞くことが大事です。

2024年はこんな年

密かに自信をもって取り組んでいたことに、しっかり結果が出て満足できそうです。「やっぱり自分の思った通り」と感じるような出来事もあるでしょう。頑張りを隠すタイプですが、今年からは少しでもいいので前向きな姿勢を周囲に見せるとよさそうです。また、今年は憧れだったライブや旅行先に行けるようになったり、少しゆとりも出てくるでしょう。健康運は、いいスポーツトレーナーや指導者に出会い、体の調子を整えることができそうです。

開運アクション

- 頑張っている姿を少し見せる
- ライブや旅行に行く
- 人をしっかり観察する

金の羅針盤座

命数

3

上品でもワガママ

もっている星

★気分屋の星
★サービス精神の星
★スキンシップが多い星
★エロい星
★ダンスをするといい星

ラッキーカラー パープル ライトブルー
ラッキーフード 寿司 フレンチトースト
ラッキースポット レストラン 音楽フェス

基本性格 ネガとポジの矛盾を抱えた明るい人

陽気で明るくサービス精神が旺盛。つねに楽しく生きられ、上品な感じをもっている人。人の集まりが好きですが、本音は人が苦手で、ポジティブなのにネガティブと、矛盾した心をもっているタイプ。真面目に物事を考えるよりも楽観的な面を前面に出したほうが人生がスムーズにいくことが多く、不思議と運を味方につけられる人でしょう。自分も周囲も楽しませるアイデアが豊富ですが、空腹になると何も考えられなくなるでしょう。

2024年はこんな年

人生の楽しさやおもしろさを発見できる、最高の流れがはじまります。「金の羅針盤座」のなかでもっとも運がよく「明るい星」の持ち主のため、日々笑顔で過ごしていると心から笑えることや楽しい出来事が増えていくでしょう。多少空回りしてもいいのでサービス精神をドンドン出してみると、波長の合う友人ができたり、あなたをおもしろがってくれる人に出会えそうです。健康運は、楽しむのはいいですが、食べすぎ飲みすぎには要注意。食べたぶん運動するのも忘れずに。

開運アクション

- 明るさと笑顔を心がける
- 愚痴をやめて前向きな話をする
- コンプレックスを話のネタにする

金の羅針盤座

命数

4

余計な一言が多い真面目な人

もっている星

★情にもろい星
★センスがいい星
★恩着せがましい星
★情から恋に発展する星
★勘で買う星

ラッキーカラー ピンク ターコイズブルー
ラッキーフード 鯛の刺身 サンドイッチ
ラッキースポット 美術館 高級ホテル

基本性格 おしゃべりで勘が鋭く恩着せがましい人情家

何事も素早く判断できる頭の回転が速い人。短気なところもありますが、おしゃべりが好きで勘が非常に鋭いタイプ。人情家で情にとてももろい人ですが、人間関係をつくるのがやや下手なところがあり、恩着せがましいところや、自分が正しいと思った意見を押しつけすぎてしまう癖があるでしょう。感性も豊かで芸術系の才能をもち、新しいアイデアを生み出す力もあります。寝不足や空腹で簡単に不機嫌になってしまうでしょう。

2024年はこんな年

秘めていた才能が開花する年。直感が冴え、感性やセンスも活かせて楽しくなってくるでしょう。周囲が驚くようなアイデアを出せたり、ズバッとキレのいい発言をすることもできそうです。ただし、品のない言い方にならないよう、言葉はきちんと選ぶように。己の勘に従って行動することで、いい出会いや大きなチャンスをつかむことができるので、自分を信じて動いてみましょう。健康運は、ストレス発散のために運動すると、体力もついて一石二鳥になりそう。

開運アクション

- 直感を信じて行動する
- 言葉を選びつつハッキリ言う
- 運動をはじめてスタミナをつける

金の羅針盤座

命数

5

ネガティブな情報屋

もっている星

- ★商売人の星
- ★計画を立てる星
- ★多才な星
- ★都会的な人が好きな星
- ★お酒に注意の星

ラッキーカラー　ピンク　パープル

ラッキーフード　ローストビーフ　すもも

ラッキースポット　旅館　水族館

基本性格　アイデアは豊富だけど、適当でややネガティブ

多趣味・多才でいろいろなことに詳しく視野が広い人。根は真面目で言われたことを忠実に守りますが、お調子者のところがあり、適当なトークをすることがあります。一方で不思議とネガティブな面もある人。おもしろそうなアイデアを出したり、情報を伝えたりすることは上手です。好きなことが見つかると没頭しますが、すぐに飽きてしまうところもあるでしょう。部屋に無駄なものが集まりやすいのでマメに片付けたほうがいいでしょう。

2024年はこんな年

あなたの計算や計画の通りに物事が運びやすい年。情報収集力や、多趣味で多才なところをうまく活かせるでしょう。いろいろなことをやっておいてよかったと思える出来事もありそうです。自分ひとりだけが得する方向に進むより、周囲も得するように動くと、味方も増えて楽しく過ごせるようになるでしょう。あなたに必要な情報も入ってくるので、積極的に調べたり聞いたりしてみて。健康運は、ヨガやスポーツジムに通って体をしぼるといいでしょう。

開運アクション

- 人をほめる
- 互いに得することを考える
- 何事もプラス面を探す

金の羅針盤座

命数

6

謙虚な優等生

もっている星

- ★真面目でまっすぐな星
- ★ネガティブな星
- ★自信がない星
- ★押されたらすぐ落ちる星
- ★小銭が好きな星

ラッキーカラー　ピンク　ラベンダー

ラッキーフード　たちうおの塩焼き　栗

ラッキースポット　温泉旅館　渓谷

基本性格　清潔感と品があり現実的だけど臆病者

真面目でおとなしく出しゃばったことをしない人。やや地味なところはありますが、清潔感や品格をもち、現実的に物事を考えられて、謙虚な心でつねに一歩引いているようなタイプです。他人からのお願いが断れなくて便利屋にされてしまう場合もあるので、ハッキリと断ることも必要。自分に自信がないのですが、ゆっくりじっくり実力をつけることができれば、次第に信頼・信用されるでしょう。臆病が原因で交友関係は狭くなりそうです。

2024年はこんな年

真面目にじっくり取り組んできた人ほど高く評価され、大きなチャンスをもらえる年。遠慮したり臆病になったりせず、思い切って行動しましょう。言いたいことをハッキリ伝えてみると、状況やあなたに対する周囲の扱いも変わってきそうです。完璧よりも場数を増やすことを目指すよう考え方を変えてみると、いい経験と人脈ができるでしょう。手先が器用なところも活かせそうです。健康運は、家でできる筋トレやストレッチをするといいでしょう。

開運アクション

- 開き直って言いたいことを言ってみる
- 恥ずかしいと思ったら行動する
- イメチェンや自分磨きにケチケチしない

金の羅針盤座

命数

7

おだてに弱い正義の味方

もっている星
- ★正義の味方の星
- ★行動が雑な星
- ★恋で空回りする星
- ★ほめられたらなんでもやる星
- ★細かな計算をせず買い物する星

ラッキーカラー　レッド　ネイビー
ラッキーフード　うどん　ゴーヤチャンプルー
ラッキースポット　動物園　空港

基本性格　抜群の行動力だけど、ちょっとドジ

自分が正しいと思ったことを貫き通す正義の味方のような人。人にやさしく面倒見がいいのですが、人と距離をあけてしまうところがあります。正しい考えにとらわれすぎて、ネガティブになってしまうこともあるでしょう。行動力と実行力があるのですが、おだてに弱く、ほめられたらなんでもやってしまうところもあります。基本的に、雑でドジなところがあるので、先走ってしまうことも多いでしょう。

2024年はこんな年

もっとも正義感が強く、曲がったことが嫌いなタイプ。今年は大きな壁を乗り越えられて、あなた中心に世の中が動くと言ってもいいくらい、運を味方につけられるでしょう。自分の常識を周囲に押しつけず、いろいろな人の考えを認め、尊重しほめてみると、いい仲間も集まってきそうです。後輩や部下の面倒を見ることも大切なので、多少面倒でもプライベートで一緒に遊んでみるといいでしょう。健康運は、ヨガやストレッチをして体を柔らかくするとよさそう。

開運アクション
- 自信をもって行動する
- 「感謝・認める・ねぎらい」を忘れない
- 明るく笑顔でお願いをする

金の羅針盤座

命数

8

上品で臆病な人

もっている星
- ★上品な星
- ★マイナス思考な星
- ★人が苦手な星
- ★品のある人が好きな星
- ★肌と精神が弱い星

ラッキーカラー　ピンク　ブルー
ラッキーフード　スズキのムニエル　麻婆茄子
ラッキースポット　コンサート　アミューズメントパーク

基本性格　繊細でネガティブだけど、礼儀正しくお上品

真面目で上品、挨拶やお礼などの常識をしっかり守る人。ルールやマナーにもうるさく、できない人を見るとガッカリしてしまうことも多いでしょう。繊細な性格でネガティブな考えが強く、勝手にマイナスに考えてしまうところもあります。その点は、あえてポジティブな発言をすることで人生を好転させられるでしょう。臆病で人間関係が苦手、とくに初対面の人と打ち解けるまでに時間がかかってしまうことが多いでしょう。

2024年はこんな年

規則やルール、約束をもっとも守るキッチリしたタイプ。しっかり者ですが、メンタルの弱さが出てしまうことも。今年は、心も体も楽になり、あなたのこれまでの頑張りやしっかりやってきたことも評価されそうです。「真面目に取り組んできて正解だった」と思えますが、そのぶん周囲にいるだらしない人にイライラしやすいので、小さなことを気にして心を乱さないようにしましょう。健康運は、アロマを楽しんでみると、いいストレス発散になりそう。

開運アクション
- 度胸と勇気を出す
- 考える前に行動する
- 好きなアーティストのライブに行く

金の羅針盤座

命数 9

上品な変わり者

もっている星
★発想力がある星
★海外の星
★時代を変える星
★恋は素直になれない星
★束縛から逃げる星

ラッキーカラー ピンク ブルー
ラッキーフード にんにくのホイル焼き たけのこ
ラッキースポット 海外旅行 映画館

基本性格 理屈と言い訳が多い、新たな価値の提案者

ほかの人とは違った生き方を自然としてしまいます。周囲から「変わってる」と言われることがありますが、自分では真面目に過ごしています。理論と理屈が好きですが、屁理屈や言い訳が多くなってしまうタイプ。芸術系の才能や新たなことを生み出す才能をもっているため、天才的な能力を発揮することもあるでしょう。頭はいいですが、熱しやすく冷めやすいので、自分の好きなことがわからずにさまよってしまうところがあるでしょう。

2024年はこんな年

あなたの才能やセンスを活かすことができる年。色彩感覚やアイデア、企画力をおもしろがってもらえそうです。これまでは「ちょっと変な人」と思われていた人も「天才」と言われるようになってくるので、自分の好きなことをアピールしてみるといいでしょう。屁理屈をこねるのもいいですが、今年からはおもしろい話に変えて周囲を楽しませてみると、人気や注目を集められそうです。健康運は、肩こりや片頭痛に悩まされそうなのでスポーツジムで筋トレをするのがオススメ。

開運アクション

- アイデアや企画をドンドン出してみる
- 恋には素直になっておく
- 他人の才能をほめる

金の羅針盤座

命数 10

真面目な完璧主義者

もっている星
★プライドが邪魔する星
★知的好奇心の星
★教える星
★専門職の星
★年上に好かれる星

ラッキーカラー ピンク 藍色
ラッキーフード かに 野菜炒め
ラッキースポット 劇場 老舗旅館

基本性格 人に興味がなく我が道を突き進む職人気質

つねに冷静に物事を判断できる落ち着いた大人のような人。歴史や芸術が好きで、若いころから渋いものにハマっているでしょう。他人に興味がなく、距離をあけてしまうところや、上から目線の言葉が自然と出てしまうところもあるでしょう。ひとつのことを極めることができ、職人として最高の能力をもっているので、好きなことを見つけたらとことん突き進んでみるといいでしょう。ネガティブな発想になりすぎてしまうのはほどほどにしておきましょう。

2024年はこんな年

探求心と追求心があり、「完璧主義の星」をもった人。自分が認めた人以外にはめったに心をひらきませんが、今年は尊敬できる人や心を許せる人との出会いがありそうです。気になった場所には積極的に足を運び、人との交流を面倒だと思わないようにしましょう。つながりや縁を大切にすれば、あなたの才能やセンスのすごさに気づく人にも出会え、他人のミスを許せるようにもなりそうです。健康運は、朝からウォーキングをすると体が軽くなるでしょう。

開運アクション

- 人との交流を楽しんでみる
- 相手の才能や個性をほめる
- 生きるため以外のプライドは捨てる

銀の羅針盤座

命数 **1**

礼儀正しい頑張り屋

もっている星
★友人に影響を受ける星
★テンションが高校生の星
★少年っぽい人が好きな星
★胃が弱い星
★体力がある星

ラッキーカラー　オレンジ　ブルー
ラッキーフード　親子丼　りんご
ラッキースポット　公園　避暑地

基本性格　狭く深く仲間意識の強い、一生青春な若者

粘り強く真面目な頑張り屋タイプ。一度自分がこれだと見つけたことに最後まで一生懸命に取り組みます。仲間意識が強く友情を大切にしますが、友人に振り回されてしまうこともあるでしょう。心は高校1年生のまま、青春時代のままで生きているような人。友人の数は多くはなく、付き合いは狭くて深い人。反発心があり「でも、だって」が多く、若いころは生意気だと思われてしまうところがあり、他人からの言葉をネガティブにとらえることも多いでしょう。

2024年はこんな年

もともとパワフルなタイプですが、今年は疲れを感じやすく、イメージ通りに体が動かない感じになりそうです。同期やライバルに差をつけられて、イライラしたりストレスがたまることもあるかもしれませんが、いまは勝ちを譲るときだと思って、マイペースに過ごしましょう。スポーツや筋トレなどをして体を動かす習慣をつくると、うまくストレスを発散できるでしょう。健康運は、胃腸の調子を崩しやすいので、刺激の強い食べ物は控えるように。暴飲暴食も避けましょう。

開運アクション

- 意地を張って頑張りすぎない
- 異性の友人をつくる
- 周囲に協力する

銀の羅針盤座

命数 **2**

地道なことが好きな無駄嫌い

もっている星
★無駄が嫌いな星
★結論だけ聞く星
★上手にサボる星
★玉の輿に乗る星
★一攫千金の星

ラッキーカラー　ブラック　レッド
ラッキーフード　餃子　干し芋
ラッキースポット　温泉旅館　美術館

基本性格　合理的だけど先走る無謀な男の子

上品で控えめな性格に見えて、根は無駄なことが大嫌いな、合理的に生きる男の子のようなタイプ。団体行動が苦手で人付き合いも苦手ですが、表面的には人間関係を上手に築けるので、外側と中身が大きく違う人。頭の回転は速いのですが、話の前半しか聞かずに先走ることが多いでしょう。自分に都合が悪いことを聞かないわりには、ネガティブな情報に振り回されてしまうことも。一人旅に出るなど、大胆な行動に走る人でしょう。

2024年はこんな年

陰の努力が必要な最後の1年。周囲に知らせず密かに学んだり、地道に努力していることがあるなら、そのまま続けることが大切です。突然投げ出してしまうと、これまでの努力が水の泡になってしまいます。結果が出なくても焦らず、2025年から人生が変わると思って期待しておきましょう。健康運は、自己流の健康法が原因で体調を崩してしまうことがあるかも。極端なやり方はよくないと学べそうです。ヤケ酒などが原因で、ケガをしたり体調を崩しやすくなるので注意しましょう。

開運アクション

- 陰の努力や勉強を続ける
- ヤケを起こさない
- 遊園地に行く

銀の羅針盤座

命数 3

明るいマイナス思考

もっている星
★ワガママな星
★愚痴と不満が多い星
★甘え上手な星
★おもしろい人を好きになる星
★油断すると太る星

ラッキーカラー　レッド　ライトブルー
ラッキーフード　きのこのソテー　オレンジ
ラッキースポット　サウナ　喫茶店

基本性格　おしゃべりで人気者だけど、人が苦手

サービス精神が豊富で明るく品のある人。自然と人が周りに集まってきますが、人が苦手という不思議な星の持ち主。自ら他人に振り回されにいってしまいながらも、自分も周囲を自然と振り回してしまうところがあるでしょう。おしゃべりでワガママな面がありますが、人気を集めるタイプです。超ポジティブですが空腹になるとネガティブな発言が多くなり、不機嫌がすぐ顔に出るでしょう。笑顔が幸運を引き寄せます。

2024年はこんな年

喜怒哀楽がすぐに言葉や態度に出るタイプですが、とくに今年は疲れてイライラした態度をとってしまったり、口の悪さが出やすくなりそうです。ストレスがたまって暴飲暴食し、急激に太ってしまうこともあるので気をつけて。定期的に体を動かして、ダイエットや体重維持に努めておきましょう。健康運は、気管や肺の調子を崩したり、痛風や糖尿病になる場合があるかも。水を多めに飲むよう心がけ、食事の栄養バランスが偏らないよう十分に注意しておきましょう。

開運アクション

- 自分の機嫌は自分でとる
- 欲望に流されない
- 手料理をご馳走する

銀の羅針盤座

命数 4

繊細でおしゃべりな人

もっている星
★専門家になる星
★しゃべりすぎる星
★サプライズに弱い星
★ストレスをためやすい星
★基礎体力づくりが必要な星

ラッキーカラー　ホワイト　イエロー
ラッキーフード　ハンバーグ　グレープフルーツ
ラッキースポット　美術館　森林浴

基本性格　頭の回転が速く感性豊かで一言多い

好きなことをとことん突き詰められる情熱家。頭の回転が速く、なんでも勘で決める人。温和で上品に見えますが、根は短気でやや恩着せがましいところもあるでしょう。芸術的感性も豊かで表現力もありますが、おしゃべりで一言多いでしょう。粘り強いのですが、基礎体力がなく、イライラが表面に出てしまうところも。寝不足や空腹になると機嫌が悪くなり、マイナス思考や不要な発言が多くなってしまうでしょう。

2024年はこんな年

スタミナ不足を感じたり、疲れがなかなか抜けない感じになりそう。元気なときにスクワットなどの筋トレをして、体力をつけておくといいでしょう。水泳やランニングなどで体を鍛えるのもよさそうです。また、睡眠時間を増やしたり、日中仮眠をとるよう心がけておくこと。今年は些細なことでイライラして、周囲との関係が悪くなりやすいため、意識して上品な言葉を使うようにしましょう。健康運は、異変をそのままにしていると、入院や手術をすることになりかねないので要注意。

開運アクション

- 心が安らぐ音楽を聴く
- 愚痴を言うより人をほめる
- スクワットをして体力をつける

銀の羅針盤座 命数 5

品のある器用貧乏

もっている星
- ★お金も人も出入りが激しい星
- ★多趣味・多才な星
- ★お金持ちが好きな星
- ★散財する星
- ★好きなことが見つけられない星

ラッキーカラー　スカイブルー　ネイビー
ラッキーフード　オムライス　バナナ
ラッキースポット　水族館　コンサート

基本性格　多趣味すぎて好きなもののなかでさまよう

損得勘定が好きで、段取りと情報収集が得意な、幅広く物事を知っている上品でおしゃれな人。好きなことにはじっくり長くハマりますが、視野が広いだけに自分は何が好きなのかを見つけられずにフラフラすることもあるでしょう。多趣味なのはいいのですが、部屋に無駄なものがたまりすぎてしまうことも。お調子者ですが、ややネガティブな情報に振り回されてしまうのと、人付き合いはうまいのに、本音では人が苦手なところがあります。

2024年はこんな年

何かと予定以上に忙しくなり、疲労がたまってしまいそう。時間に余裕をもって行動し、ヒマな日をつくっておくようにしましょう。遊びの誘いや遅い時間帯の付き合いも増えそうですが、急な予定変更は避け、事前に約束しているものだけに参加するほうがよさそうです。興味がわくことを見つけると一気にパワーが出るタイプですが、今年は視野を広げすぎず、何事もゆったり楽しんでみましょう。健康運は、お酒が原因で体調を崩したり、ケガをしてしまうことがあるので気をつけること。

開運アクション

- 予定を詰め込まない
- 安請け合いをしない
- 趣味を楽しむ時間をつくる

銀の羅針盤座 命数 6

受け身で誠実な人

もっている星
- ★サポート上手な星
- ★尿路結石の星
- ★地味な星
- ★一途な恋の星
- ★根はMの星

ラッキーカラー　ラベンダー　スカイブルー
ラッキーフード　のり巻き　キウイ
ラッキースポット　スパ　滝

基本性格　品があり臆病でゆっくり進む誠意ある人

真面目でやさしく、じっくりゆっくり物事を進めるタイプ。品はありますが、やや地味になってしまうところもあります。言われたことは完璧にこなすことができるでしょう。現実的に物事を考えるのはいいことですが、臆病になりすぎてしまったり、マイナス情報に振り回されてしまったりと、石橋を叩きすぎてしまうこともあるタイプ。初対面の人や人間関係を広げることが苦手で、つねに一歩引いてしまうところがあるでしょう。

2024年はこんな年

断ることが苦手で、損するとわかっていても面倒なことを引き受けてしまうタイプ。今年は想像以上に忙しくなり、精神的な疲れが一気にたまってしまいそうです。好きな音楽を聴いたり、気を使わずにいられる人と遊ぶ時間をつくるようにしましょう。話しやすい人や、たくさん笑わせてくれる人と一緒に過ごすのもいいでしょう。健康運は、冷えが原因で婦人科系の病気や尿路結石、膀胱炎などになりやすいので要注意。肌荒れに悩むこともありそうです。

開運アクション

- 断る勇気をもつ
- 湯船にしっかり浸かってから寝る
- 好きな音楽を聴く時間をつくる

銀の羅針盤座

命数

7

ネガティブで正義感が強い人

もっている星

★ 無謀な行動に走る星
★ 人任せな星
★ 仕切りたがる星
★ 押しに弱い星
★ 下半身が太りやすい星

ラッキーカラー　ブルー　ホワイト

ラッキーフード　わかめそば　ぶどう

ラッキースポット　動物園　タワー

基本性格　面倒見がいいのに人が苦手で不器用な行動派

自分が正しいと思ったら突っ走る力が強く、せっかちで行動力はありますが、やや雑です。好きなことが見つかると粘り強さを発揮します。正義感があり面倒見が非常にいいのですが、不思議と人が苦手で人間関係をつくることに不器用な面があるでしょう。おだてに極端に弱く、ほめられたらなんでもやってしまうところも。年上の人から好かれることが多いのですが、その人次第で人生が大きく変わってしまうところもあるでしょう。

2024年はこんな年

持ち前の行動力とパワーが弱まりそうな年。これまで頑張ってきたぶん、一息つくタイミングです。無理をせず、しっかり休んで充電しましょう。慌てるとケガをしたり体調を崩してしまいそうです。おだてに弱いため、もち上げてくる人に便利屋のごとく使われないよう気をつけること。健康運は、腰痛や足のケガ、骨折などをしやすくなるので、雑な行動は避けるように。つねに品よく、ていねいな振る舞いを意識しましょう。

開運アクション

- 時間にゆとりをもって動く
- ふざけた行動は控える
- 助けてくれた人に感謝を伝える

銀の羅針盤座

命数

8

常識を守る高貴な人

もっている星

★ 気品のある星
★ 約束やルールを守る星
★ 人間関係が苦手な星
★ 精神的に頼れる人が好きな星
★ スキンケアが大事な星

ラッキーカラー　ブルー　ライトブルー

ラッキーフード　ウニのパスタ　メロン

ラッキースポット　庭園　コンサート

基本性格　お金持ちから好かれるネガティブな貴婦人

礼儀正しく、上品で何事にも几帳面でていねいなタイプ。臆病で人間関係をつくることが苦手ですが、上司や先輩、お金持ちから自然と好かれてしまう人。やさしく真面目ですが、ネガティブに物事をとらえすぎる癖があり、マイナスな発言が多くなってしまう人でしょう。言われたことを完璧にできますが、一方で言われないとなかなかやらないところもあるでしょう。見栄っ張りなところもあり、不要な出費も多くなりそうです。

2024年はこんな年

キッチリした性格がアダになり、精神的な疲れがたまってしまいそう。自分のことだけでなく、ほかの人の雑な部分まで気になってイライラしてしまいそうです。コミュニケーションがうまくとれずにストレスになることも。困ったときは素直に助けを求め、周囲の人に甘えてみると楽になれそうです。健康運は、手荒れ、湿疹など疲れが肌に出てしまうかも。上手にストレスを発散するよう心がけましょう。好きな香りをかぐと、リラックスできそうです。

開運アクション

- 少しくらい雑でもいいと思う
- 楽しく話してくれる人に会う
- 好きな香りをかぐ

銀の羅針盤座

命数 **9**

斬新な生き方をする臆病な人

もっている星
- ★革命を起こす星
- ★超変態な星
- ★自由に生きる星
- ★長い恋が苦手な星
- ★飽きっぽい星

ラッキーカラー ホワイト ブルー
ラッキーフード スープカレー プリン
ラッキースポット 映画館 美術館

基本性格 人と違った才能をもつ、人が苦手な異端児

上品でていねいですが、自由を求める変わり者。芸術や美術、周囲とは違った才能をもっています。デザインや色彩の才能、企画やアイデアを出すことでひとつの時代をつくれるくらい、不思議な生き方をします。表面的な人付き合いはできますが、本音は人が苦手で束縛や支配から逃げてしまうところも。一族のなかでも変わった生き方をし、突然これまでとはまったく違った世界に飛び込んでしまう場合があり、熱しやすく冷めやすい人でしょう。

2024年はこんな年

いまの環境や仕事に飽きて、急に引っ越しや転職を考えてしまいそうな年。今年の決断はのちの苦労や疲れの原因になるため、2025年まではようすを見るようにしましょう。それまでは自分の得意なことや好きなことを磨いておくといいでしょう。芸術系の習い事をはじめたり、アート作品を観に行ってみると、気持ちも落ち着いてきそうです。また、他人を小馬鹿にするような言葉遣いをしないよう、十分注意すること。健康運は、視力の低下や目の疲れ、首の痛みなどが出てくるかも。

開運アクション
- 現状維持を楽しむ
- 小馬鹿にするようなことを言わない
- 芸術鑑賞に出かける

銀の羅針盤座

命数 **10**

マイナス思考の研究家

もっている星
- ★年上から好かれる星
- ★完璧主義の星
- ★言い訳が多い星
- ★理屈と理論の星
- ★尊敬できないと恋ができない星

ラッキーカラー パープル ホワイト
ラッキーフード 鉄火巻き 干し柿
ラッキースポット 書店 神社仏閣

基本性格 物事を突き詰められて、年上に好かれる人間嫌い

つねに冷静に物事を判断して、好きではじめたことは最後まで貫き通し、完璧になるまで突き詰めることができる人。人になかなか心を開きませんが、尊敬すると一気に仲よくなって極端な人間関係をつくる場合も多いタイプ。ただし、基本的には人間関係が苦手です。考えが古いので、年上の人や上司から好かれることも多いでしょう。偏食で好きなものができると飽きるまで食べすぎてしまうところも。疑い深く、ネガティブにもなりやすいでしょう。

2024年はこんな年

疲れがたまって集中しづらくなったり、考えがうまくまとまらなくなりそう。人間関係の面倒事にイライラすることも増えてしまうかも。昼寝などをして睡眠を長くとり、できないときは目を閉じる時間を少しでもつくっておくといいでしょう。また今年は、プライドを手放してみましょう。周囲に頭を下げると、結果的に自分を守ることができるでしょう。健康運は、肩こりや首の痛み、片頭痛や目の疲れなどが原因で集中力が低下しそう。こまめに運動やストレッチをしておきましょう。

開運アクション
- 昼寝をする
- 言葉遣いをやさしくする
- 尊敬できる人に相談する

金のインディアン座 命数 11

好奇心旺盛な心は中学3年生

もっている星
- ★裏表がない星
- ★色気がない星
- ★浪費癖の星
- ★マメな人に弱い星
- ★胃腸が弱い星

ラッキーカラー ピンク ブルー
ラッキーフード たこ焼き クリームシチュー
ラッキースポット 運動場 キャンプ場

基本性格 誰とでも親しくなれる裏表のない少年

負けず嫌いな頑張り屋。サッパリとした性格で、女性の場合は色気がまったく出ない人が多く、男性はいつまでも少年っぽい印象があるでしょう。心が中学3年生くらいからまったく成長していないので、無邪気で好奇心も旺盛。やや反発心をもっているので若いころは生意気なところがありますが、裏表の少ない性格と誰とでもフレンドリーなところから幅広い知り合いができることも多いでしょう。妄想が激しくなりすぎるのはほどほどに。

2024年はこんな年 もっともマイペースですが、今年は自分のペースを守ったおかげで評価されたり、ほかの人が到達できない場所にまでたどり着くことができるでしょう。気力や責任感もあるタイプなので、信頼も集まってきそうです。付き合いの長い人と組むことで、楽しい時間も増えるでしょう。意見が食い違ったときは、言い方が悪かったと思ってよりよい言葉や表現を学ぶと、あなたの能力をもっと活かせるようになりそうです。健康運は、長く続けられそうな運動をはじめるといいでしょう。

開運アクション
- 表現を学ぶ
- 親友を大切にする
- 自分も周囲も笑顔にする

金のインディアン座 命数 12

冒険が好きな楽観主義者

もっている星
- ★単独行動の星
- ★努力を見せない星
- ★逃げると追いかけたくなる星
- ★一発逆転をねらう星
- ★独自の健康法にハマる星

ラッキーカラー ブラック ダークブルー
ラッキーフード ぶりの照り焼き ラズベリー
ラッキースポット 古都 音楽フェス

基本性格 時代をつくる才能がある、無邪気なお気楽者

刺激と変化を求める無邪気な人。心は高校1、2年生で止まったままの好奇心旺盛なタイプ。やや落ち着きがなく無計画な行動に突っ走ってしまうところもありますが、新しいことや時代の流れに素早く乗ることができ、ときには時代をつくれる人。誰も知らない情報をいち早く知っていたり、流行のさらに一歩先を進んでいることもあるでしょう。団体行動が苦手で少人数や単独行動のほうが気楽でいいでしょう。

2024年はこんな年 本領を発揮できる年。これまで陰で努力をし頑張りを表に出さないようにしてきた人も、能力の高さを見抜かれ、いよいよ秘めていた力を発揮する流れになりそうです。今年は、心の内で思っていたことや隠していた実力をできるだけ出してみるようにしましょう。周囲が驚くような結果を出せたり、今年から人生が大逆転するような流れをつくることができるでしょう。健康運は、格闘技や筋トレなど、ハードな運動をするのがオススメです。

開運アクション
- 何事も全力で取り組む
- 付き合いの長い人を大切にする
- 思い出のあるアーティストのライブに行く

金のインディアン座 命数13 一生陽気な中学生

もっている星

- ★無邪気な星
- ★言ったことを忘れる星
- ★助けられる星
- ★夜の相性が大事な星
- ★扁桃腺が弱い星

ラッキーカラー ピンク ライトブルー
ラッキーフード さんまの蒲焼き ブルーベリー
ラッキースポット コンサート 遊園地

基本性格 交友関係が広い無邪気な人気者

明るく陽気でおしゃべり、無邪気で楽観主義、見た目も心も若く中学2、3年生からまったく成長していないような人。楽しいことが好きで情報を集めたり、気になることに首を突っ込んだりすることが多いぶん、飽きっぽく落ち着きがないところもあるでしょう。ワガママな部分はありますが、陽気な性格がいろいろな人を引きつけるので、不思議な知り合いができて交友関係も自然と広くなるでしょう。空腹で機嫌が悪くなる点には気をつけて。

2024年はこんな年

おもしろいことや楽しいことを見つけるのがもっともうまいタイプ。今年は、忙しいながらもラッキーなことが多いでしょう。人との関わりも増えていろいろな縁がつながるので、知り合いの輪を広げてみて。多少ワガママを言っても問題ありませんが、冗談のつもりで発した余計な一言が原因で味方が減ってしまうことも。言葉遣いには気をつけ、礼儀や挨拶も忘れないようにしましょう。健康運は、のどを痛めやすいので、こまめにうがいをすること。

開運アクション

- 知り合いに知り合いを紹介する
- やさしい人を大切にする
- 礼儀や挨拶はしっかりする

金のインディアン座 命数14 瞬発力だけで生きる中学生

もっている星

- ★語りたがる星
- ★頭の回転が速い星
- ★勘で買い物する星
- ★センスのいい人が好きな星
- ★短気な星

ラッキーカラー レッド ターコイズブルー
ラッキーフード 冷や奴 チーズ
ラッキースポット アミューズメントパーク 美術館

基本性格 根っから無邪気なおしゃべり

何事も直感で決め、瞬発力だけで生きている人。独特の感性をもち、周囲が驚くような発想をすることもあるでしょう。空腹になると短気になります。生まれつきのおしゃべりで、何度も同じようなことを深く語りますが、根っから無邪気で心は中学生のまま。気になることにドンドンチャレンジするのはいいですが、粘り強さがなく、諦めが早すぎてしまうこともあるでしょう。人情家ですが、執着されることを自然と避けてしまうでしょう。

2024年はこんな年

直感に従って行動することで幸運をつかめる年。遠慮せずに自分のアイデアや思いをドンドン発してみるといいでしょう。ただし、何事も言い方ひとつで変わるものなので、下品な言い方をしないよう気をつけて。品のいい言葉や、相手が受け入れてくれそうな表現を選びましょう。そのためにも、素敵な言葉を学んだり、語彙を増やす努力をすることが大事です。健康運は、筋トレやストレッチをしながら、明るい妄想をするといいでしょう。

開運アクション

- 品のいい言葉を選ぶ
- 直感を信じて粘ってみる
- ていねいに説明する

金のインディアン座

命数

15 情報収集が得意な中学生

もっている星
★視野が広い星
★親友は少ない星
★脂肪肝の星
★おしゃれな人を好きな星
★流行の先を行く星

ラッキーカラー　レッド　ネイビー
ラッキーフード　鮭のバターソテー　フルーツヨーグルト
ラッキースポット　水族館　百貨店

基本性格　計算が得意で広い人脈をもつ情報屋

あらゆる情報を入手することに長けた多趣味・多才な情報屋のような人。段取りと計算が得意で、フットワークも軽くいろいろな体験や経験をする人でしょう。お調子者でその場に合わせたトークもうまいので人脈は広がりますが、知り合い止まりくらいの人間関係を好むでしょう。家に無駄なものやガラクタ、昔の趣味のもの、服などが多くなってしまうのでマメに片付けるように。損得勘定だけで判断するところもあるのでほどほどに。

2024年はこんな年

もっとも情報集めが好きでフットワークが軽いタイプ。今年は多趣味・多才で経験も豊富なあなたの、これまでうまく活かしきれていなかった才能が評価され、独自の価値として受け止めてもらえそうです。これまで出会った人とのつながりも活かせ、おもしろい縁が広がってくるでしょう。過去に苦労したことが、いい経験だったと思えるような出来事もありそうです。健康運は、お酒の飲みすぎに要注意。忙しくなっても睡眠時間はしっかり確保するようにしましょう。

開運アクション

- 懐かしい人にたくさん会う
- お得な情報を発信する
- 守れない約束はしない

金のインディアン座

命数

16 誠実で陽気な中学生

もっている星
★陽気だが自信はない星
★地道なことが好きな星
★セールが好きな星
★妄想恋愛の星
★お酒に注意の星

ラッキーカラー　レッド　スカイブルー
ラッキーフード　切り干し大根　ししゃも
ラッキースポット　海水浴　デパート

基本性格　新しもの好きで情報通の慎重派

真面目でやさしく地道にコツコツと積み重ねるタイプ。好奇心が旺盛で新しいことが好きですが、気になることを見つけても慎重なため情報ばかり集めて、ようす見ばかりで一歩前に進めないことが多いでしょう。断り下手で不慣れなことでも強くお願いをされると受け入れてしまい、なんとなく続けていたもので大きな結果を残すこともできる人。自信がなく、自分のことをおもしろくないと思い、ときどき無謀な行動に走っては後悔することも。

2024年はこんな年

地道な努力をしてきたり、ときには遠回りして苦労や経験をたくさん積んできた人ほど、うれしいことが多い年。長く苦労してきた人は、今年でそれも終わりそうです。チャンスや評価を得られるので、遠慮したり臆病になったりせず、しっかり受け止めましょう。あなたがよろこぶことで周囲も笑顔になるはずです。大きな幸せを手にする順番が回ってきたと思って、積極的な行動や、自分ができることのアピールをしておきましょう。健康運は、白湯を飲む習慣を身につけるとよさそう。

開運アクション

- 悩む前に行動する
- 言いたいことはハッキリ伝える
- 目立つことを恐れない

金のインディアン座

命数

17 妄想好きなリーダー

もっている星
★行動力がある星
★独立心のある星
★顔の濃い人が好きな星
★腰痛の星
★貸したお金は戻ってこない星

ラッキーカラー　レッド　ネイビー
ラッキーフード　カルボナーラ　えびフライ
ラッキースポット　動物園　ホテル

基本性格　おだてに弱く面倒見はいいが大雑把

実行力と行動力があり、気になることがあるとすぐに飛びつく人。視野が広くいろいろなことに興味を示しますが、ややせっかちなため飽きが早く、深く追求しないところがあり、雑な部分が増えてしまうでしょう。心が中学2、3年生のままでおだてに極端に弱く、ほめられたらなんでもやってしまうところがありますが、正義感があり面倒見がいいので先輩・後輩から慕われることも多く、まとめ役としても活躍するタイプでしょう。

2024年はこんな年

自分でも驚くほど行動力が増し、結果もついてくる年。遠慮はいらないので、己の勘を信じてドンドン動いてみましょう。ただ、新たな挑戦は年末にするのがオススメです。それまでは、これまでの経験や人脈を最大限に活かして動くといいでしょう。後輩や部下の面倒を見ることで、いい仲間もできそうです。発言が雑になりやすいタイプなので、ていねいな言葉を選び、自分にしかわからないような言い方は避けるように。健康運は、腰痛に注意したほうがよさそうです。

開運アクション

- 目立つポジションを選ぶ
- 若い人と遊ぶ
- ハッキリ言うときほど言葉を選ぶ

金のインディアン座

命数

18 上品な中学生

もっている星
★他人と争わない星
★うっかりミスが多い星
★白いものを買う星
★外見で恋をする星
★日焼けに弱い星

ラッキーカラー　ピンク　ライトブルー
ラッキーフード　からあげ　空心菜
ラッキースポット　コンサート　花火大会

基本性格　お金持ちから好かれやすい気遣い上手

無邪気ですが上品で礼儀正しい人。好奇心旺盛でいろいろなことに興味を示しますが、慎重に情報を集めてていねいに行動するタイプ。楽観的に見えても気遣いをすることが多く、精神的に疲れやすいところもあるでしょう。目上の人やお金持ちの人から好かれやすく、不思議な人脈もできやすいですが、根は図々しいところがあります。心は中学2、3年生から変わっていないのでどこか子どもっぽいところがあり、見た目も若い雰囲気でしょう。

2024年はこんな年

マイペースですが真面目で上品なところがあるタイプ。今年は、何事もていねいに進めてきたあなたが認められそうです。これまでの人脈がつながっていい縁ができたり、チャンスがめぐってくるので、臆病にならず、周囲の期待に応えるつもりで全力をつくすといいでしょう。尊敬や憧れの対象だった人とお近づきになれたり、運よく仲よくなれることもありそうです。健康運は、ヨガやダンスなどで汗を流すと、肌の調子も整うでしょう。

開運アクション

- チャンスに臆病にならない
- 考える前に行動する
- 恋も仕事も両方頑張る

金のインディアン座

命数 **19**

好奇心旺盛な変わり者

もっている星
★好奇心旺盛な星
★不思議な話が好きな星
★妙なものにお金を使う星
★特殊な才能に惚れる星
★束縛が大嫌いな星

ラッキーカラー　レッド　ブルー
ラッキーフード　ひつまぶし　甘納豆
ラッキースポット　映画館　美術館

基本性格　理屈っぽいが無邪気な子どもで自由人

好奇心豊かで、気になることをなんでも調べる探求心と追求心があるタイプ。熱しやすくて冷めやすく、つねに新しいことや人とは違う何かを追い求めてしまう人。理屈好きで屁理屈も多いので周囲から変わった人だと思われてしまうことも多いでしょう。心は小学6年生くらいで止まったままの子どものように無邪気な自由人。芸術や美術など創作する能力がありますが、飽きっぽいため好きなことが見つかるまでいろいろなことをするでしょう。

2024年はこんな年

あなたの個性的な発想力や才能が認められる年。ほかの人とは違う情報や知識をもっていたり、屁理屈が多いので、いままでは「変わり者」と思われていたかもしれませんが、今年は、それが「才能」だと気づいてもらえるでしょう。熱しやすく冷めやすい面もありますが、今年は簡単に諦めないように。これまでに得た知識や経験でほかの人の役に立てるよう工夫してみると、一気に注目を集められるでしょう。健康運は、目の病気になりやすいので、こまめに手を洗うこと。

開運アクション

- ほめられたら素直によろこぶ
- ほかの人の個性や才能を認める
- 飽きても途中で諦めず、粘ってみる

金のインディアン座

命数 **20**

理屈が好きな中学生

もっている星
★他人に頼らない星
★尊敬できる人を崇拝する星
★めったに心を開かない星
★知識のある人を好きになる星
★目の病気の星

ラッキーカラー　レッド　ピンク
ラッキーフード　鮭のおにぎり　オクラサラダ
ラッキースポット　神社仏閣　劇場

基本性格　探求心旺盛で上から目線になりやすい理屈屋

中学生のような純粋さと知的好奇心をもち、情報を集めることが好きな人。周囲から「いろいろ知ってますね」と言われることも多い人。探求心もあるので、一度好奇心に火がつくと深くじっくり続けることができます。見た目が若くても心が60歳なので、冷静で落ち着きがありますが、理屈が多くなったり評論したりと上から目線の言葉も多くなってしまいそう。友人は少なくてもよく、表面的な付き合いはうまいですが、めったに心を開かない人でしょう。

2024年はこんな年

「金のインディアン座」のなかではもっとも冷静で落ち着いているタイプ。無邪気なときと大人っぽいときとで差がありますが、物事を突き詰める才能をもち、知的好奇心が旺盛で伝統や文化にも理解があります。今年は、これまでに得た知識や技術をうまく活かすことができたり、若手の育成や教育係としての能力に目覚めそう。苦労や困難を乗り越えた経験はすべて、話のネタやあなたの価値に変わっていくでしょう。健康運は、食事のバランスを整えるよう意識しましょう。

開運アクション

- 尊敬している人に会いに行く
- 仕事は細部までこだわってみる
- 経験や学んできたことを若い人に伝える

銀のインディアン座

命数 **11**

マイペースな子ども大人

もっている星
- ★超マイペースな星
- ★反発心がある星
- ★指のケガの星
- ★身近な人を好きになる星
- ★胃腸が弱い星

ラッキーカラー イエロー ブルー

ラッキーフード たら鍋 柿

ラッキースポット キャンプ場 スポーツ観戦

基本性格 サバサバしていて反発心がある頑張り屋

超マイペースな頑張り屋。負けず嫌いなところがありますが、他人に関心は薄く、深入りすることやベッタリされることを避けてしまう人。心は中学3年生からまったく成長しないままで、サバサバした性格と反発心があるので、「でも、だって」が多くなってしまうでしょう。妄想が好きでつねにいろいろなことを考えすぎてしまいますが、土台が楽観的なので「まあいいや」とコロッと別のことに興味が移って、そこでまた一生懸命になるでしょう。

2024年はこんな年

「銀のインディアン座」のなかでもっとも勝ち負けにこだわる頑張り屋ですが、今年は負けたり差をつけられても気にせず、勝ちを素直に譲るようにしましょう。スポーツや趣味の時間を楽しむなどして、心と体をしっかり充電させておくと、2025年からの運気の流れにうまく乗れそうです。今年は「本気で遊ぶ」を目標にするといいでしょう。ただし、お金の使いすぎには要注意。健康運は、食べすぎで胃腸が疲れてしまうことがあるかも。

開運アクション

- 無駄な反発はしない
- スポーツや趣味を楽しむ
- 勝ちを譲る

銀のインディアン座

命数 **12**

やんちゃな中学生

もっている星
- ★斬新なアイデアを出す星
- ★都合の悪い話は聞かない星
- ★旅行が好きな星
- ★刺激的な恋をする星
- ★ゴールを見ないで走る星

ラッキーカラー ブラック オレンジ

ラッキーフード 穴子寿司 さくらんぼ

ラッキースポット リゾート地 イベント会場

基本性格 内と外の顔が異なる単独行動派

淡々とマイペースに生きていますが、刺激と変化が大好きで、一定の場所でおとなしくしていられるタイプではないでしょう。表面的な部分と内面的な部分とが大きく違う人なので、家族の前と外では別人のようなところもある人。他人の話を最後まで聞かずに先走ってしまうほど無謀な行動が多いですが、無駄な行動は嫌いです。団体行動が嫌いで、たくさんの人が集まると面倒に感じてしまい、単独行動に走ってしまうタイプでしょう。

2024年はこんな年

旅行やライブに出かける機会が増え、楽しい刺激をたくさん受けられる年。仕事を最小限の力でうまく回せるようにもなるでしょう。ただし、周囲からサボっていると思われないよう、頑張っている姿を見せることが大切です。連休の予定を早めに立てて、予約なども先に済ませておくと、やる気がわいてくるでしょう。ダラダラ過ごすくらいなら思い切って遠方のイベントに行ってみるなど、持ち前の行動力を発揮してみて。健康運は、睡眠時間を削らないよう心がけること。

開運アクション

- 相手をよく観察する
- 頑張っている姿を見せる
- 旅行やライブに行く予定を組む

銀のインディアン座

命数

13 愛嬌がある アホな人

もっている星

★超楽観的な星
★よく笑う星
★空腹で不機嫌になる星
★楽しく遊べる人を好きになる星
★体型が丸くなる星

ラッキーカラー　パープル　ライトブルー

ラッキーフード　かれいの煮付け　いちご

ラッキースポット　コンサート　遊園地

基本性格　運に救われるサービス精神旺盛な楽天家

明るく陽気な超楽観主義者。何事も前向きにとらえることができますが、自分で言ったことをすぐに忘れてしまったり、気分で言うことがコロコロ変わったりするシーンも多いでしょう。空腹が耐えられずに、すぐに機嫌が悪くなってしまい、ワガママを言うことも多いでしょう。心は中学2、3年生からまったく成長していませんが、サービス精神が豊富で周囲を楽しませることに長けています。運に救われる場面も多い人でしょう。

2024年はこんな年

遊び心とサービス精神の塊のような人で、いつも明るく元気なタイプですが、今年はさらにパワーアップできる運気です。楽しいことやおもしろいことが増え、最高の年になるでしょう。一方で、忘れ物やうっかりミスをしたり、ワガママな発言が増えてしまうことも。食べすぎで急に体重が増えてしまうこともあるので、快楽に流されないよう気をつけておきましょう。健康運は、遊びすぎに要注意。疲れをためると、のどの不調につながりそうです。

開運アクション

- いつも明るく元気よく、サービス精神を忘れない
- 品よくていねいな言葉遣いを意識する
- 勢いで買い物をしない

銀のインディアン座

命数

14 語りすぎる 人情家

もっている星

★頭の回転が速い星
★一言多い星
★直感で行動する星
★スリムな人を好きになる星
★体力がない星

ラッキーカラー　ホワイト　イエロー

ラッキーフード　ヒラメの刺身　ピーナッツ

ラッキースポット　劇場　旅館

基本性格　人のために行動するが、極端にマイペース

頭の回転が速いですが、おしゃべりでつねに一言多く、語ることが好きです。何度も同じ話を繰り返してしまうことも多いでしょう。極端にマイペースで心は中学3年生からまったく成長していない人です。短気で恩着せがましいところもあります。また、人情家で他人のために考えて行動することが好きなところがある一方で、深入りされるのを面倒に感じるタイプ。空腹と睡眠不足になると不機嫌な態度になってしまう癖もあるでしょう。

2024年はこんな年

何事も直感で決めるタイプですが、今年は気分で判断すると大きなミスにつながる場合があるので注意しましょう。とくに、寝不足や疲れた状態が続くと、勘が外れやすくなってしまいます。また、発言がキツくなることもあるため、言いすぎたり短気を起こさないよう気をつけること。相手のことを考えて言葉を選び、品のある伝え方を学んでみるといいでしょう。健康運は、楽しみながらスタミナをつけられる運動や趣味をはじめるとよさそうです。

開運アクション

- たくさん遊んでストレスを発散する
- 大事なことはメモをとる
- 口が滑ったらすぐに謝る

銀のインディアン座

命数

15 多趣味・多才で不器用な中学生

もっている星

★ 予定を詰め込む星
★ 視野が広い星
★ 知り合いが多い星
★ 趣味のものが多い星
★ ペラい人にハマる星

ラッキーカラー　スカイブルー　ホワイト

ラッキーフード　あんこう鍋　ピスタチオ

ラッキースポット　水族館　アミューズメントパーク

基本性格　先見の明があり、妄想話を繰り返す情報通

多趣味・多才で情報収集能力が高く、いろいろなことを知っているタイプ。段取りと計算が得意ですが、根がいい加減なので詰めが甘いところがあるでしょう。基本的に超マイペースですが、先見の明があり、流行のさらに一歩先を行っているところもあります。家に無駄なものやガラクタが集まりやすいので、いらないものはマメに処分しましょう。妄想話が好きなうえに、何度も同じような話をすることが多く、心は中学3年生のままでしょう。

2024年はこんな年

もともと情報収集が好きですが、今年は間違った情報に振り回されてしまいそうです。遊ぶ時間や衝動買いが増え、出費もかさんでしまうかも。楽しむのはいいですが、詰めの甘さが出たり、欲張ると逆に損をすることもあるので注意しておきましょう。多趣味な一面もありますが、今年は趣味にお金をかけすぎないよう工夫し、自分だけでなく周囲も楽しめるアイデアを考えてみましょう。健康運は、お酒の飲みすぎや予定の詰め込みすぎで、疲労をためないように。

開運アクション

- 情報をよく確認する
- 自分の得だけを考えない
- 新しい趣味をつくる

銀のインディアン座

命数

16 やさしい中学生

もっている星

★ なんとなく続ける星
★ 真面目で誠実な星
★ 謙虚な星
★ 片思いが長い星
★ 冷えに弱い星

ラッキーカラー　レッド　ホワイト

ラッキーフード　雑炊　鶏肉のカシューナッツ炒め

ラッキースポット　映画館　スパ

基本性格　社会に出てから才能が光る超マイペース

真面目で地味なことが好き。基本的に人は人、自分は自分と超マイペースですが、気遣いはできます。ただし遠慮して一歩引いてしまうところがあるでしょう。自分に自信がなく、中学まではパッとしない人生を送りますが、社会に出てからジワジワと能力を発揮するようになります。やさしすぎて便利屋にされることもありますが、友人の縁を思い切って切り、知り合い止まりの人間関係ができると才能を開花させられるでしょう。

2024年はこんな年

ケチケチせずに、しっかり遊んで楽しむことが大切な年。人生でもっとも遊んだと言えるくらい思い切ってみると、のちの運気もよくなるでしょう。旅行に出かけたり、気になるイベントやライブに足を運ぶのもオススメです。ただ、今年出会った人とは一歩引いて付き合うほうがいいでしょう。とくに、調子のいいことを言う人には気をつけておくこと。お得に思える情報にも振り回されないように。健康運は、手のケガをしやすくなるので注意が必要です。

開運アクション

- 明るい感じにイメチェンする
- 自ら遊びに誘ってみる
- 遊ぶときはケチケチしない

銀のインディアン座

命数

17 パワフルな中学生

もっている星
- ★面倒見がいい星
- ★根は図々しい星
- ★無計画なお金遣いの星
- ★ギックリ腰の星
- ★ほめてくれる人を好きになる星

ラッキーカラー ホワイト ネイビー
ラッキーフード そうめん さばの塩焼き
ラッキースポット 遊園地 食フェス

基本性格 不思議な友人がいるマイペースなリーダー

実行力と行動力とパワーがあるタイプ。おだてに極端に弱く、ほめられたらなんでもやってしまう人です。面倒見のいいリーダー的な人ですが、かなりのマイペースなので、突然他人任せの甘えん坊になってしまうことも多いでしょう。行動が雑なので、うっかりミスや打撲などにも注意。何事も勢いで済ませてしまう傾向がありますが、その図々しい性格が不思議な知り合いの輪をつくり、驚くような人と仲よくなることもあるでしょう。

2024年はこんな年

雑な行動が目立ってしまいそうな年。勢いがあるのはいいですが、調子に乗りすぎると恥ずかしい失敗をしたり、失言やドジな出来事が増えやすいので気をつけましょう。ほめられると弱いタイプだけに、悪意のある人にもち上げられる場合も。相手が信頼できる人なのか、しっかり見極めるようにしましょう。後輩や部下と遊んでみると、いい関係をつくれそうです。健康運は、段差でジャンプして捻挫したり、腰痛になるかも。とくに足のケガには注意すること。

開運アクション
- おだてられても調子に乗らない
- 職場の人間関係を楽しむ
- 雑な言動をしないよう気をつける

銀のインディアン座

命数

18 マイペースな常識人

もっている星
- ★性善説の星
- ★相手の出方を待つ星
- ★本当はドジな星
- ★肌が弱い星
- ★清潔感あるものを買う星

ラッキーカラー レッド ライトブルー
ラッキーフード うなぎの白焼き 甘酒
ラッキースポット 音楽フェス お祭り

基本性格 上品でキッチリしつつ楽観的で忘れっぽい

礼儀とマナーをしっかりと守り上品で気遣いができる人。マイペースで警戒心が強く、他人との距離を上手にとるタイプです。キッチリしているようで楽観的なので、時間にルーズなところや自分の言ったことをすぐに忘れてしまうところがあるでしょう。心が中学2、3年生から変わっていないので、見た目は若く感じるところがあります。妄想や空想の話が多く、心配性に思われることもあるでしょう。

2024年はこんな年

小さなミスが増えてしまいそうです。もともと几帳面なタイプですが、めったにしない寝坊や遅刻、忘れ物をして、周囲を驚かせてしまうことがあるかも。一方で今年は、遊ぶといい運気でもあります。とくにこれまで経験したことのない遊びに挑戦してみると、いい思い出になるでしょう。イベントやライブ、フェスでいい経験ができたり、遊び方やノリを教えてくれる人にも出会えるでしょう。健康運は、日焼け対策を念入りにしておかないと、後悔することになりそうです。

開運アクション
- イベントやライブなどに行く
- モテを意識した服を着る
- 遊ぶときは本気で楽しむ

銀のインディアン座

命数

19 小学生芸術家

もっている星

★ 時代を変えるアイデアを出す星
★ 言い訳の星
★ 屁理屈の星
★ あまのじゃくな恋の星
★ お金が貯まらない星

ラッキーカラー　ホワイト　ブルー

ラッキーフード　煮込みうどん　シナモンロール

ラッキースポット　劇場　イベント会場

基本性格　好きなことと妄想に才能を見せるあまのじゃく

超マイペースな変わり者。不思議な才能と個性をもち、子どものような純粋な心を備えていますが、あまのじゃくなひねくれ者。臆病で警戒心はありますが、変わったことや変化が大好きで、理屈と屁理屈、言い訳が多くなります。好きなことになると驚くようなパワーと才能、集中力を出すでしょう。飽きっぽく継続力がなさそうですが、なんとなく続けていることでいい結果を残せるでしょう。妄想が才能となる人でもあります。

2024年はこんな年

視野が広がり、おもしろい出来事が増える年。何もかも手放して自由になりたくなることがあるかもしれませんが、現状の幸せは簡単に手放さないように。海外旅行などをして、これまで行ったことのない場所を訪れたり未経験のことに挑戦すると、いい刺激になり人生がおもしろくなってくるでしょう。いままで出会ったことのないタイプの人と仲よくなって、楽しい時間を過ごすこともできそうです。健康運は、結膜炎になる可能性があるので注意しておくこと。

開運アクション

- 見知らぬ土地を旅行する
- おもしろそうな人を探す
- 美術館や劇場に行く

銀のインディアン座

命数

20 マイペースな芸術家

もっている星

★ 深い話が好きな星
★ 理屈っぽい星
★ 冷たい言い方をする星
★ 芸術にお金を使う星
★ 互いに成長できる恋が好きな星

ラッキーカラー　ホワイト　藍色

ラッキーフード　ふぐ　梅干し

ラッキースポット　美術館　老舗旅館

基本性格　不思議なことにハマる空想家

理論と理屈が好きで、探求心と追求心のある人。つねにいろいろなことを考えるのが大好きで、妄想と空想ばかりをする癖があります。表面的には人間関係がつくれますが、本音は他人に興味がなく、芸術や美術、不思議な物事にハマることが多いでしょう。非常に冷静で大人な対応ができますが、テンションは中学3年生くらいからまったく変わっていないでしょう。尊敬できる人を見つけると心を開いてなんでも言うことを聞くタイプです。

2024年はこんな年

完璧主義な性格ですが、今年は80点の出来でも「よくできた」と自分をほめるように。物事に集中しづらくもなりそうですが、遊びや趣味を楽しんでみると、やる気を復活させられるでしょう。ふだんならしっかり準備することも、今年は「このくらいでいいかな」と雑な感じになりそうです。ただ、それでもうまくいくことがわかって、少し余裕ができるかも。失言もしやすくなるので、エラそうな言い方はしないこと。健康運は、趣味にハマりすぎて睡眠時間を削らないよう注意して。

開運アクション

- やさしい言葉を使う
- 失敗をおもしろく話す
- 趣味の勉強をする

金の鳳凰座

命数

21 頑固な高校1年生

もっている星

★ 忍耐力のある星
★ 昔の仲間に執着する星
★ 計算が苦手な星
★ 好きなタイプが変わらない星
★ 夜が強い星

ラッキーカラー　イエロー　ブルー
ラッキーフード　こんにゃくの煮物　スイートポテト
ラッキースポット　スポーツ観戦　キャンプ場

基本性格　仲間意識を強くもつが、ひとりでいるのが好きな人

サッパリと気さくな性格ですが、頑固で意地っ張りな人。負けず嫌いな努力家で、物事をじっくり考えすぎてしまうことが多いでしょう。仲間意識を強くもちますが、ひとりでいることが好きで、単独行動が自然と多くなったり、ひとりで没頭できる趣味に走ったりすることも多いでしょう。しゃべりが苦手で反発心を言葉に出してしまいますが、一言足りないことでケンカになってしまうなど、損をすることが多い人でしょう。

2024年はこんな年

負けず嫌いを押し通して問題ない年。12月まで絶対に諦めない気持ちで頑張り続けるといいでしょう。すでに結果が出ている場合は、謙虚な姿勢を忘れないことが大切。上半期は、よきライバルやともに頑張る仲間ができるため、協力し合うことを素直に楽しんでみて。一緒にスポーツをすると、ストレス発散にもなってよさそうです。健康運は、下半期に胃腸の調子を崩しやすいので、バランスのとれた食事を意識しましょう。

開運アクション

- 協力を楽しんでみる
- 異性の友人を大切にする
- 年末まで諦めない

金の鳳凰座

命数

22 単独行動が好きな忍耐強い人

もっている星

★ 陰で努力する星
★ 孤独が好きな星
★ 豪快にお金を使う星
★ 刺激的な恋にハマる星
★ 夜無駄に起きている星

ラッキーカラー　ブラック　ダークブルー
ラッキーフード　麻婆豆腐　みかん
ラッキースポット　ライブハウス　スポーツジム

基本性格　内なるパワーが強く、やり抜く力の持ち主

向上心や野心があり、内に秘めるパワーが強く、頑固で自分の決めたことを貫き通す人。刺激が好きで、ライブや旅行に行くと気持ちが楽になりますが、団体行動が苦手でひとりで行動することが好きなタイプ。決めつけがかなり激しく、他人の話の最初しか聞いていないことも多いでしょう。心は高校3年生のようなところがあり、自我はかなり強いですが、頑張る姿や必死になっているところを他人には見せないようにする人です。

2024年はこんな年

長年の夢や希望が叶う年。がむしゃらに頑張る姿を見せないぶん、周囲からなかなか評価されないタイプですが、今年はあなたの実力や陰の努力を認めてくれる人にやっと出会えるでしょう。秘めていた力を発揮する機会も訪れそう。趣味や遊びで続けていたことが、無駄ではなかったと思えるような出来事が起きる場合もあるため、遠慮せず自分をアピールしてみるといいでしょう。健康運は、年末に独自の健康法がアダになってしまうことがあるので、気をつけるように。

開運アクション

- 秘めていた能力を出してみる
- フットワークを軽くする
- 仲間をつくって大切にする

金の鳳凰座

命数

23 陽気なひとり好き

もっている星
★ おおらかな星
★ 楽しくないと愚痴る星
★ とりあえず付き合う星
★ 間食の星
★ 趣味にお金をたくさん使う星

ラッキーカラー　レッド　ライトブルー
ラッキーフード　ハヤシライス　グレープフルーツ
ラッキースポット　レストラン　コンサート

基本性格　運に救われる明るい一匹オオカミ

ひとつのことをじっくり考えることが好きですが、楽観主義の人。頑固で決めたことを貫き通しますが、「まあなんとかなるかな」と考えるため、周囲からもどっちのタイプかわからないと思われがち。サービス精神はありますが、本音はひとりが好きなため、明るい一匹オオカミのような性格。空腹が苦手で、お腹が空くと何も考えられなくなり、気分が顔に出やすくなるでしょう。不思議と運に救われますが、余計な一言に注意は必要。

2024年はこんな年

運のよさを実感でき楽しく過ごせる年。自分だけでなく周囲も楽しませるつもりで、持ち前のサービス精神をドンドン発揮してみましょう。いい人脈ができ、おもしろい仲間も集まってきそうです。ただし、調子に乗りすぎて余計な発言や愚痴、不満を口にしていると、信用を失ってしまいます。冗談のつもりでも、笑えなければただの悪口で、自ら評判を落とすだけだと思っておきましょう。健康運は、下半期からはとくに運動するよう心がけ、食事は腹八分目を意識しましょう。

開運アクション

- おいしいお店を見つけて周囲に教える
- 調子に乗っても「口は災いのもと」を忘れない
- カラオケやダンスをする

金の鳳凰座

命数

24 冷静で勘のいい人

もっている星
★ 決めつけが強い星
★ 過去にこだわる星
★ 思い出にすがる星
★ 第一印象で決める星
★ 寝不足でイライラする星

ラッキーカラー　オレンジ　ターコイズブルー
ラッキーフード　じゃがバター　きなこ餅
ラッキースポット　神社仏閣　ショッピングモール

基本性格　機嫌が言葉に出やすい感性豊かな頑固者

じっくり物事を考えながらも最終的には「勘で決める人」。根はかなりの頑固者で自分の決めたルールを守り通したり、簡単に曲げたりしないタイプ。土台は短気で、機嫌が顔に出て、言葉にも強く出がちですが、余計な一言は出るのに、肝心な言葉が足りないことが多いでしょう。想像力が豊かで感性もあるため、アイデアや芸術系の才能を活かせれば力を発揮する人でもあるでしょう。過去に執着する癖はほどほどに。

2024年はこんな年

上半期は直感を信じて動き、下半期は嫌な予感がしたら立ち止まって冷静に判断するといいでしょう。頭の回転が速くなり、いい判断ができたりアイデアも冴えて、自分でも驚くような才能を開花させられる年になりそうです。とくに長く続けてきたことで大きな結果が出るので、評価をしっかりよろこんでおきましょう。ただし、順調に進むとワガママな発言が増えてくるため、言葉はきちんと選ぶように。健康運は、年末に向けてスタミナをつける運動をしておきましょう。

開運アクション

- 「過去は過去」「いまはいま」と切り替える
- いい言葉を口にする
- 資格取得のための勉強をはじめる

金の鳳凰座 命数

25 ひとりの趣味に走る情報屋

もっている星
★計画が好きな星
★ひとりの趣味に走る星
★趣味で出費する星
★おしゃれな人を好きになる星
★深酒をする星

ラッキーカラー オレンジ ネイビー
ラッキーフード ラタトゥイユ グレープフルーツ
ラッキースポット 温泉旅館 百貨店

基本性格 偏った情報や無駄なものまで集まってくる

段取りと情報収集が好きで、つねにじっくりゆっくりいろいろなことを考える人。幅広く情報を集めているようで、土台が頑固なため、情報が偏っていることも。計算通りに物事を進めますが、計算自体が違っていたり勘違いで突き進むことも多いでしょう。部屋に無駄なものや昔の趣味のもの、着ない服などが集まりやすいのでマメに片付けましょう。気持ちを伝えることが下手で、つねに一言足りないでしょう。

2024年はこんな年

計画していた以上の結果に、自分でも驚くことがありそうです。仕事もプライベートも忙しくなり、あっという間に1年が過ぎてしまうでしょう。ひとりの趣味を楽しむのもいいですが、今年は交友関係が広がるような趣味をはじめるのもオススメの運気です。また、美意識をもっと高めてみてもいいでしょう。健康運は、お酒の席が増えたり夜更かしが続くと、下半期に疲れが出るので気をつけましょう。予定を詰め込みすぎず、ゆっくり休む日をあらかじめつくっておくとよさそうです。

開運アクション

- フットワークを軽くする
- 趣味を増やす
- 価値観の違う人と話す

金の鳳凰座 命数

26 我慢強い真面目な人

もっている星
★我慢強い星
★引き癖の星
★貯金の星
★温泉の星
★つくしすぎてしまう星

ラッキーカラー オレンジ イエロー
ラッキーフード おからの煮物 豚のしょうが焼き
ラッキースポット 温泉 音楽ライブ

基本性格 ひとりで慎重に考えてゆっくり進む

頑固で真面目で地味な人。言葉を操るのが苦手です。受け身で待つことが多く、反論することや自分の意見を言葉に出すことが苦手で、一言二言足りないことがあるでしょう。寂しがり屋ですが、ひとりが一番好きで音楽を聴いたり本を読んだりしてのんびりする時間がもっとも落ち着くでしょう。何事も慎重に考えるため、すべてに時間がかかり、石橋を叩きすぎてしまうところがあります。過去に執着しすぎてしまうことも多いでしょう。

2024年はこんな年

結果が出るまでに、もっとも時間のかかるタイプ。注目されるのを避けすぎると、せっかくのいい流れに乗れなくなってしまうこともあるので、今年は目立つポジションも遠慮せずに受け入れてみましょう。何事もできると信じ、不慣れなことでも時間をかけて取り組むように。周囲の信頼に応えられるよう頑張ってみましょう。健康運は、下半期は冷えが原因で体調を崩しやすくなりそうです。基礎代謝を上げるためにも定期的な運動をしておきましょう。

開運アクション

- 勇気を出して行動する
- 自分をもっと好きになってみる
- 言いたいことはハッキリ言う

金の鳳凰座

命数

27 猪突猛進なひとり好き

もっている星

★パワフルな星
★行動が雑な星
★どんぶり勘定の星
★押しに弱い星
★足をケガする星

ラッキーカラー	オレンジ ネイビー
ラッキーフード	トマトソースパスタ メロン
ラッキースポット	映画館 空港

基本性格 ほめられると面倒見がよくなる行動派

自分が正しいと思ったことを頑固に貫き通す正義の味方。曲がったことが嫌いで、自分の決めたことを簡単には変えられない人ですが、面倒見がよく、パワフルで行動的です。ただし、言葉遣いが雑で、一言足りないケースが多いでしょう。おだてに極端に弱く、ほめられるとなんでもやってしまいがちで、後輩や部下がいるとパワーを発揮しますが、本音はひとりが一番好きなタイプ。自分だけの趣味に走ることも多いでしょう。

2024年はこんな年

実力でポジションを勝ちとれる年。一度決めたことを貫き通す力がもっともあるタイプなので、これまでうまくいかなかったことでも流れを変えられたり、強力な味方をつけることができそうです。おだてに乗れるときはドンドン乗り、自分だけでなく周囲の人にもよろこんでもらえるよう努めると、さらにいい縁がつながっていくでしょう。健康運は、パワフルに行動するのはいいですが、下半期は足のケガや腰痛に気をつけましょう。

開運アクション

- ほめられたら素直によろこぶ
- まとめ役やリーダーになる
- せっかちにならないよう気をつける

金の鳳凰座

命数

28 冷静で常識を守る人

もっている星

★安心できるものを購入する星
★親しき仲にも礼儀ありの星
★勘違いの星
★しゃべりが下手な星
★寂しがり屋のひとり好きな星

ラッキーカラー	ブルー ホワイト
ラッキーフード	ゆば あじフライ
ラッキースポット	ホテル 美術館

基本性格 気にしすぎてしまう繊細な口ベタ

礼儀正しく上品で、常識をしっかり守れる人ですが、根が頑固で融通がきかなくなってしまうタイプ。繊細な心の持ち主ですが、些細なことを気にしすぎてしまったり、考えすぎてしまったりすることも。しゃべりは自分が思っているほど上手ではなく、手紙やメールのほうが思いが伝わることが多いでしょう。過去の出来事をいつまでも考えすぎてしまうところがあり、新しいことになかなか挑戦できない人です。

2024年はこんな年

順序や手順をしっかり守るのはいいですが、臆病なままではチャンスをつかめません。今年はワガママを通してみるくらいの気持ちで自分に素直になってみましょう。失敗を恐れて動けなくなってしまうところがありますが、今年は何事も思った以上にうまくいく運気なので、積極的に行動を。周りの人を信じれば、いい味方になってくれるでしょう。健康運は、ストレスが肌に出やすいので、スキンケアを念入りに。運動で汗を流すのもよさそうです。

開運アクション

- ビビらずに行動する
- 笑顔と愛嬌を意識する
- 他人の雑なところを許す

金の鳳凰座

命数

29 頑固な変わり者

もっている星

★自由に生きる星
★おもしろい発想ができる星
★束縛されると逃げる星
★お金に縁がない星
★寝不足の星

ラッキーカラー　オレンジ　ブルー
ラッキーフード　カリフォルニアロール　えだまめ
ラッキースポット　美術館　劇場

基本性格　理屈っぽくて言い訳の多いあまのじゃく

自由とひとりが大好きな変わり者。根は頑固で自分の決めたルールや生き方を貫き通しますが、素直ではない部分があり、わざと他人とは違う生き方や考え方をすることが多いでしょう。芸術や美術など不思議な才能をもち、じっくりと考えて理屈っぽくなってしまうことも。しゃべりは下手で一言足りないことも多く、団体行動が苦手で、つねに他人とは違う行動を取りたがります。言い訳ばかりになりやすいので気をつけましょう。

2024年はこんな年

上半期は、あなたの自由な発想や才能、個性が評価される運気。遠慮せずドンドン自分の魅力をアピールするといいでしょう。独立したりフリーで活動したくなりますが、お金の管理ができないならやめておいたほうがいいでしょう。現状を維持しながら趣味を広げるのがよさそうです。時間を見つけて海外など見知らぬ土地へ行ってみると、大きな発見があるでしょう。健康運は、下半期に目の病気や視力の低下が見つかりやすいので注意して。

開運アクション

- アイデアをドンドン出す
- 異性の前では素直になる
- 現状に飽きたときほど学ぶことを探す

金の鳳凰座

命数

30 理屈が好きな職人

もっている星

★年配の人と仲よくなれる星
★考えすぎる星
★同じものを買う星
★心を簡単に開かない星
★睡眠欲が強い星

ラッキーカラー　朱色　パープル
ラッキーフード　大豆の煮物　バナナ
ラッキースポット　神社仏閣　劇場

基本性格　好きな世界にどっぷりハマる頑固な完璧主義者

理論と理屈が好きで、探求心と追求心があり、自分の決めたことを貫き通す完璧主義者で超頑固な人。交友関係が狭くひとりが一番好きなので、自分の趣味にどっぷりハマってしまうことも多いでしょう。芸術や美術、神社仏閣などの古いものに関心があり、好きなことを深く調べるので知識は豊富ですが、視野が狭くなってしまう場合も。他人を小馬鹿にしたり評論する癖はありますが、人をほめることで認められる人になるでしょう。

2024年はこんな年

長い時間をかけて取り組んでいたことや研究していたことが役に立ったり、評価される運気。かなり年上の人とも仲よくなれ、味方になってもらえるでしょう。尊敬できる人にも出会えそうです。長らく評価されなかった人や誤解されていた人も、この1年で状況が大きく変わることがあるので、最後まで諦めず、粘り続けてみましょう。健康運は、年末にかけて肩こりや目の疲れが出やすいため、こまめに運動しておくこと。

開運アクション

- 尊敬している人と仲よくなる
- 言い訳をしない
- 頑張っている人をほめる

銀の鳳凰座

命数

21 覚悟のある意地っ張りな人

もっている星
★根性のある星
★しゃべりが下手な星
★ギャンブルに注意な星
★過去の恋を引きずる星
★冬に強い星

ラッキーカラー オレンジ ブルー
ラッキーフード 山芋ステーキ くるみ
ラッキースポット スポーツジム スタジアム

基本性格 一度思うと考えを変えない自我のかたまり

超負けず嫌いな頑固者。何事もじっくりゆっくり突き進む根性がある人。体力と忍耐力はありますが、そのぶん色気がなくなってしまい、融通がきかない生き方をすることが多いでしょう。何事も最初に決めつけてしまうため、交友関係に問題があってもなかなか縁が切れなくなったり、我慢強い性格が裏目に出てしまうことも。時代に合わないことをし続けがちなので、最新の情報を集めたり、視野を広げる努力が大事でしょう。

2024年はこんな年

目標をしっかり定めることで、パワーや才能を発揮できるタイプ。今年はライバルに勝つことができたり、目標や目的を達成できる運気です。何があっても諦めず、出せる力をすべて出し切るくらいの気持ちで取り組むといいでしょう。ただ、頑固な性格で、人に相談せずなんでもひとりで頑張りすぎてしまうところがあるので、周囲の話に耳を傾け、アドバイスをもらうことも大切に。いい情報を聞けたり、自分の魅力をもっとうまく出せるようになるはずです。

開運アクション

- 全力を出し切ってみる
- 目標をしっかり定める
- 協力することを楽しむ

銀の鳳凰座

命数

22 決めつけが激しい高校3年生

もっている星
★秘めたパワーがある星
★過信している星
★ものの価値がわかる星
★寒さに強い星
★やんちゃな恋にハマる星

ラッキーカラー オレンジ ダークブルー
ラッキーフード ねぎま ヨーグルト
ラッキースポット ライブハウス リゾート地

基本性格 人の話を聞かない野心家

かなりじっくりゆっくり考えて進む、超頑固な人ですが、刺激や変化を好み、合理的に生きようとします。団体行動が苦手でひとりの時間が好き。旅行やライブに行く機会も自然に増えるタイプでしょう。向上心や野心はかなりありますが、ふだんはそんなそぶりを見せないように生きています。他人の話の前半しか聞かずに飛び込んでしまったり、周囲からのアドバイスはほぼ聞き入れないで、自分の信じた道を突き進むでしょう。

2024年はこんな年

密かに頑張ってきたことで力を発揮できる年。今年は、一生懸命になることをダサいと思わず、本気で取り組んでいる姿や周囲とうまく協力する姿勢を見せるようにしましょう。周りに無謀だと思われるくらい思い切って行動すると、大成功や大逆転につながる可能性も。これまでの努力や自分の実力を信じてみるといいでしょう。多少の困難があったほうが、逆に燃えそうです。健康運は、ひとりで没頭できる運動をするといいでしょう。

開運アクション

- 得意なことをアピールする
- 手に入れたものへの感謝を忘れない
- 自分の理論を信じて行動する

銀の鳳凰座

命数

23 頑固な気分屋

もっている星

- ★楽天家の星
- ★空腹になると不機嫌になる星
- ★欲望に流される星
- ★ノリで恋する星
- ★油断すると太る星

ラッキーカラー　オレンジ　レッド

ラッキーフード　揚げ出し豆腐　みかん

ラッキースポット　コンサート　レストラン

基本性格　陽気で仲間思いだけど、いい加減な頑固者

明るく陽気ですが、ひとりの時間が大好きな人。サービス精神が豊富で楽しいことやおもしろいことが大好き。昔からの友人を大切にするタイプ。いい加減で適当なところがありますが、根は超頑固で、周囲からのアドバイスには簡単に耳を傾けず、自分の生き方を貫き通すことが多いでしょう。空腹になると機嫌が悪くなり態度に出やすいのと、余計な一言が多いのに肝心なことを伝えきれないところがあるでしょう。

2024年はこんな年

「銀の鳳凰座」のなかでもっとも喜怒哀楽が出やすいタイプですが、とくに今年は、うれしいときにしっかりよろこんでおくと、さらによろこべることが舞い込んできそう。遠慮せず、楽しさやうれしさを表現しましょう。関わるすべての人を笑わせるつもりで、みんなを笑顔にできるよう努めると、運を味方にできそうです。あなたに協力してくれる人が集まって、今後の人生が大きく変わるきっかけになることも。健康運は、ダンスやヨガをはじめると、健康的な体づくりができるでしょう。

開運アクション

- お礼と感謝をしっかり伝える
- 明るい色の服を着る
- 笑顔を意識する

銀の鳳凰座

命数

24 忍耐力と表現力がある人

もっている星

- ★直感力が優れている星
- ★過去を引きずる星
- ★情にもろい星
- ★一目惚れする星
- ★手術する星

ラッキーカラー　オレンジ　シルバー

ラッキーフード　オニオンリング　レモン

ラッキースポット　劇場　百貨店

基本性格　意志を貫く感性豊かなアイデアマン

じっくり物事を考えているわりには直感を信じて決断するタイプ。超頑固で一度決めたことを貫き通す力が強く、周囲からのアドバイスを簡単には受け入れないでしょう。短気で毒舌なところもあり、おっとりとした感じに見えてもじつは攻撃的な人。過去の出来事に執着しやすく、恩着せがましい部分もあるでしょう。感性は豊かで、新たなアイデアを生み出したり、芸術的な才能を発揮したりすることもあるでしょう。

2024年はこんな年

しっかり考えたうえで最後は直感で動くタイプ。今年は勘が鋭くなって的確な判断ができ、いいアイデアも浮かぶでしょう。運気の流れはいいですが、調子に乗りすぎると短気を起こし、余計な発言をしてしまう場合があるので十分注意すること。本や舞台などで使われている表現を参考にしてみると、伝え上手になり、さらにいい人脈ができそうです。トーク力のある人に注目するのもオススメ。健康運は、こまめにストレスを発散すれば、体調を崩すことはなさそうです。

開運アクション

- 直感を信じて行動する
- やさしい言葉や表現を学ぶ
- ひとつのことを極める努力をする

銀の鳳凰座 命数 25

忍耐力がある商売人

もっている星

- ★情報収集が得意な星
- ★夜はお調子者の星
- ★お得な恋が好きな星
- ★疲れをためやすい星
- ★お金の出入りが激しい星

ラッキーカラー　オレンジ　ネイビー
ラッキーフード　きんぴらごぼう　マスカット
ラッキースポット　旅館　ショッピングモール

基本性格　お調子者に見えて根は頑固

フットワークが軽く、情報収集も得意で段取りも上手にできる人ですが、頑固で何事もゆっくり時間をかけて進めるタイプ。表面的には軽い感じに見えても、芯がしっかりしています。頑固なため、視野が狭く情報が偏っている場合も多いでしょう。お調子者ですが、本音はひとりの時間が好き。多趣味で買い物好きになりやすいので、部屋には使わないものや昔の趣味の道具が集まってしまうことがあるでしょう。

2024年はこんな年

物事が予定通りに進み、忙しくも充実する年。計算通りに目標を達成して満足できるでしょう。ただしそこで油断せず、次の計画もしっかり立てておくことが大切です。自分の得ばかりではなく、周囲の人や全体が得する方法を考えてみると、いい仲間ができるでしょう。小さな約束でも必ず守ることで、いい人間関係も築けそうです。できない約束は、最初からしないように。健康運は、睡眠不足で疲れをためないよう、就寝時間を決めて生活リズムを整えましょう。

開運アクション

- 自分も周囲も得することを考えて行動に移す
- どんな約束も守る
- 新たな趣味を見つける

銀の鳳凰座 命数 26

忍耐力がある現実的な人

もっている星

- ★粘り強い星
- ★言いたいことを我慢する星
- ★ポイントをためる星
- ★初恋を引きずる星
- ★音楽を聴かないとダメな星

ラッキーカラー　オレンジ　スカイブルー
ラッキーフード　ホルモン炒め　蜂蜜
ラッキースポット　アウトレット　水族館

基本性格　じっと耐える口ベタなカタブツ

超がつくほど真面目で頑固。他人のために生きられるやさしい性格で、周囲からのお願いを断れずに受け身で生きる人ですが、「自分はこう」と決めた生き方を簡単に変えられないところがあり、昔のやり方や考えを変えることがとても苦手でしょう。臆病で寂しがり屋ですが、ひとりが大好きで音楽を聴いて家でのんびりする時間が欲しい人。気持ちを伝えることが非常に下手で、つねに一言足りないので会話も聞き役になることが多いでしょう。

2024年はこんな年

地味で目立たないタイプですが、今年は信頼を得られ、大きなチャンスがめぐってくるでしょう。ここで遠慮したり引いてしまうと、いい運気の流れに乗れないどころか、マイナスな方向に進んでしまいます。これまで頑張ってきたご褒美だと思って、流れを受け入れるようにしましょう。「人生でもっとも欲張った年」と言えるくらい幸せをつかみにいき、ときにはワガママになってみてもいいでしょう。健康運は、不調を我慢していた人は体調を崩しやすい時期。温泉に行くのがオススメです。

開運アクション

- 貪欲に生きる
- 言いたいことはハッキリ伝える
- 勇気と度胸を忘れない

銀の鳳凰座

命数

27 落ち着きがある正義の味方

もっている星

★行動すると止まらない星
★甘えん坊な星
★押しに弱い星
★打撲が多い星
★ほめられたら買ってしまう星

ラッキーカラー　オレンジ　ネイビー

ラッキーフード　担々麺　キウイ

ラッキースポット　動物園　デパート

基本性格　ほめられると弱い正義感のかたまり

頑固でまっすぐな心の持ち主で、こうと決めたら猪突猛進するタイプ。正義感があり、正しいと思い込んだら簡単に曲げられませんが、強い偏見をもってしまうこともあり、世界が狭くなることが多いでしょう。つねに視野を広げるようにして、いろいろな考え方を学んでおくといいでしょう。また、おだてに極端に弱く、ほめられたらなんでもやってしまうところがあり、しゃべりも行動も雑なところがあるでしょう。

2024年はこんな年

駆け引きや臨機応変な対応が苦手で、人生すべてが直球勝負のまっすぐな人。今年は持ち前の正義感や意志の強さを活かせて、目標や夢を達成できるでしょう。不器用ながらも、自分の考えを通し切ってよかったと思えることもありそうです。人とのつながりが大切な年なので、好き嫌いをハッキリさせすぎないように。相手のいい部分に注目したり、多少の失敗は大目に見るといいでしょう。健康運は、パワフルに動きすぎて疲れをためないよう、こまめに休むことが大切です。

開運アクション

- 自分の意志を通す
- 人をたくさんほめて認める
- 後輩や部下の面倒を見る

銀の鳳凰座

命数

28 ゆっくりじっくりで品のある人

もっている星

★ゆっくりじっくりの星
★人前が苦手な星
★割り勘が好きな星
★恋に不器用な星
★口臭を気にする星

ラッキーカラー　オレンジ　シルバー

ラッキーフード　卵焼き　桃

ラッキースポット　音楽フェス　ホテル

基本性格　気持ちが曲げられない小心者

上品で常識やルールをしっかり守る人ですが、根が超頑固で曲がったことができない人です。ひとりが好きで単独行動が多くなりますが、寂しがり屋で人のなかに入りたがるところがあるでしょう。自分の決めたことを曲げない気持ちが強いのに、臆病で考えすぎてしまったり、後悔したりすることも多いタイプ。思ったことを伝えるのが苦手で、一言足りないことが多いでしょう。ただし、誠実さがあるので時間をかけて信頼を得るでしょう。

2024年はこんな年

品と順序を守り、時間をかけて信頼を得るタイプ。今年はあなたに注目が集まる運気です。ただし、恥ずかしがったり失敗を恐れて挑戦できずにいると、チャンスを逃してしまいます。今年は失敗してもすべていい経験になるので、何事も勇気を出してチャレンジしてみるといいでしょう。周囲から頼られたり期待を寄せられたら、最善をつくしてみると、実力以上の結果を残せて、いい人脈もできそうです。健康運は、汗をかく程度の運動を定期的にしておきましょう。

開運アクション

- 心配や不安を手放す
- 年上の人に会う
- チャンスに臆病にならない

銀の鳳凰座

命数

29 覚悟のある自由人

もっている星

★人と違う生き方をする星
★独特なファッションの星
★お金に執着しない星
★不思議な人を好きになる星
★睡眠欲が強いが夜更かしする星

ラッキーカラー　オレンジ　レッド
ラッキーフード　カレーライス　みょうが
ラッキースポット　劇場　海外旅行

基本性格　発想力豊かで不思議な才能をもつ変人

独特な世界観をもち他人とは違った生き方をする頑固者。自由とひとりが好きで他人を寄せつけない生き方をし、独自路線に突っ走る人。不思議な才能や特殊な知識をもち、言葉数は少ないですが、理論と理屈を語るでしょう。周囲から「変わってる」と言われることも多く、発想力が豊かで、理解されると非常におもしろい人だと思われますが、基本的に他人に興味がなく、尊敬できないと本音で話さないのでそのチャンスも少ないでしょう。

2024年はこんな年

変わり者ですが独特の感性をもっているタイプ。今年はあなたの発想力や個性、才能や魅力が認められる年です。とくにアイデアや芸術系の才能が注目されるため、自分の意見を素直に伝えてみるといいでしょう。プライドの高さとあまのじゃくなところが邪魔をして、わざとチャンスを逃してしまう場合がありますが、今年はしっかり自分を出すことが大切です。厳しい意見も、自分のためになると思って受け止めましょう。健康運は、睡眠時間を削らないように。

開運アクション

- 屁理屈と言い訳を言わない
- 恋も仕事も素直に楽しむ
- 学んだことを教える

銀の鳳凰座

命数

30 頑固な先生

もっている星

★心が60歳の星
★冷静で落ち着いている星
★他人を受け入れない星
★賢い人が好きな星
★目の病気の星

ラッキーカラー　オレンジ　藍色
ラッキーフード　すき焼き　アスパラ串
ラッキースポット　書店　劇場

基本性格　自分の好きな世界に閉じ込もる完璧主義者

理論と理屈が好きな完璧主義者。おとなしそうですが、秘めたパワーがあり、自分の好きなことだけに没頭するタイプ。何事にもゆっくりで冷静ですが、心が60歳なため、神社仏閣など古いものや趣深い芸術にハマることが多いでしょう。尊敬する人以外のアドバイスは簡単に聞き入れることがなく、交友関係も狭く、めったに心を開きません。「自分のことを誰も理解してくれない」と思うこともあるほどひとりの時間を大事にするでしょう。

2024年はこんな年

長年積み重ねてきたことや、続けていた研究・勉強に注目が集まる年。密かに集めていたデータ、独自の分析などが役に立つでしょう。身につけたスキルを教える立場になったり、先生や指導者としての能力に目覚めることも。プライドが高く自信家なのはいいですが、周囲に助けを求められないところや、協力してもらいたくてもなかなか頭を下げられない一面があります。今年は素直に助けてもらうようにしましょう。健康運は、栄養バランスの整った食事を意識しておくこと。

開運アクション

- 他人のいいところを見つけてほめる
- 資格取得に向けて勉強する
- やさしい表現や言葉を学ぶ

金の時計座

命数

31 誰にでも平等な高校1年生

もっている星
★誰とでも対等の星
★メンタルが弱い星
★友情から恋に発展する星
★肌荒れの星
★お金より人を追いかける星

ラッキーカラー　ピンク　イエロー
ラッキーフード　かに　ミックスナッツ
ラッキースポット　庭園　喫茶店

基本性格　仲間を大切にする少年のような人

心は庶民で、誰とでも対等に付き合う気さくな人です。情熱的で「自分も頑張るからみんなも一緒に頑張ろう!」と部活のテンションのような生き方をするタイプで、仲間意識や交友関係を大事にします。一見気が強そうですが、じつはメンタルが弱く、周囲の意見などに振り回されてしまうことも多いでしょう。サッパリとした性格ですが、少年のような感じになりすぎて、色気がまったくなくなることもあるでしょう。

2024年はこんな年

ライバルに先を越されたり、頑張りが裏目に出てしまいがちな年。意地を張るより、素直に負けを認めて相手に道を譲るくらいのほうがいいでしょう。あなたの誰とでも対等でいようとする姿勢が、生意気だと思われてしまうこともあるため、上下関係はしっかり意識するように。出会った人には年齢に関係なく敬語を使うつもりでいるとよさそうです。健康運は、胃腸の調子を崩したり、不眠を感じることがあるかも。ひとりで没頭できる運動をすると、スッキリするでしょう。

開運アクション

- 得意・不得意を見極める
- 旅行やライブを楽しむ
- 無駄な反発はしない

金の時計座

命数

32 刺激が好きな庶民

もっている星
★話の先が読める星
★裏表がある星
★夢追い人にお金を使う星
★好きな人の前で態度が変わる星
★胃炎の星

ラッキーカラー　ピンク　ダークブルー
ラッキーフード　焼き鳥　梨
ラッキースポット　避暑地　美術館

基本性格　寂しがり屋だけど、人の話を聞かない

おとなしそうで真面目な印象ですが、根は派手なことや刺激的なことが好きで、大雑把なタイプ。心が庶民なわりには一発逆転を目指して大損したり、大失敗したりすることがある人でしょう。人が好きですが団体行動は苦手で、ひとりか少人数での行動のほうが好きです。頭の回転は速いですが、そのぶん他人の話を最後まで聞かないところがあるでしょう。ヘコんだ姿を見せることは少なく、我慢強い面をもっていますが、じつは寂しがり屋な人です。

2024年はこんな年

物事を合理的に進められなくなったり、空回りが続いてイライラしそうな年。周囲とリズムが合わないからといって、イライラしないようにしましょう。また、今年だけの仲間もできますが、付き合いが浅い人からの誘いで刺激や欲望に流されないよう注意しておくように。今年はスポーツで汗を流してストレス発散することで、健康的でいい1年を過ごすことができそうです。ただし、色気をなくしたり、日焼けしすぎてシミをつくらないよう気をつけましょう。

開運アクション

- 周囲に協力する
- スポーツで定期的に汗を流す
- 本音を語れる友人をつくる

金の時計座 命数33

サービス精神豊富な明るい人

もっている星

★ 友人が多い星
★ 適当な星
★ 食べすぎる星
★ おもしろい人が好きな星
★ デブの星

ラッキーカラー パープル ライトブルー

ラッキーフード 餃子 玉子豆腐

ラッキースポット 喫茶店 動物園

基本性格 おしゃべりで世話好きな楽観主義者

明るく陽気で、誰とでも話せて仲よくなれる人です。サービス精神が豊富で、ときにはお節介なほど自分と周囲を楽しませることが好きなタイプ。おしゃべりが好きで余計なことや愚痴や不満を言うこともありますが、多くはよかれと思って発していることが多いでしょう。ただし、空腹になると機嫌が悪くなり、それが顔に出てしまいます。楽観的ですが、周囲の意見に振り回されて心が疲れてしまうこともあるでしょう。

2024年はこんな年

感性が鋭くなる年。頭の回転が速くなったりいいアイデアが浮かぶなど、秘めていた才能が開花しそうです。一方で、人の考えや思いを感じすぎてイライラすることや、口が悪くなってしまうこともあるでしょう。イライラはスタミナ不足によるところが大きいので、しっかり運動をして体力をつけるように。愚痴や不満を言うだけの飲み会が増えてしまうことも体調を崩す原因になるため、前向きな話や楽しい話ができる人の輪に入るようにしましょう。

開運アクション

- 自分も相手もうれしくなる言葉を使う
- 軽い運動をする
- たくさん笑う

金の時計座 命数34

最後はなんでも勘で決めるおしゃべりな人

もっている星

★ 直感で生きる星
★ 情で失敗する星
★ デブが嫌いな星
★ しゃべりすぎる星
★ センスのいいものを買う星

ラッキーカラー ホワイト ターコイズブルー

ラッキーフード お雑煮 とろろ

ラッキースポット 神社仏閣 レストラン

基本性格 情に厚く人脈も広いが、ハッキリ言いすぎる

頭の回転が速くおしゃべりですが、一言多いタイプ。交友関係が広く不思議な人脈をつなげることも上手な人です。何事も勘で決めようとするところがありますが、周囲の意見や情報に振り回されてしまうことも多く、それがストレスの原因にもなります。空腹や睡眠不足で短気を起こしたり、機嫌の悪さが表面に出たりしやすいでしょう。人情家で人の面倒を見すぎたり、よかれと思ってハッキリと言いすぎてケンカになったりすることも多いでしょう。

2024年はこんな年

気分のアップダウンが激しくなる年。誘惑や快楽に流されてしまわないよう注意が必要です。自分も周囲も楽しめるように動くと、いい方向に進みはじめたり、大きなチャンスをつかめるでしょう。サービス精神を出し切ることが大切です。健康運は、疲れが一気に出たり、体重が急に増えてしまうことがあるので、定期的に運動やダンスをするといいでしょう。うまくいかないことがあっても、ヤケ食いはしないように。

開運アクション

- 前向きな言葉を口にする
- 気分ではなく気持ちで仕事をする
- 暴飲暴食をしない

金の時計座

命数

35 社交的で多趣味な人

もっている星
- ★ おしゃれな星
- ★ トークが薄い星
- ★ ガラクタが増える星
- ★ テクニックのある人に弱い星
- ★ お酒で失敗する星

ラッキーカラー　ピンク　ホワイト

ラッキーフード　蒸し牡蠣　すいか

ラッキースポット　温泉　映画館

基本性格　興味の範囲が広いぶん、ものがたまり心も揺れる

段取りと情報収集が得意で器用な人。フットワークが軽く人間関係を上手につくることができるタイプです。心が庶民なので差別や区別をしませんが、本音では損得で判断するところがあります。使わないものをいつまでも置いておくので、ものが集まりすぎてしまうところも。マメに断捨離をしたほうがいいでしょう。視野が広いのは長所ですが、そのぶん気になることが多くなりすぎて、心がブレてしまうことが多いでしょう。

2024年はこんな年

地道な努力と遠回りが必要になる年。非効率で無駄だと思っても、今年頑張れば精神的に成長する経験ができるでしょう。ただ、強引な人に利用されたり、うっかりだまされてしまうこともあるので警戒心はなくさないように。自分が得することばかりを考えず、損な役回りを引き受けることで、危険な場面を上手に避けられそうです。健康運は、お酒がトラブルや体調不良の原因になりやすいので、ほどほどにしておきましょう。

開運アクション

- 損な役割を買って出る
- 好きな音楽を聴く時間をつくる
- 節約生活を楽しむ

金の時計座

命数

36 誠実で真面目な人

もっている星
- ★ お人よしの星
- ★ 好きな人の前で緊張する星
- ★ 安い買い物が好きな星
- ★ 手をつなぐのが好きな星
- ★ 寂しがり屋の星

ラッキーカラー　ピンク　ホワイト

ラッキーフード　グラタン　目玉焼き

ラッキースポット　スパ　図書館

基本性格　やさしくて真面目だけど、強い意見に流されやすい

とても真面目でやさしく誠実な人です。現実的に物事を考えて着実に人生を進めるタイプですが、何事も時間がかかってしまうところと、自分に自信がもてなくてビクビク生きてしまうところがあるでしょう。他人の強い意見に弱く、自分が決めても流されてしまうことも多いでしょう。さまざまなタイプの人を受け入れることができますが、そのぶんだまされやすかったり、利用されやすかったりもするので気をつけましょう。

2024年はこんな年

華やかにイメチェンしたり、キャラが大きく変わって人生が変化する年。言いたいことはハッキリ伝え、ときには「嫌われてもいい」くらいの気持ちで言葉にしてみましょう。あなたを利用してくる人や悪意のある人とは、バッサリ縁を切ることも大切です。ズルズルした交友関係を終わらせることができ、スッキリするでしょう。健康運は、体が冷えやすくなったり、肌が弱くなりそう。こまめな水分補給を心がけ、膀胱炎や尿路結石にも気をつけておきましょう。

開運アクション

- 言いたいことはハッキリ言う
- 別れは自分から切り出す
- 甘い言葉や誘惑に注意する

金の時計座

命数 37

面倒見がいい甘えん坊

もっている星
- ★責任感の強い星
- ★お節介な星
- ★ご馳走が好きな星
- ★恋に空回りする星
- ★麺類の星

ラッキーカラー　ホワイト　ネイビー

ラッキーフード　野菜タンメン　かつおのたたき

ラッキースポット　展望台　映画館

基本性格　正義感あふれるリーダーだが、根は甘えん坊

行動力とパワーがあり、差別や区別が嫌いで面倒見のいいタイプ。自然と人の役に立つポジションにいることが多く、人情家で正義感もあり、リーダー的存在になっている人もいるでしょう。自分が正しいと思ったことにまっすぐ突き進みますが、周囲の意見に振り回されやすく、心がブレてしまうことも。根の甘えん坊が見え隠れするケースもあるでしょう。おだてに極端に弱く、おっちょこちょいなところもあり、行動が雑で先走ってしまいがちです。

2024年はこんな年

積極的な行動が空回りし、落ち込みやすい年。面倒見のよさが裏目に出たり、リーダーシップをとって頑張っているつもりが、うまく伝わらないこともありそうです。ヤケを起こして無謀な行動に走るのではなく、スポーツでしっかり汗を流したり、座禅を組んで心を落ち着かせるといいでしょう。今年は、心と体を鍛える時期だと思っておくのがよさそうです。厳しい指摘をしてきた人を見返すくらいのパワーを出してみましょう。

開運アクション

- 行動する前に計画を立てる
- 瞑想する時間をつくる
- 年下の友人をつくる

金の時計座

命数 38

臆病な庶民

もっている星
- ★温和で平和主義の星
- ★精神が不安定な星
- ★清潔にこだわる星
- ★純愛の星
- ★肌に悩む星

ラッキーカラー　オレンジ　ライトブルー

ラッキーフード　チーズオムレツ　パイナップル

ラッキースポット　庭園　花火大会

基本性格　上品な見栄っ張りだが、人に振り回されやすい

常識やルールをしっかり守り、礼儀正しく上品ですが、庶民感覚をしっかりもっている人。純粋に世の中を見ていて、差別や区別が嫌いで幅広く人と仲よくできますが、不衛生な人と権力者とエラそうな人だけは避けるようにしています。気が弱く、周囲の意見に振り回されてしまうことや、目的を定めてもグラついてしまうことが多いでしょう。見栄っ張りなところや、恥ずかしがって自分を上手に出せないところもあるでしょう。

2024年はこんな年

精神的に落ち込みやすい年。気分が晴れないときは、話を聞いてくれる人に連絡し本音を語ってみるとよさそうです。愚痴や不満よりも、前向きな話やおもしろい話で笑う時間をつくってみましょう。人との縁が切れてもヘコみすぎず、これまでに感謝するように。健康運は、肌の調子を崩しやすいので、白湯や常温の水をふだんより多めに飲むといいでしょう。運動して汗を流すのもオススメです。

開運アクション

- たくさん笑う
- 落ち着く音楽を聴く
- 白湯を飲む習慣を身につける

金の時計座

命数 **39**

常識にとらわれない自由人

もっている星

★ 芸術家の星
★ 変態の星
★ 独自の価値観の星
★ 才能に惚れる星
★ 食事のバランスが悪い星

ラッキーカラー	ラッキーフード	ラッキースポット
ピンク ホワイト	あじの開き オリーブ	美術館 劇場

基本性格　束縛嫌いで理屈好きな変わり者

自分ではふつうに生きていると思っていても、周囲から「変わっているね」と言われることが多い人です。心は庶民ですが常識にとらわれない発想や言動が多く、理屈や屁理屈が好きなタイプ。自由を好み、他人に興味はあるけれど束縛や支配はされないように生きる人でもあります。心は中学1年生のような純粋なところがありますが、素直になれなくて損をしたり、熱しやすく飽きっぽかったりして、心がブレてしまうことも多いでしょう。

2024年はこんな年

興味をもつものが変わり、これまで学んでいなかったことを勉強するようになる年。少し難しいと思う本を読んでみたり、お金に関わる勉強をしてみるといいでしょう。マナー教室に行くのもオススメです。また、歴史のある場所や美術館、博物館などに足を運んでみると気持ちが落ち着くでしょう。今年は人との関わりも変化し、これまで縁がなかった年齢の離れた人や、専門的な話ができる人と仲よくなれそうです。健康運は、目の病気に注意しておきましょう。

開運アクション

- 学んでみたいことに素直になる
- 年上の友人をつくってみる
- 歴史のある場所に行く

金の時計座

命数 **40**

下町の先生

もっている星

★ 教育者の星
★ 言葉が冷たい星
★ 先生に惚れる星
★ 視力低下の星
★ 勉強にお金を使う星

ラッキーカラー	ラッキーフード	ラッキースポット
パープル 藍色	さばの味噌煮 チーズケーキ	書店 美術館

基本性格　好き嫌いがハッキリした上から目線タイプ

自分の学んだことを人に教えたり伝えたりすることが上手な先生のような人。理論や理屈が好きで知的好奇心があり、文学や歴史、芸術、美術に興味や才能をもっています。基本的には人間関係をつくることが上手ですが、知的好奇心のない人や学ぼうとしない人には興味がなく、好き嫌いが激しいところがあります。ただし、それを表には見せないでしょう。「エラそうな人は嫌い」というわりには、自分がやや上から目線の言葉を発してしまうところも。

2024年はこんな年

発想力が増し、興味をもつことも大きく変わる年。新しいことに目が向き、仲よくなる人も様変わりするでしょう。若い人や才能のある人、頑張っている人といい縁がつながりそうです。あなたもこれまで学んできたことを少しでも教えるようにすると、感謝されたり相手のよさをうまく引き出すことができるでしょう。今年は、ひとり旅やこれまでとは違った趣味をはじめても楽しめそうです。健康運は、頭痛に悩まされがちなので、ふだんから軽い運動をしておくのがオススメ。

開運アクション

- 若い知り合いや友達をつくる
- 「新しい」ことに注目してみる
- 失敗から学ぶ

銀の時計座

命数

31 心がブレる高校1年生

もっている星

★平等心の星
★負けを認められない星
★友人と同じものを欲しがる星
★同級生が好きな星
★胃に注意が必要な星

基本性格 仲間に囲まれていたいが、振り回されやすい

負けず嫌いの頑張り屋で、気さくでサッパリとした性格です。色気があまりなく、交友関係は広いでしょう。反発心や意地っ張りなところはありますが、本当は寂しがり屋でつねに人のなかにいて友人や仲間が欲しい人。頑張るパワーはありますが、周囲の人に振り回されてしまったり、自ら振り回されにいったりするような行動に走ってしまうことも。心は高校1年生くらいからほぼ変わらない感じで、学生時代の縁がいつまでも続くでしょう。

開運アクション

- 自分らしさにこだわらない
- 読書する時間をつくる
- 素直に謝る

2024年はこんな年 モヤモヤするときは運動と読書で気分アップ

期待していたほど結果が出ないことや評価されないことに、不満がたまってしまうかも。同期やライバルなど、自分と同じくらい努力してきた人に負けたり、差をつけられてしまう場合もありそうです。意地っ張りな一方でメンタルが弱く、一度落ち込むとなかなか立ち直れないタイプですが、気分転換にスポーツをして汗を流したり、じっくり読書する時間をつくると、気持ちが回復してくるでしょう。偉人の伝記を読んでみると、苦労しても「落ち込んでいる場合ではない」と思えそうです。

恋愛&結婚

好きな人があなたの友人と交際をはじめてしまうなど、ショッキングな出来事がありそうです。友人として仲がよく、チャンスがあれば交際したいと思っていた相手から「恋人ができた」と報告されたり、恋愛相談を受けたりと、つらい思いをすることもあるかも。刺激的な恋に走りやすくもなるので、周囲に紹介できないような人には深入りしないように。結婚運は、恋人とケンカ別れしてしまう可能性があるため、こじれる前に素直に謝るようにしましょう。

仕事&お金

あなたらしさが必要とされなくなる年。いつも通りのやり方で頑張っても評価されず、空回りが続いてしまいそうです。結果を出すことも大切ですが、自分の弱点や欠点、勉強不足なところを素直に認め、成長につなげるようにしましょう。ときには頭を下げ、周囲に協力してもらう必要もあるでしょう。意地を張りすぎると問題が大きくなり、手遅れになってしまうこともあるので気をつけて。金運は、たとえ親友や身内でも、お金の貸し借りはしないようにしましょう。

ラッキーカラー	ラッキーフード	ラッキースポット
イエロー、ブルー	豆腐ステーキ、しらす干し	公園、図書館

銀の時計座

命数

32 雑用が嫌いなじつは野心家

もっている星

★野心家の星
★頑張りを見せない星
★好きになると止まらない星
★ライブ好きの星
★ヤケ酒の星

基本性格 一発逆転の情熱をもって破天荒に生きる

庶民的で人間関係をつくることが上手な人ですが、野心や向上心を強くもっています。どこかで一発逆転したい、このままでは終わらないという情熱をもっていて、刺激や変化を好むところがあるでしょう。人は好きですが団体行動が苦手で、結果を出している人に執着する面があり、ともに成長できないと感じた人とは距離をあけてしまうことも。意外な人生や破天荒な人生を自ら歩むようになったり、心が大きくブレたりすることもある人です。

開運アクション

- 締めくくりをしっかりする
- ヤケを起こさない
- 運動して汗を流す

2024年はこんな年 「最後までキッチリ」取り組む姿勢を忘れずに

合理的で頭の回転が速いタイプですが、今年は詰めの甘さを突っ込まれたり、締めくくりの悪さが表に出てしまいそうです。「終わりよければすべてよし」を心に留めて、何事も最後まで気を抜かず、キッチリ終わらせるようにしましょう。最初の挨拶以上に、別れの挨拶を大切にすること。お礼をするときは「4回するのがふつう」と思って、その場だけでなく何度でも感謝を伝えるといいでしょう。健康運は、太りやすくなるので、軽い運動をしておきましょう。

恋愛&結婚

暴走して危険な恋をしやすい年。一度恋心に火がつくと止まらなくなるところがありますが、今年は失恋しやすく、好きになってもらえないどころか嫌われてしまう可能性が高いので、自分中心にならないよう気をつけましょう。気になる人ができたら、まずは「親しい友人」を目指してみると、いい関係に進めそうです。「いつも元気でよく笑ってるね」と言われるような振る舞いを心がけるといいでしょう。結婚運は、自ら破談にしたり、大ゲンカをして話が進まなくなってしまうかも。

仕事&お金

目立たず地味な役割に徹していれば、問題は少ないでしょう。ただ、急に無謀な行動に走ったり、先のことを考えずに判断して、自分も周囲も苦しめてしまう場合があるため気をつけること。今年は、ゆっくりでいいので信頼してもらえるよう努めましょう。損な役割も引き受け、ていねいに仕事に取り組む姿勢を周囲に見せるように。仲間や協力者も大切にしましょう。金運は、儲け話にだまされやすいので要注意。また、派手なものにお金を使いすぎないようにしましょう。

ラッキーカラー	ラッキーフード	ラッキースポット
ピンク、ダークブルー	ごぼうの甘辛炒め、よもぎ饅頭	スポーツジム、博物館

銀の時計座

命数

33 明るい気分屋

もっている星

★愛嬌のある星
★愚痴の星
★遊びすぎる星
★スケベな星
★気管が弱い星

基本性格 天真爛漫に人をよろこばせると幸せになれる

誰よりも人を楽しませることが好きなサービス精神豊富な人。空腹が苦手で気分が顔に出やすいところはありますが、楽しいことおもしろいことが大好きです。不思議な人脈をつくることができ、つねに天真爛漫ですが、心がブレやすいので目的を見失ってしまい、流されてしまうことも多いでしょう。人気者になり注目を浴びたい、人にかまってほしいと思うことが多いぶん、他人をよろこばせることに力を入れると幸せになれるでしょう。

開運アクション

- 「自分さえよければいい」と思って行動しない
- 周りをよろこばせる
- スタミナのつく運動をする

2024年はこんな年 いいところに目を向ければ道が見えてくる

これまで甘えてきたことのシワ寄せがきて、厳しい1年になりそうです。どんな状況でも楽しんで、物事のプラス面を探すようにすると、進むべき道が見えてくるでしょう。口の悪さが原因で、せっかくの仲間が離れてしまうおそれもあるため、余計なことは言わず、よろこんでもらえる言動を意識するといいでしょう。短気を起こして、先のことを考えずに行動しないよう気をつけること。健康運は、スタミナがつく運動をすると、ダイエットにもなってよさそうです。

恋愛&結婚

人とよく交流し、友人や知り合いがたくさんいるので、失恋しても立ち直りの早いタイプです。ただし今年は、恋が叶わず長い間ヘコんでしまったり、ヤケを起こして一夜限りの関係や欲望を満たすだけの相手に走ってしまうことがあるので、気をつけておきましょう。ノリだけの恋に虚しさを覚えることもありそうです。結婚運は、あなたの不機嫌な態度が原因で前向きな話ができなかったり、破談にもなりやすいため注意して。

仕事&お金

これまでの人脈に助けられる一方で、人間関係に苦しむこともありそうな年。あなたのよさを理解できない人と接する機会や、苦手なことを任されてしまう場面もありそうです。すべて成長するために必要な、学びを得るチャンスだと思っておきましょう。愚痴や不満ばかり言っていると、大事な味方が離れてしまいます。文句を言う前に、やるべきことをしっかり行うようにしましょう。金運は、気分で浪費をしやすい時期です。お金はみんながよろこぶことに使いましょう。

ラッキーカラー	ラッキーフード	ラッキースポット
レッド、ライトブルー	イクラ、ちりめん山椒	レストラン、コンサート

銀の時計座

命数

34 一言多い人情家

もっている星

★表現力豊かな星
★短気な星
★ストレス発散が下手な星
★デブが嫌いな星
★疲れやすい星

基本性格 隠しもった向上心で驚くアイデアを出す

何事も直感で判断して突き進む人です。人情家で面倒見がいいのですが、情が原因で苦労や困難を招いてしまうことが多く、余計な一言や、しゃべりすぎてしまうところ、恩着せがましいところが表面に出やすい人でしょう。ストレス発散が苦手で些細なことでイライラしたり、機嫌が簡単に表情に出てしまったりすることも多いでしょう。向上心を隠しもち、周囲が驚くようなアイデアを生み出すことができる人です。

開運アクション

- 情に流されない
- 何事も長い目で見る
- 自分で自分の頑張りをほめる

2024年はこんな年 短気は自分の首をしめる。人の考えを受け入れて

直感力があるタイプですが、今年は勘が外れやすくなりそうです。疲れからイライラして、冷静な判断ができなくなることも。運動して基礎体力をしっかりつけ、上手にストレスを発散するようにしましょう。短気を起こして無責任な発言をすると、自分を苦しめる原因になってしまいそうです。余計な言葉を慎み、できるだけ相手の話を聞くようにしましょう。健康運は、体調に異変を感じたらそのままにせず、早めに病院で診てもらうように。

恋愛&結婚

家族や友人に反対されるような人を好きになりやすい年。情に流されて危険な恋にハマってしまうことがありそうです。一目惚れしたときほど冷静になって、周囲の意見をしっかり聞くようにしましょう。「みんな、わかっていない」と感じたり、「自分が正しい」と思い込んでいるときほど、ダメな恋だと思ったほうがよさそうです。また、「かわいそうな人」がいい人とは限らないので気をつけておくこと。結婚運は、あなたの短気なところや口の悪さが原因で、うまくいかなくなる場合があるかも。

仕事&お金

職場や仕事に対する不満がドンドンたまってしまいそう。嫌いな人や苦手な人の考えを受け入れられず、間違った解釈をしてイライラすることも。いろいろな意見や考えがあるからこそ、組織や仕事が回っていることを忘れないようにしましょう。才能を認めてもらえず、うまく活かせないことに不満を感じる場合もありそうです。今年は周囲に過度な期待をせず、むしろ自分から周りを認めてみるといいでしょう。金運は、浪費が原因でお金に苦労するかも。無駄な出費は避けるようにしましょう。

ラッキーカラー	ラッキーフード	ラッキースポット
イエロー、ターコイズブルー	桜えび、豆腐の味噌汁	神社仏閣、劇場

銀の時計座 命数35 人のために生きられる商売人

もっている星

★フットワークが軽い星
★ウソが上手な星
★買い物好きな星
★貧乏くさい人が嫌いな星
★膀胱炎の星

基本性格 多趣味で視野が広く、計算して振る舞える

フットワークが軽く情報収集が得意な人で、ひとつ好きなことを見つけると驚くような集中力を見せます。視野が広いため、ほかに気になることを見つけると突っ走ってしまうことが多いでしょう。何事も損得勘定でしっかり判断でき、計算をすることが上手で、自分の立場をわきまえた臨機応変な対応もできます。多趣味・多才なため人脈も自然に広がり、知り合いや友人も多いでしょう。予定の詰め込みすぎには注意が必要です。

開運アクション

- 自分の発言に責任をもつ
- 計算や計画の間違いに気をつける
- 損な役割を楽しんでみる

2024年はこんな年 「努力」と「勉強」の年。言葉選びは慎重に

これまでならおもしろがってもらえていたような軽い発言が、今年は「信頼できない人」と思われる原因になってしまいそうです。適当なことを言わないよう注意しましょう。また、あなたのフットワークの軽さや多才なところが裏目に出たり、ソリが合わない人と一緒に過ごす時間が増えてしまうことも。地味で不得意な役割を任される場面もありそうですが、いまは地道に努力して学ぶ時期だと思っておきましょう。健康運は、お酒の飲みすぎに気をつけること。

恋愛&結婚

好きな人に振り回されたり、恋人に浮気される可能性が高い年。もともと注目を集めるような人を好むため、恋のライバルは多いタイプですが、今年はあなたの魅力が欠けやすく、思い通りに進まない状況が続いてしまいそう。一方で、地味でも真面目でやさしい人に出会える可能性もあります。見た目や雰囲気ではなく中身に目を向けてみると、素敵な人を見つけられるでしょう。結婚運は、まったくタイプではない相手と突然結婚を考えることがあるかも。冷静に判断しましょう。

仕事&お金

計算通りに仕事を進めにくい年。苦手なポジションでの業務や、事務作業などが増えてしまうかも。苦労に対して給料が見合わないように感じ、怒りが爆発して転職を考えてしまうこともありそうですが、「いままでが恵まれていたんだ」と思うようにしましょう。損な役割を担うことで、学べることもあるはずです。大変なときほど成長できるものだということを忘れないように。金運は、節約を楽しんでおきましょう。ただし、急な浪費で金欠になってしまう場合があるので気をつけて。

ラッキーカラー	ラッキーフード	ラッキースポット
ピンク、スカイブルー	ライ麦パン、豚しゃぶ	スパ、科学館

銀の時計座

命数

36 世話が好きな真面目な人

もっている星
- ★思いやりの星
- ★自信のない星
- ★ケチな星
- ★つくしすぎる星
- ★水分バランスが悪い星

基本性格 理想と現実の間で心が揺れやすい

何事も真面目に地道にコツコツと努力ができ、自分のことよりも他人のために生きられるやさしい人です。ただし、自己主張が苦手で一歩引いてしまうところがあるので、チャンスを逃しやすく、人と仲よくなるのにも時間がかかるでしょう。現実的に物事を考える面と理想との間で心が揺れてしまい、つねに周囲の意見に揺さぶられてしまうタイプ。真面目がコンプレックスになり、無謀な行動に走ってしまうときもあるでしょう。

開運アクション
- 気分転換をしっかりする
- 地味で真面目なところをコンプレックスに思わない
- 後輩や部下の面倒を見る

2024年はこんな年 真面目に取り組むことをもっと楽しもう

真面目に取り組むのがバカらしく感じてしまうことがありそうですが、今年は真面目にじっくり努力することを、もっと楽しんでみるといいでしょう。あえて遠回りをするのもよさそうです。自分磨きも楽しむことを忘れなければ、思った以上に輝くことができるでしょう。ときには開き直って言いたいことを伝えてみると、周囲が動いてくれることもありそうです。健康運は、ストレスが肌の不調につながりやすいため、こまめに気分転換をしましょう。

恋愛&結婚

つくしてきた人にフラれたり、裏切られてしまいそうな年。あなたを大切にしてくれない人は「別れる練習をさせてくれる人」だと思って、バッサリ縁を切ってしまうといいでしょう。浮気を許す気持ちも大切ですが、自分にウソをついてまで交際する必要はないと学べるはず。薄っぺらい人に引っかかりやすい運気でもあるので、軽いノリで話す人には十分注意しておきましょう。結婚運は、これまで言えなかったことを伝えて、変わってくれるような相手なら結婚してもよさそうです。

仕事&お金

仕事関係者との付き合いに疲れて、急にやる気を失ってしまいそうな運気です。突然慣れないリーダー的な役割を命じられたり、責任のあるポジションを任されるなど、苦労することが増える場合も。これまでと同じような環境を期待していると不満がたまってしまうため、今年は自分を成長させられる大切な時期だと思っておきましょう。金運は、お金をだましとられたり買い物で大失敗しやすいので、大金は動かさないように。

ラッキーカラー	ラッキーフード	ラッキースポット
ホワイト、ラベンダー	里芋の煮物、わかめのサラダ	温泉、プラネタリウム

銀の時計座 命数37 世話好きな正義の味方

もっている星

★社長の星
★人に巻きつきたがる星
★ほめられたら好きになる星
★勢いで買い物する星
★膝のケガの星

基本性格 ほめられるとパワーが出る行動力のある人

自分が正しいと思ったら止まることを知らずに突き進む力が強い人です。とくに正義感があり、面倒見がよく、自然と周囲に人を集めることができるでしょう。ただし、せっかちで勇み足になることが多く、行動に雑なところがあるので、動く前に計画を立ててみることや慎重になることも重要です。おだてに極端に弱く、ほめられたらなんでもやってしまうことも多いでしょう。向上心があり、つねに次に挑戦したくなる、行動力のある人でしょう。

開運アクション

- 仕切るなら最後まで仕切る
- 情で好きにならない
- 「憧れの存在」を目指す

2024年はこんな年 行動力がアダに。自分の非は素直に認めよう

パワフルで行動力のあるタイプですが、今年は行動することで苦労や困難を引き寄せてしまいそうです。もともと面倒見がいいので自然と人が集まってくるものの、トラブルにもつながりやすいため用心しておきましょう。じつは甘えん坊で人任せな面や、行動が雑なところを突っ込まれてしまうこともありそうです。素直に非を認めたほうが、味方を集められるでしょう。健康運は、骨折や足のケガ、ギックリ腰などに十分注意しておきましょう。

恋愛&結婚

夢を追いかけている人や頑張っている人にハマってしまいそうな年。年下にお金を貢いだり、つくしすぎて捨てられてしまうことがあるので気をつけましょう。年齢の離れた人にもハマりやすくなりますが、現実的に付き合うのが難しいと思うなら避けること。おだてに弱いので、口がうまい人にも警戒しておきましょう。長年あなたに好意を寄せてくれている人に目を向けてみるとよさそうです。結婚運は、せっかちになると破談になってしまうかも。じっくり話を進めましょう。

仕事&お金

突然起業を考えたり、無謀な転職をしやすい運気。会社の方針や上司の考え方が自分と合わなくても、今年は流れに逆らわず、与えられた仕事やポジションで最善をつくすようにしましょう。愚痴や不満を部下や後輩に漏らすと、誰もあなたに憧れなくなってしまいます。意識して前向きな話をしてみると、応援してくれる人が出てくるでしょう。金運は、これまでお金の使い方が雑だった人は、お金に困ることがあるかも。節約を楽しんでおきましょう。

ラッキーカラー	ラッキーフード	ラッキースポット
ピンク、ホワイト	クリームパスタ、バンバンジー	動物園、タワー

銀の時計座

命数

38 見栄っ張りな常識人

もっている星

★誠実な星
★失敗ができない星
★百貨店の星
★恋に執着する星
★美肌にこだわる星

基本性格　庶民的で親しみやすいが、心の支えが必要

礼儀正しくていねいで、規則やルールなどをしっかり守り、上品に生きていますが、どこか庶民的な部分をもっている親しみやすい人。面倒見がよく、差別や区別なく交友関係を広げることができますが、下品な人や、権力者やエラそうな人だけは避けるでしょう。常識派でありながら非常識な人脈をもつ生き方をします。メンタルが弱く寂しがり屋で、些細なことでヘコみすぎてしまうこともあり、心の支えになるような友人や知人を必要とするでしょう。

開運アクション

- 失敗を笑い話にする
- 話を聞いてくれる人を大切にする
- 偉くなっている人を観察する

2024年はこんな年　うまくいかなくても「失敗する自分」を許そう

キッチリした性格が、かえって自分を苦しめてしまう年。几帳面で真面目なタイプですが、今年は失敗やケアレスミスが増えてしまいそうです。どんな人にもミスはあるものなので、気にしないようにしましょう。また、急に行動的になることもありそうです。ふだんしないようなことにチャレンジするのはいいですが、危険な目に遭う可能性もあるため、ほどほどにしておきましょう。健康運は、肌の調子が乱れやすいので、スキンケアをしっかりするように。

恋愛&結婚

本来は精神的な面で支えになる人に惹かれるところがありますが、今年はあなたの気持ちをかき乱すような人が気になってしまいそうです。調子のいいことを言ってくる人には、簡単に近づかないようにしましょう。いつもの警戒心が薄れがちな運気でもあるため、十分気をつけておくように。合わないと感じた相手には、寂しくてもハッキリ別れを告げることが大切です。結婚運は、細かいことを言いすぎると相手が逃げてしまうので注意すること。

仕事&お金

あなたの真面目さや、一生懸命に頑張る姿が認められて、経験のないポジションやリーダー的な立場を任されそうです。偉くなるのはいいですが、周囲に素直に仕事を任せられなかったり、確認作業を頑張りすぎてヘトヘトになってしまうかも。今年は他人を信用し、任せることを学ぶいい機会になるでしょう。上司は多少雑なくらいのほうがいいものです。金運は、いつも以上に見栄での出費が増えてしまいそう。勢いで買い物をしないようにしましょう。

ラッキーカラー	ラッキーフード	ラッキースポット
ピンク、ライトブルー	アサリの酒蒸し、ごま団子	庭園、コンサート

銀の時計座 命数 39 目的が定まらない芸術家

もっている星

- ★アイデアが豊富な星
- ★飽きっぽい星
- ★幼稚な星
- ★才能に惚れる星
- ★匂いフェチの星

基本性格 理屈っぽくて飽きっぽいスペシャリスト

自由な生き方と発想力がある生き方をする不思議な人。探求心と追求心があり集中力もあるのでひとつのことを深く突き詰めますが、飽きっぽく諦めが早いところがあり、突然まったく違うことをはじめたり、違う趣味を広げる人でしょう。変わった人脈をつくりますが、本音は他人に興味がなく、理屈と屁理屈が多く、何事も理由がないとやらないときが多いでしょう。その一方で、スペシャリストになったり、マニアックな生き方をしたりすることがあるでしょう。

開運アクション

- 現状に飽きたら探求できるものを見つける
- 年の離れた人と話してみる
- 学びにお金を使う

2024年はこんな年 予想外の展開が。変化を楽しむ姿勢が大切

いまの環境に飽きを感じると同時に、変化や刺激を楽しめる年。人間関係も変わってきて、これまでに出会ったことのないような人や年の離れた人と仲よくなれるでしょう。意外性を前向きにとらえることができる一方で、思った方向とは違う流れになったり、プライドを傷つけられることもありそうです。健康運は、体調を崩しやすくなるので、栄養バランスの整った食事を心がけましょう。とくに、目の病気には気をつけること。

恋愛&結婚

もともと異性を見る目がないタイプ。今年はいつにも増して変な人に興味がわいたり、不思議な才能や個性をもっている人と仲よくなりそうです。この時期に縁がつながった人とは短い付き合いになりますが、去る者は追わないようにしましょう。年齢の離れた人に好意を寄せられ、面倒なことになるケースもありそう。相手に興味がもてないときはハッキリ断ることが大切です。結婚運は、突然結婚を考えてしまいそうですが、勢いや好奇心だけで決めないようにしましょう。

仕事&お金

自分の才能をうまく活かせないポジションについたり、苦手なグループで取り組む仕事を任されてしまいそうです。仕事に飽きて辞めたくなる場合もありますが、今年転職すると悪い癖になって、のちに転職を繰り返す原因になってしまうので避けましょう。自分に役立つ勉強をはじめるなど、仕事以外の楽しみをつくると長く続けられそうです。ひとつの業務を探求して深めるのもいいでしょう。金運は、本を買って読んだり、勉強になることにお金を使うのがオススメです。

ラッキーカラー	ラッキーフード	ラッキースポット
パープル、レッド	からしレンコン、もつ鍋	劇場、喫茶店

銀の時計座

命数

40 心がブレやすい博士

もっている星

- ★探究心の星
- ★プライドが高い星
- ★知識にお金を使う星
- ★知性のある人が好きな星
- ★目の疲れの星

基本性格 他人のために知恵を役立てると人生が好転する人

好きなことを深く突き詰めることができる理論と理屈が好きな人。冷静に物事を考えられ、伝統や文化が好きで、大人なタイプです。自分が学んできたことや知識を他人のために役立てることができると人生が好転するでしょう。人間関係をつくることが上手ですが、本当はめったに心を開かない人。心は庶民ですが、プライドが高く、自分の世界観やこだわりが強くなってしまい、他人の評論や評価ばかりをすることが多いでしょう。

開運アクション

- いらないプライドは捨てる
- 冷たい言い方をしない
- 学べることを探す

2024年はこんな年 他人の評価に惑わされず受け流す力を身につけて

プライドが傷つくようなことがあったり、積み重ねてきたことを投げ出したくなりそうな年。興味のあることを追求し研究する才能がありますが、今年は頑張ってきたことを否定されたりバカにされて感情的になり、自ら人との縁を切ってしまうことがあるかも。世の中、すべての人に認められるのは不可能です。「いろいろな人がいる」と思って、聞き流すようにしましょう。健康運は、目の疲れと片頭痛が出やすくなりそう。食事のバランスを整え、軽い運動をするようにしましょう。

恋愛&結婚

相手の些細な欠点が気になって言葉に出すと、それが原因で縁が切れてしまったり、冷たい人だと思われてしまいそうです。よかれと思って伝えたことでも、言い方ひとつで関係が壊れることもあるので、発言には十分気をつけましょう。新たな出会いは、変な人にハマったり、これまでに出会ったことのない変わったタイプの人から好かれることがあるので、注意が必要です。結婚運は、自分に足りないものをもっている人を選ぶようにしましょう。

仕事&お金

「自分がやるべき仕事ではない」と勝手に判断して、仕事を辞めたくなってしまいそうな年。興味のない部署や仕事だとしても、自分の成長を期待して任せてくれていると思って、一生懸命に取り組みましょう。学びや発見がたくさんあるはずです。苦手な上司や部下が現れる時期でもありますが、相手の観察を楽しんでみると苦手意識が薄れ、表面的には仲よくできそうです。金運は、これまでと価値観が変わって、ふだんなら必要ないと思うものを購入しやすいので気をつけること。

ラッキーカラー	ラッキーフード	ラッキースポット
ピンク、ホワイト	たこ焼き、アボカドサラダ	神社仏閣、城

金のカメレオン座

命数

41 古風な頑張り屋

もっている星
★友情を大切にする星
★突っ込まれると弱い星
★みんなと同じものを購入する星
★同級生を好きになる星
★タフな星

ラッキーカラー	ラッキーフード	ラッキースポット
イエロー ブルー	ピーマンの肉詰め アーモンド	スポーツジム キャンプ場

基本性格 真似することで能力が開花する

大人っぽく冷静な感じに見えますが、サッパリとした性格で根性があります。ただし、突っ込まれると弱く、心配性なところを隠しもっています。女性は美人なのに色気がない人が多いでしょう。知的で、他人を真似することでその能力を開花させられるタイプですが、意地を張りすぎて真似を避けてしまうと、才能を発揮できない場合があります。友情や仲間をとても大事にするため、長い付き合いの友人がいるでしょう。

2024年はこんな年

新たな仲間ができ、よきライバルや見習うべき人も見つけられる年。周囲や同期と差がついてしまっていることに驚く場面もありますが、興味のあることにはドンドン挑戦しましょう。趣味でスポーツや新たな習い事をはじめてみると、長い付き合いになる友人もできそうです。同世代で頑張っている人を見ることがあなたのパワーにもなるため、プロスポーツ観戦や観劇、ライブ観賞などに足を運んでみるのもいいでしょう。健康運は、定期的な運動がオススメです。

開運アクション

- プロスポーツを観に行く
- 習い事をはじめる
- 興味のあることに挑戦する

金のカメレオン座

命数

42 要領がいい高校3年生

もっている星
★学習能力が高い星
★優柔不断な星
★高級なものを持つといい星
★健康マニアな星
★向上心ある人を好きになる星

ラッキーカラー	ラッキーフード	ラッキースポット
オレンジ レッド	いわしのマリネ ぶどう	避暑地 リゾート地

基本性格 頭の回転が速いが、じつは心配性

古風な考えをしっかりと理解でき、無駄が嫌いな合理的タイプ。派手に見えて古風か、知的に見えて根はやんちゃか、この2パターンに分かれるでしょう。どちらにせよ表面的に見せている部分と内面は大きく違います。自我が強く、自分に都合の悪い話はほぼ聞きません。他人の話の要点だけ聞くのがうまく、頭の回転はかなり速いのですが、じつは心配性。真似と要領のよさを活かすことで人生を渡り歩けますが、先走りすぎる癖には要注意。

2024年はこんな年

「金のカメレオン座」のなかで、もっとも一歩一歩進むことが苦手なタイプ。頭のよさを活かした合理的な生き方を好み、無駄を避けがちですが、今年はあえて雑用や面倒事に取り組んでみましょう。いい人脈ができたり、苦労を経験することでパワーを得られそうです。自分の才能を発見するためにも、不慣れなことや苦手なこと、避けていた世界に飛び込んでみて。音楽ライブやフェス、知人のパーティーなどに足を運ぶのもオススメです。健康運は、定期的な旅行が吉。

開運アクション

- ホームパーティーに行く
- 不慣れなことや苦手なことに挑戦する
- 相手のおもしろいところを探す

金のカメレオン座

命数

43 明るい大人

もっている星

- ★楽しませることがうまい星
- ★地道な努力が苦手な星
- ★グルメな星
- ★愛嬌のある人を好きになる星
- ★ダンスをすると痩せる星

ラッキーカラー：ピンク　ライトブルー

ラッキーフード：いか焼き　いちご

ラッキースポット：レストラン　コンサート

基本性格　知的でしっかり者なのに、バカなフリをする

明るく元気で陽気な性格でありながら、知的で古風な考えをしっかりもっているタイプ。愛嬌があり美意識も高いので、自然と人気を集め、交友関係も広くなります。ふだんはかなり冷静ですが、空腹になると機嫌が悪くなり、思考停止することがあるはず。サービス精神が豊富なところは長所ですが、そのぶん口が悪くなったり、余計な話をしてしまったりすることも。人間関係においてはバカなフリをしていることが多いでしょう。

2024年はこんな年

「金のカメレオン座」のなかでもっとも明るく、何事もポジティブに考えられるタイプ。変化が多いこの1年も楽しく過ごせ、人との交流も上手に広げられるでしょう。自分と周囲を笑顔にするために何をするといいのか、よく考えて行動すれば運を味方につけられそうです。積み重ねが必要な年でもあるため、地道な努力や、のちに役立ちそうな勉強は少しでもはじめておくように。好きな趣味を極める覚悟をすると、道が見えてくるでしょう。健康運は、食事のバランスが大事です。

開運アクション

- 仕事に役立つ勉強をする
- 異性の友人をつくる
- 自分と周囲を笑顔にする

金のカメレオン座

命数

44 勘がいい頭脳派

もっている星

- ★表現が豊かな星
- ★毒舌家な星
- ★勘で買い物をする星
- ★サプライズに弱い星
- ★スタミナ不足になる星

ラッキーカラー：ホワイト　イエロー

ラッキーフード：牡蠣フライ　バナナ

ラッキースポット：劇場　美術館

基本性格　おしゃべりで勘が鋭いけど、突っ込まれると弱い

頭の回転が速くおしゃべりで、つねに一言多いタイプ。真似がうまく、コツをつかむことが上手で、何事にも冷静に対応できますが、空腹や睡眠不足になると短気になる癖があるので注意が必要です。物事をいろいろな角度で考えますが、最後は勘でなんでも決めてしまうでしょう。おしゃべりなので攻めが強い感じに見られますが、突っ込まれると弱いところがあり、守りが手薄なところがあるでしょう。

2024年はこんな年

「金のカメレオン座」のなかで、もっとも直感で動くタイプ。今年は変化が多くなりますが、己の勘を信じて進むといいでしょう。自分が言葉を使うことに人一倍長けていると気づいていると思いますが、今年はもっと語彙を増やしたり、人がよろこぶ言葉や前向きになれる話を学ぶことが大切です。どんなときでも素敵な言葉を発せる人になれるよう成長していきましょう。話を上手に聞く訓練もしておくように。健康運は、スタミナをつけるための運動をはじめるとよさそう。

開運アクション

- 語彙を増やす
- 習い事をはじめる
- 基礎体力づくりをする

金のカメレオン座

命数 **45**

真似が上手な商売人

もっている星
- ★計画的に物事を進める星
- ★損得勘定で判断する星
- ★買い物が大好きな星
- ★過労になりやすい星
- ★おしゃれな人が好きな星

ラッキーカラー　ライトブラウン　スカイブルー

ラッキーフード　チンジャオロース　セロリの浅漬け

ラッキースポット　ショッピングモール　海水浴

基本性格　好奇心が強く、損得勘定ができるしっかり者

知的で都会的なおしゃれを心がける、情報収集と段取りがしっかりできる人。古風な考えをしっかりもち、知的好奇心がありながら根はお調子者で、損得勘定で物事を判断するタイプ。じっくり情報を集めすぎて時間がかかってしまったり、突っ込まれるとてても弱くなってしまったりする優柔不断な性格でもあります。真似が上手で、「これは得」と思ったらじっくりと観察して自分のものにする能力が高いでしょう。

2024年はこんな年

計画を立てて行動することがもっとも得意なタイプ。今年は情報収集を楽しみながら人脈づくりもできる運気なので、おもしろそうなことがあればドンドン足を運んでみるといいでしょう。「多趣味ですね」と言われるくらい今年から趣味の幅を広げることが、のちの運命をいい方向に導く秘訣です。多少気乗りしなくても、誘われたことには積極的に挑戦してみるといいでしょう。健康運は、忙しくてもメリハリのある生活をするように。

開運アクション
- 趣味を増やす
- つねにフットワークを軽くする
- 「忙しい」を楽しむ

金のカメレオン座

命数 **46**

真面目で現実的な人

もっている星
- ★几帳面な星
- ★心配性の星
- ★価値にこだわる星
- ★結婚をすぐに考える星
- ★瞬発力のない星

ラッキーカラー　ホワイト　スカイブルー

ラッキーフード　いわしの蒲焼き　納豆

ラッキースポット　水族館　劇場

基本性格　慎重派だけど、ときどき無謀な行動に走る

落ち着いてじっくりと物事を進める静かで真面目な人。几帳面で地道にコツコツ積み重ね、石橋を叩いて渡るような性格です。親切でやさしく、他人に上手に合わせることができ、守りの要となる人でもありますが、自信や勇気がなく、なかなか行動できずに待ちすぎてしまうことも。計画を立てて行動することが好きですが、冒険やチャレンジ精神は低めです。真面目がコンプレックスになり、ときどき無謀な行動に走ることもあるでしょう。

2024年はこんな年

着実に努力や挑戦の積み重ねができる年。地道な努力が続くリズムをうまくつくれ、心地よく過ごせそうです。人との交流も大事な時期なので、内気になったり遠慮したりせず、自ら食事や飲みに誘ってみましょう。「あえて少し恥ずかしい思いをする」くらいの度胸を身につけておくと、のちのち役立つでしょう。言いたいことをのみ込みすぎず、ときにはストレートに発言してみて。健康運は、代謝を上げる運動がオススメです。

開運アクション
- 発言や失敗を恥ずかしがらない
- 聴く音楽のジャンルを増やす
- 役立ちそうな資格の取得を目指す

金のカメレオン座

命数 **47**

正義感のあるリーダー

もっている星
- ★上下関係を大切にする星
- ★人と衝突しやすい星
- ★乗せられて買ってしまう星
- ★ほめられると好きになる星
- ★腰痛の星

ラッキーカラー　ライトブラウン　グリーン
ラッキーフード　にしんそば　きのこのマリネ
ラッキースポット　動物園　博物館

基本性格　おだてに弱く、上下関係を大事にするリーダー

正義感があり、パワフルなリーダータイプ。自分が正しいと思ったことにはまっすぐ突き進みますが、ややおっちょこちょいなところがあるため、先走ってしまうことが多いでしょう。知性があり、情報をしっかり集められる冷静さがありますが、おだてにとても弱い人です。古風な考え方をもち、上下関係をとても大事にするため、ほかの人にも自分と同じような振る舞いを求めるところがあります。また、後輩には厳しいことも多いでしょう。

2024年はこんな年

実行力があり、面倒見がいいタイプ。今年は関わる人が増え、行動範囲も広がるでしょう。後輩や部下ができ、頼れる先輩や上司にも恵まれるいい年になりそうです。一方で、あなたのパワフルな行動のなかで、雑な部分を突っ込まれることも。素直に受け止めて成長することで、人としての厚みが出てくるでしょう。上下関係は大切ですが、年下や後輩に厳しくしすぎず、「恩送り」の対象だと思うように。健康運は、膝や足首を動かして柔らかくしておくとよさそう。

開運アクション
- 年下には「恩送り」をする
- 何事も簡単に諦めない
- 「正しい」を押しつけない

金のカメレオン座

命数 **48**

清潔感のある大人

もっている星
- ★常識をしっかり守る星
- ★臆病になりすぎる星
- ★割り勘が好きな星
- ★安心できる人が好きな星
- ★緊張しやすい星

ラッキーカラー　オレンジ　ライトブルー
ラッキーフード　鯛めし　ナッツ
ラッキースポット　花火大会　ホテル

基本性格　学習能力と吸収力はあるが、臆病なのがアダ

上品で知的な雰囲気をもった大人です。繊細で臆病なところはありますが、常識をちゃんと守り、礼儀やマナーもしっかりしている人です。学習能力が高く、不慣れなことや苦手なことはほかから学んで吸収する能力に長けています。ただし、臆病すぎるところがあり、慎重になりすぎてチャンスを逃すことや、順番を待ちすぎてしまうこともあるでしょう。手堅く守りが強そうですが、優柔不断で突っ込まれると途端に弱くなってしまいます。

2024年はこんな年

慎重に物事を進められる1年。変化が多くなりますが、礼儀や品を忘れなければ人との関係をしっかりつくることができるでしょう。今年は初対面の人と会う機会が多いほど運気の流れに乗れ、よい方向に進めると信じ、出会いの場に積極的に出向くとよさそうです。多少臆病だったり、失敗を恥ずかしがって行動を避けるところがありますが、小さなことは気にせず、経験を増やすよう心がけましょう。健康運は、定期的に温泉に行くのがオススメです。

開運アクション
- 初対面の人を増やす
- 失敗談を笑いのネタにする
- 挨拶とお礼はキッチリする

金のカメレオン座 命数 49

屁理屈が好きな大人子ども

もっている星
★ 変化や新しいことが好きな星
★ 芸術や美術にお金を使う星
★ 屁理屈が多い星
★ 個性的な人を好きになる星
★ 目の病気の星

ラッキーカラー　ホワイト　ブルー
ラッキーフード　ブロッコリーサラダ　ほうれん草カレー
ラッキースポット　映画館　書店

基本性格　マニアックなことを知るあまのじゃくな自由人

知的で冷静で理屈が好きですが、どこか子どもっぽく、自由人のスタイルを通すタイプ。周囲が知らないことに詳しく、マニアックなことも知っていて、芸術や美術、都市伝説などにも詳しいでしょう。指先が器用で学習能力が高く真似が得意ですが、あまのじゃくな性格が邪魔をして、素直に教えてもらわないことが苦労の原因になりそう。言い訳が多く、何事も理由がないとやらないところと、なんでも評論する癖があるところはほどほどに。

2024年はこんな年

変化をもっとも楽しめるタイプなので、体験や経験を増やせる年になるでしょう。おもしろい人にもたくさん会えそうです。ただ、飽きるのが早すぎる面があるため、少しマメになって人とのつながりを大切に。海外や見知らぬ土地など、ちょっとでも興味がわいた場所にもドンドン足を運んでみるといいでしょう。思い切った引っ越しや転職など、周囲を驚かせるような行動に走ってもいいですが、計画はしっかり立てておくように。健康運は、こまめに目を休ませるよう意識して。

開運アクション

- 新しい出会いを楽しむ
- 自分でも意外に思うような習い事をする
- 頑張っている人を認める

金のカメレオン座 命数 50

生まれたときから心は60歳

もっている星
★ 古風と伝統が好きな星
★ 冷たい言い方をする星
★ 古くて価値のあるものを買う星
★ 頭のいい人を好きになる星
★ 目の病気の星

ラッキーカラー　ライトブラウン　藍色
ラッキーフード　焼きブロッコリー　ブルーベリー
ラッキースポット　書店　劇場

基本性格　学習能力は高いが、上から目線でプライド高め

冷静で落ち着きがあり、年齢以上の貫禄と情報量があるタイプ。何事も論理的に考えられ、知的好奇心が旺盛で勉強熱心。学習能力がとても高く、手先が器用で、教えてもらったことを自分のものにするのが得意。ただし、プライドが邪魔をする場合があるので、つまらないプライドを捨てて、すべての他人を尊重・尊敬すると能力を開花させられるでしょう。上から目線の言葉や冷たい表現が多くなるので、言葉を選ぶようにしてください。

2024年はこんな年

大人の魅力を出せるようになる年。興味のあることを見つけられ、探究心にも火がつきそうです。気になったことはドンドン調べ、情報をたくさん集めてみるといいでしょう。尊敬できる人やこれまでにないタイプの人にも出会えるので、フットワークを軽くして、新たな交流をもっと楽しんでみましょう。知ったかぶりをしたり、エラそうな口調にならないよう、言葉遣いには十分注意しておくこと。健康運は、肩を動かす運動をこまめにするといいでしょう。

開運アクション

- 大人の魅力を磨く
- 他人を尊敬し尊重する
- 頑張っている人を認める

銀のカメレオン座

命数

41 一言多い高校生

もっている星
- ★頑張り屋の星
- ★本音を話さない星
- ★お金の貸し借りがダメな星
- ★友達のような交際が好きな星
- ★運動がストレス発散になる星

ラッキーカラー　オレンジ　イエロー
ラッキーフード　ポークソテー　大根の味噌汁
ラッキースポット　映画館　書店

基本性格　デキる人の近くにいるとグングン成長する

周囲に合わせることが得意な頑張り屋。「でも、だって」と一言多く意地っ張りなところはありますが、真似が得意で、コツをつかむとなんでもできるようになります。ただし、意地を張りすぎて自分の生き方ややり方にこだわりすぎると、能力を発揮できない場合があるでしょう。周囲に同化しやすいのでレベルの高いところに飛び込むと成長しますが、逆に低いところにいるといつまでも成長できないので、友人関係が人生を大きく分ける人でもあります。

2024年はこんな年

上半期は、素直に負けを認めることが大切。無駄なケンカや揉め事は、大事な縁が切れる原因になってしまいます。意地を張りすぎたり不要な反発心を見せず、生意気な発言もしないよう気をつけておきましょう。下半期は、軽い負荷をかけて自分を鍛える時期です。新しい「筋トレ」だと思って面倒事や地味なことも前向きにとらえ、未来の自分がよろこぶような努力を積み重ねていきましょう。

開運アクション
- 憧れの人を探す
- 出会いが増えそうな習い事をはじめる
- 悔しさを前向きなパワーに変える

銀のカメレオン座

命数

42 向上心と度胸がある人

もっている星
- ★要点をつかむのがうまい星
- ★都合の悪いことを聞かない星
- ★一攫千金をねらう星
- ★好きな人には積極的になる星
- ★健康情報が好きな星

ラッキーカラー　ブラック　ダークブルー
ラッキーフード　ジンギスカン　豚汁
ラッキースポット　スポーツジム　リゾート地

基本性格　効率よく結果を出したい合理主義者

合理主義で無駄なことや団体行動が嫌いな人です。几帳面でていねいな感じに見える人と、派手な感じに見える人が混在する極端なタイプですが、地道な努力や下積みなど、基本を身につける苦労を避けて結果だけを求めるところがあります。真似が上手でなんでも簡単にコツをつかみますが、しっかり観察をしないでいるとその能力は活かせないままです。向上心があり、成長する気持ちが強い人と付き合うといいでしょう。

2024年はこんな年

切り替えが早く、沈む船とわかればすぐに違う船に乗り替える判断力と行動力をもっているタイプ。現状を不満に感じたり、会社や生活リズムに何か悪いところがあると思うなら、行動して変えてみるといいでしょう。ただし、後先を考えずに判断をする一面もあるので、動き出す前に一度「ゴールはどこなのか」を考えるようにすること。今後付き合う必要はないと思う人とは距離をおいたり、縁を切る決断をするのも大切です。健康運は、生活習慣を整えましょう。

開運アクション
- 行動する前にゴールを設定する
- スポーツ観戦に行く
- 別れに執着しない

銀のカメレオン座

命数 **43**

陽気で優柔不断な人

もっている星
- ★明るく華やかな星
- ★不機嫌が顔に出る星
- ★気分でお金を使う星
- ★異性に甘え上手な星
- ★顔が丸くなる星

ラッキーカラー　オレンジ　ライトブルー
ラッキーフード　豚肉とキャベツの甘辛炒め　えだまめ
ラッキースポット　レストラン　食フェス

基本性格　ちゃっかりしているけど、なんとなく憎めない人

愛嬌があり明るく甘え上手ですが、根はしっかり者でちゃっかり者。なんとなく憎めない人です。自然と好かれる能力をもちながら、お礼や挨拶などを几帳面にする部分もしっかりもっています。なにより運に恵まれているので、困った状況になっても必ず誰かに手助けしてもらえますが、ワガママが出すぎて余計なことをしゃべりすぎたり、愚痴や不満が出すぎたりして信用を失うことも。空腹になるととくに態度が悪くなるので気をつけましょう。

2024年はこんな年

「裏運気の年」が終わり、いつもの明るく元気な自分にゆっくりと戻ってくる年。ただ上半期のうちは、イライラしたり短気を起こしたりと、感情的な部分が出てしまう場面も。下半期は、「なんとかなる」と楽観的に物事を考えられるようになり、周囲を許すことや認めることができて、楽しく過ごせるでしょう。健康運は、食欲が増して急に太ってしまうことがあるので、食べすぎに注意すること。ダンスを習ったりカラオケに行くと、ストレス発散にもなっていいでしょう。

開運アクション

- 笑顔を忘れない
- ダンスや音楽系の習い事をはじめる
- 買い物は計画的にする

銀のカメレオン座

命数 **44**

余計な一言が目立つ勘のいい人

もっている星
- ★勘が鋭い星
- ★恩着せがましい星
- ★老舗ブランドの星
- ★手術する星
- ★運命を感じる恋が好きな星

ラッキーカラー　イエロー　シルバー
ラッキーフード　ヒレステーキ　焼き芋
ラッキースポット　市場　映画館

基本性格　深い付き合いを求めるのに親友が少ない

頭の回転が速く勘がいいため、要領よく生きることが上手なタイプ。頭がよく感性も豊かですが、おしゃべりをしすぎて余計な一言が多くなってしまったり、空腹になると短気を起こしてしまったりするので注意しましょう。情が深く、ときには依存するくらい人と深い付き合いをする場合もありますが、なかなか親友と呼べる人が見つからないことも。人生で困ったときは生き方に長けている人を真似してみると、自然といい流れになるでしょう。

2024年はこんな年

「口は災いのもと」だと心に留めておきましょう。とくに上半期は、感情的になることや、余計な発言が原因で人間関係が崩れてしまうことがあるかも。大事な人との縁が切れる場合もありそうです。下品な言葉は使わないようにして、たとえ本当のことであっても、なんでも口にしていいわけではないと覚えておきましょう。下半期になると直感が冴えて、気になることややりたいことを見つけられそうです。しっかり情報を集めてから、動き出すようにするといいでしょう。

開運アクション

- 余計な発言をしない
- 基礎体力づくりをする
- 美術館に行く

銀のカメレオン座

命数

45 器用な情報屋

もっている星

★多趣味・多才な星
★心配性の星
★ものがたまる星
★損得で相手を見る星
★婦人科系の病気の星

ラッキーカラー　オレンジ　スカイブルー

ラッキーフード　まぐろの刺身　豚ヒレとパプリカの炒め物

ラッキースポット　水族館　アウトレット

基本性格　無駄を省く判断と対応が早く、損得勘定ができる人

情報収集が好きで段取りや計算が得意。努力家ですが、無駄なことは避けて何事も損得勘定で判断するタイプです。いい流れに乗っていても、途中で得がないと判断すると、すぐに流れを変えられるほど臨機応変に行動できる人です。他人の真似が上手なため、他人と同じ失敗をしないので要領よく生きられる人ですが、ずる賢いと思われてしまうことも。お調子者で、お酒の席で余計なことをしゃべって大失敗をしやすいので注意が必要です。

2024年はこんな年

上半期は物事が計画通りに進みにくい時期ですが、あえて損な役割を引き受けてみると、学べることが増え、味方も集まってきそうです。「損して得とれ」を体感できるタイミングだと思ってみましょう。下半期になると流れが変わり、出会いや人と関わる機会が増えてきそうです。この時期に新たに出会った人には、できるだけ注目しておくといいでしょう。流行りのファッションや髪型を試すと、あなたらしく輝けるようにもなりそうです。話題のお店に行ってみるのもオススメ。

開運アクション

- 「損して得とれ」を忘れない
- 人気のお店に行く
- 流行に合わないものは処分する

銀のカメレオン座

命数

46 地道な大器晩成型

もっている星

★親切な星
★相手に合わせる星
★不動産の星
★片思いが長い星
★冷え性の星

ラッキーカラー　ラベンダー　スカイブルー

ラッキーフード　豆乳鍋　大根サラダ

ラッキースポット　渓谷　水族館

基本性格　ゆっくり実力がついていく、自信のない現実派

真面目で根気強く、コツコツと努力できる人。何事にも時間がかかってしまい瞬発力に欠けますが、慎重に進めながらも現実的に考えられます。謙虚ですが、自分に自信がもてなくて一歩引いてしまったり、遠慮しやすく多くのことを受け身で待ってしまったりも。真似がうまく、コツを教えてもらうことで、ゆっくりとですが自分のものにできます。手先が器用なので、若いころに基本的なことを学んでおくと人生の中盤以降に評価されるでしょう。

2024年はこんな年

別れ下手なあなたですが、今年は嫌いな人や悪意がある人、自分を利用してくる人とは縁を切り、新たな人脈を広げる準備をしましょう。自分の気持ちに素直になって生きる勇気を出すことが大事です。あなたのやさしさに気づかない鈍感な人と一緒にいる必要はありません。また、ケチケチしていると、かえって不要なものが増えてしまうので、思い出があるものでも思い切って処分すること。気持ちがスッキリし、前に進めるようになるでしょう。

開運アクション

- ケチケチせず不要なものは捨てる
- 人との別れを覚悟する
- 自分が本当に好きなことを探す

銀のカメレオン座 命数 47 せっかちなリーダー

もっている星
- ★正義感が強い星
- ★甘えん坊で人任せな星
- ★お金遣いが荒い星
- ★押しに極端に弱い星
- ★下半身が太りやすい星

ラッキーカラー　オレンジ　ネイビー
ラッキーフード　おろしそば　鮭と野菜のクリームシチュー
ラッキースポット　水族館　スポーツ施設

基本性格　いい仲間に囲まれる行動力のある甘えん坊

仕切りたがりの超甘えん坊で、人任せにするのが得意な人。正義感があり、上下関係はしっかりしていますが、地道な努力は苦手で、何事もパワーと勢いで突き進みます。「細かいことはあとで」と行動が先になるので、周囲の人が巻き込まれて大変なこともありますが、真面目で几帳面なところがあるので自然とリーダー的な立場になって、仲間のなかでは欠かせない存在でしょう。突っ込まれると弱いのですが、いい仲間をつくれる人です。

2024年はこんな年

上半期は、行動を制限されたり身動きがとれなくなってしまいそうですが、下半期からは徐々に動き出せるようになるでしょう。ただ、正義感を出しすぎると、揉め事の原因になってしまうため、言葉やタイミングを選んで発言するようにしましょう。正しいからといってなんでも言っていいわけではありません。行動力が高まりそうですが、動く前にしっかり情報を集めておくことが大切です。思い違いや勘違いで、無駄な苦労をするハメにならないよう気をつけましょう。

開運アクション
- 仕切るなら最後まで仕切る
- 行動する前に情報を集める
- 勢いで買ったものは処分する

銀のカメレオン座 命数 48 古風で上品

もっている星
- ★ルールを守る星
- ★神経質になる星
- ★見栄で出費する星
- ★チェックが厳しい星
- ★きれい好きな星

ラッキーカラー　オレンジ　ブルー
ラッキーフード　イクラ　レバーパテ
ラッキースポット　コンサート　お祭り

基本性格　あと一歩が踏み出せない、ていねいな努力家

礼儀正しく誠実で努力家なタイプ。自分の弱点や欠点をしっかり分析でき、足りないことは長けている人から学んで自分のものにすることができます。一方で臆病なところがあり、目標まであと少しのところで逃げてしまったり、幸せを受け止められずに避けてしまったりするところも。何事もていねいなことはよいのですが、失敗を恐れすぎて、チャレンジを避けすぎてしまうところがあるので、思い切った行動や勇気が必要でしょう。

2024年はこんな年

現状の不満や不安をそのままにせず、少しでも解決する勇気を出すことが大切な年。間違っていると思うことがあるなら、ハッキリ伝えましょう。たとえそれで問題になったとしても、気持ちの整理がつくでしょう。とくに上半期は、自分本位な人と縁を切ったり、距離をおく判断が必要になります。下半期は、次にやるべきことや興味がわくことを見つけられそうです。勇気を出して、好奇心に素直に従ってみましょう。人に会うことを楽しんでみると、縁がつながってきそうです。

開運アクション
- 下品な人と縁を切る
- 信頼できる年上の友達をつくる
- 不要なブランド品を売る

銀のカメレオン座

命数

49 器用な変わり者

もっている星
★独特な美的センスがある星
★突然投げ出す星
★不要な出費が多い星
★不思議な人に惹かれる星
★食事が偏る星

ラッキーカラー オレンジ ホワイト
ラッキーフード ガーリックシュリンプ いちご
ラッキースポット 映画館 美術館

基本性格 屁理屈が多く飽きるのが早い変人

常識をしっかり守りながらも「人と同じことはしたくない」と変わった生き方をする人。芸術や美術の才能があり、周囲が興味のもてないようなことに詳しいでしょう。屁理屈と言い訳が多く、好きなこと以外は地道な努力をまったくしない面も。人間関係も、深く付き合っていると思ったら突然違う趣味の人と仲よくなったりするため、不思議な人脈をもっています。何事もコツを学んでつかむのがうまいぶん、飽きるのも早いでしょう。

2024年はこんな年

人との縁が切れやすい年ですが、執着心が弱いタイプなので、かえって気持ちが楽になりそうです。ただし、何もかも手放しすぎてしまわないこと。本当に必要な縁や、せっかく手に入れたものまで失わないよう気をつけましょう。上半期は、面倒な人間関係に短気を起こしてしまいそうですが、余計な発言はしないように。下半期は、視野が広がって興味をもてることがドンドン見つかりそうです。見るだけで満足せず実際に体験や経験をしてみると、楽しく過ごせるでしょう。

開運アクション

- 手放しすぎない
- 視野を広げる
- 好奇心を忘れない

銀のカメレオン座

命数

50 理論と理屈が好きな老人

もっている星
★理論と理屈の星
★閉鎖的な星
★伝統に価値を感じる星
★年上が好きな星
★目に疲れがたまる星

ラッキーカラー ピンク 藍色
ラッキーフード うなぎの蒲焼き ヨーグルト
ラッキースポット 書店 古都

基本性格 知的で冷静だけど、やや上から目線

分析能力に長けた、冷静で理屈が好きな人。年齢の割には年上に見えたり、落ち着いた雰囲気をもちながらも、年上に上手に甘えたりすることができます。他人とは表面的には仲よくできますが、知的好奇心がない人や探求心がない人には興味がもてず、めったに心を開きません。神社や仏閣に行くことが好きで、ときどき足を運んでお祈りし、伝統や文化を大事にすることも。上から目線の言葉が強いので、言葉選びは慎重にしましょう。

2024年はこんな年

完璧主義で妥協ができないタイプですが、今年はいらないプライドを捨てるいい機会です。他人を認めることで、進む道や視野が変わってくるでしょう。意地になることや傷つくような出来事があっても、「まあいいや」と流したり手放すようにすると、気持ちが楽になるでしょう。「なんで意地を張り続けていたのか」と不思議に思えてくるはずです。尊敬する人と離れたり縁が切れることもありそうですが、新たな目標ができて、突き詰めたいことが変わるでしょう。

開運アクション

- 頑張っている人を認める
- 不要なプライドは捨てる
- 自分から挨拶する

金のイルカ座 命数 51

頑張り屋で心は高校1年生

もっている星
- ★部活のテンションで生きる星
- ★負けず嫌いの頑張り屋な星
- ★周りにつられて浪費する星
- ★身近な人を好きになる星
- ★運動しないとイライラする星

ラッキーカラー ダークブルー オレンジ
ラッキーフード お好み焼き ごぼうサラダ
ラッキースポット 公園 スタジアム

基本性格 少年の心をもった色気のない人

負けず嫌いの頑張り屋さん。ライバルがいることで力を発揮できる人ですが、心は高校1年生のスポーツ部員。つい意地を張りすぎてしまったり、「でも、だって」が多く、やや反発心のあるタイプ。女性は色気がなくなりやすく、男性はいつまでも少年の心のままでいることが多いでしょう。自分が悪くなくても「すみません」と言えるようにすることと、目標をしっかり定めることがもっとも大事。

2024年はこんな年

ハッキリとしたゴールを決めることでパワーや能力を発揮できるタイプなので、目標となる人を探してみるといいでしょう。何年後に追いつき、いつごろに追い越せそうか、具体的に考えることが大切です。とくに思い浮かばないなら、同期や同級生、同世代の有名人や成功者をライバルだと思って、少しでも追いつけるよう努力してみて。健康運は、スポーツをはじめるのに最高のタイミングです。ただ、頑張りすぎると年末に調子を崩してしまうため、疲れはため込まないように。

開運アクション

- 目標とする人を決める
- 運動をはじめる
- 異性の友人をつくる

金のイルカ座 命数 52

頑張りを見せないやんちゃな高校生

もっている星
- ★頭の回転が速い星
- ★団体行動が苦手な星
- ★ライブ好きな星
- ★刺激的な恋にハマる星
- ★健康情報が好きな星

ラッキーカラー ブラック オレンジ
ラッキーフード さばの塩焼き きんぴらごぼう
ラッキースポット スポーツジム 劇場

基本性格 団体行動が苦手な目立ちたがり

頭の回転が速く、合理的に物事を進めることに長けている人。負けず嫌いの頑張り屋さんで、目立つことが好きですが団体行動は苦手。ところが、ふだんはそんなそぶりを見せないように生きることが上手です。人の話を最後まで聞かなくても、要点をうまく汲み取って瞬時に判断できるタイプ。ときに大胆な行動に出ることや、刺激的な事柄に飛び込むこともあるでしょう。ライブや旅行に行くとストレスの発散ができます。

2024年はこんな年

頑張る姿や一生懸命さを表には出さないあなた。わざわざアピールする必要はありませんが、夢や希望は周囲に話してみるといいでしょう。黙っていては周りからの協力やいい情報は得られないので、自分がどこを目指しているのかなどを話す機会をつくるとよさそうです。雑用を避けるところもありますが、あえて面倒なことを引き受けるくらいの気持ちでいるほうが成長につながるでしょう。健康運は、ヤケ食いをして胃腸の調子を崩しやすいので注意すること。

開運アクション

- 自分の目標や夢を語ってみる
- 体験教室に行く
- 向上心のある友人をつくる

金のイルカ座

命数

53 陽気な高校1年生

もっている星

★笑顔の星
★ワガママな星
★勢いで恋をする星
★簡単に太る星
★食べ物に浪費する星

ラッキーカラー　ピンク　ライトブルー

ラッキーフード　ねぎ焼き　ポテトサラダ

ラッキースポット　レストラン　動物園

基本性格　不思議と助けられる運のいい人

「楽しいこと」「おもしろいこと」が大好きな楽観主義者。つねに「なんとかなる」と明るく前向きにとらえることができますが、空腹になると機嫌が悪くなります。サービス精神が豊富で自然と人気者になる場合が多く、友人も多いでしょう。油断をするとすぐに太ってしまい、愚痴や不満が出て、ワガママが表に出すぎることがあるので気をつけましょう。基本的に運がよく、不思議と助けられることも多く、つねに味方がいる人でしょう。

2024年はこんな年

人生を楽しもうとするあまり、目の前の快楽に流されないよう注意しましょう。計画や目標を立てるより、「いまが楽しければいい」と思ってしまうタイプなので、努力や地道な積み重ねがおろそかになってしまいがちです。人生を楽しみたいなら、「自分も周囲も楽しませて笑顔にする」を目標にしてみるといいでしょう。もっと夢を大きくして、「自分と関わる人すべてを楽しませる」くらいまで目指すといいかも。健康運は、年末に鼻炎になったり気管が弱くなりやすいので気をつけて。

開運アクション

- 自分も周囲も楽しませる
- 異性をしっかり観察する
- 定額預金をする

金のイルカ座

命数

54 頭の回転が速い頑張り屋

もっている星

★おしゃべりな星
★勘がいい星
★短気な星
★一目惚れする星
★スタミナがない星

ラッキーカラー　イエロー　ターコイズブルー

ラッキーフード　焼き肉　ゆで卵

ラッキースポット　神社仏閣　劇場

基本性格　感性豊かでおしゃべり。一言多くて失敗も

直感が冴えていて頭の回転が速く、アイデアを生み出す能力も高く、表現力があって感性豊かな人。おしゃべりで、目立ってしまうことも多いのですが、一言多い発言をしてしまい、反省することも多いでしょう。負けず嫌いの意地っ張り。競争することでパワーを出せる面がありますが、短気で攻撃的になりやすく、ワガママな言動をしてしまうことも。根は人情家で非常にやさしい人ですが、恩着せがましいところがあるでしょう。

2024年はこんな年

頭の回転は速くても計画を立てるのは苦手なタイプ。自分の直感を信じて行動するのはいいですが、まずは2年後、5年後に自分がどうなっていたいかを考えてみましょう。現実的で具体的な目標を立てることが大切です。6月に突然夢ができて突っ走りたくなることがありますが、2か月間情報を集めてから本当に行動していいかを見極め、8月に動き出すといいでしょう。健康運は、スタミナが足りていないので、今年から定期的にランニングや水泳などの運動をするのがオススメ。

開運アクション

- ポジティブな発言をし周囲に感謝を伝える
- 勉強して語彙を増やす
- 直感で動く前に計画を立てる

金のイルカ座

命数

55 社交性がある頑張り屋

もっている星

- ★情報収集が得意な星
- ★トークが軽い星
- ★買い物が好きな星
- ★貧乏くさい人が嫌いな星
- ★お酒に飲まれる星

ラッキーカラー　ダークブルー　ブラウン

ラッキーフード　豚のしょうが焼き　しじみの味噌汁

ラッキースポット　温泉　水族館

基本性格　興味の範囲が広くて目立ちたがり屋

段取りと情報収集が好きで、フットワークが軽く、交友関係も広くて華のある人。多趣味で多才、器用に物事を進められ、注目されることが好きなので自然と目立つポジションをねらうでしょう。何事も損得勘定で判断し、突然交友関係や環境が変わることも。興味の範囲が幅広いぶん、部屋に無駄なものが増え、着ない服や履かない靴などがたまってしまいがちです。表面的なトークが多いので、周囲から軽い人だと思われてしまうところもあります。

2024年はこんな年

多趣味・多才で情報好き、計画も立てられるタイプのあなた。今年は「行動」をもっと意識してみましょう。興味をもったことを調べて知識としては知っているものの、実際に体験や経験はしていないということも多いもの。行動してから考えてもいいくらいなので、周囲を誘ったり、意識してリーダー的な役割にも挑戦してみましょう。健康運は、過労や予定の詰め込みすぎ、お酒の飲みすぎに要注意。

開運アクション

- 情報収集より行動を優先する
- 感謝と恩返しを忘れない
- 夜遊びはできるだけ避ける

金のイルカ座

命数

56 現実的な努力家

もっている星

- ★真面目でやさしい星
- ★自分に自信がない星
- ★小銭が好きな星
- ★片思いが長い星
- ★冷えに弱い星

ラッキーカラー　ホワイト　スカイブルー

ラッキーフード　さんまの塩焼き　レバーの甘辛煮

ラッキースポット　温泉　コンサート

基本性格　几帳面に物事を進められる陰の努力家

現実的に物事を考えられ、真面目で几帳面で地道に物事を進めることが好きな人。負けず嫌いで意地っ張りな面もあり、陰で努力をします。些細なことでもじっくりゆっくりと進めるでしょう。そのため何事も時間がかかってしまいますが、最終的にはあらゆることを体得することになります。本心では出たがりなところもありますが、チャンスの場面で緊張しやすく、引き癖があり、遠慮して生きることの多い断りベタな人でしょう。

2024年はこんな年

未来に向けて地道な努力をはじめる年。多少遠回りでゆっくりでも、自分のゴールや夢に近づく方法を思いついたら実践するようにしましょう。周囲に小馬鹿にされても、「うさぎと亀」の亀のように最後に笑うことができると信じ、自分のペースで頑張ってみて。1日10分でもいいので、目標を達成するための勉強や運動をしてみると、早ければ2年後にはいまの周囲との関係をひっくり返すことができそうです。健康運は、基礎代謝を上げる運動をスタートするといいでしょう。

開運アクション

- 1日10分、勉強と筋トレをする
- 「嫌われてもいい」と覚悟する
- 仕事の予習・復習を行う

金のイルカ座

命数

57 おだてに弱い高校生

もっている星
★リーダーになる星
★おだてに弱い星
★後輩にご馳走する星
★恋に空回りする星
★よく転ぶ星

ラッキーカラー　ダークブルー　ブラウン
ラッキーフード　冷麺　トマトサラダ
ラッキースポット　商店街　空港

基本性格　物事を前に進める力があるけど、おっちょこちょい

実行力と行動力があるパワフルな人。おだてに極端に弱く、ほめられるとなんでもやってしまうタイプ。やや負けず嫌いで意地っ張りなところがあり、正義感があるので自分が正しいと思うと押し通すことが多いでしょう。行動は雑でおっちょこちょいなので、忘れ物やうっかりミスも多くなりがち。後輩や部下の面倒を見ることが好きで、リーダー的存在になりますが、本音は甘えん坊で人任せにしているほうが好きでしょう。

2024年はこんな年

多少せっかちなところがありますが、パワフルで行動力があるタイプ。今年は、計画をしっかり立てることが重要です。自分にとって最高に幸せなポジションや状況を想像し、そのためには何が必要でどんな人脈が大事なのかを考えてみましょう。周囲に相談してもよさそうです。尊敬できる先輩や上司がいるのであれば一緒にいるといいですが、あなたはリーダーとしての素質があるので、まとめ役になってみても能力を発揮できるでしょう。健康運は、足腰のケガに気をつけて。

開運アクション

- 計画を立ててから行動に移す
- 勝手に諦めない
- 後輩や部下の面倒を見る

金のイルカ座

命数

58 上品な情熱家

もっている星
★礼儀正しい星
★恥ずかしがり屋の星
★見栄で出費する星
★相手を調べすぎる星
★肌が弱い星

ラッキーカラー　ピンク　ライトブルー
ラッキーフード　チーズ　いちご
ラッキースポット　庭園　コンサート

基本性格　意地っ張りで繊細な心の持ち主

礼儀正しい頑張り屋。挨拶やマナーをしっかり守り、上品な雰囲気をもっていますが、根はかなりの意地っ張り。自我が強く出すぎるのに、繊細な心をもっているので、些細なことを気にしすぎてしまうことがあるでしょう。常識やルールを守りますが、自分にも他人にも同じようなことを求めるので、他人にイライラすることが多いでしょう。清潔感が大事で、つねにきれいにしているような几帳面なところがあります。

2024年はこんな年

品格があり礼儀正しいタイプですが、今年は勇気と度胸を身につけることを意識して過ごしてみるといいでしょう。武道や格闘技など、ふだんなら避けていたことにも恥ずかしがらずにチャレンジしてみて。あえて人前に立つことや、自分の発言に自信をもつことも大切です。何事も慣れが肝心なので、目立つ服や露出の多い服を着て、視線を集めてみるのもいい訓練になりそう。健康運は、スキンケアをしっかりしておきましょう。

開運アクション

- 自分の気持ちを素直に伝える
- 幸せになる勇気と度胸を忘れない
- 素直にほめて認める

金のイルカ座

命数

59

熱しやすく冷めやすい努力家

もっている星

- ★天才的なアイデアを出す星
- ★飽きっぽい星
- ★才能に惚れる星
- ★目の疲れの星
- ★マニアックなものにお金を使う星

ラッキーカラー　ホワイト　ブルー

ラッキーフード　うなぎの蒲焼き　鮭の塩焼き

ラッキースポット　劇場　工芸品店

基本性格　負けず嫌いのクリエイター

根っからの変わり者で自由人。斬新で新しいことを生み出す才能があり、つねに人と違う発想や生き方をする人。負けず嫌いの意地っ張りで、素直ではないところがありますが、芸術系や美術、クリエイティブな才能を活かすことで認められる人でしょう。理論と理屈が好きですが、言い訳が多くなりすぎたり、理由がないと行動しないところも。心は中学1年生で止まったまま大人になることが多いでしょう。

2024年はこんな年

自分の才能や個性を活かしたいと思っているなら、思い切って環境を変える勇気が必要です。都会や海外など、チャンスがありそうな場所がわかっている人は、引っ越してでも飛び込んでみるといいでしょう。お金が足りないなど、すぐに動けない事情がある場合は、9月の実行を目標に上半期は節約を心がけ、しっかり貯金しておきましょう。今年はあなたの人生観を変えるような体験や出会いもあるので、素直に行動に移すことが大切です。健康運は、目の疲れに要注意。

開運アクション

- 興味のあることを見つけているなら行動に移す
- 好かれることを楽しんでみる
- 他人の才能や個性を素直に認める

金のイルカ座

命数

60

理屈が好きな高校生

もっている星

- ★冷静な星
- ★エラそうな口調になる星
- ★アートにハマる星
- ★肩こりの星
- ★尊敬できる人を好きになる星

ラッキーカラー　ホワイト　藍色

ラッキーフード　エビマヨ　しめじの味噌汁

ラッキースポット　書店　美術館

基本性格　芸術の才がある冷静な理論派

理論や理屈が大好きで、冷静に物事を考えられる大人なタイプ。知的好奇心が強く、深く物事を考えていて対応力があり、文化や芸術などにも詳しく、頭のいい人でしょう。人付き合いは上手ですが、本音では人間関係が苦手でめったに心を開かないタイプ。何事にも評論や批評をする癖もあります。意地っ張りで負けず嫌いでプライドが高く、認めない人はなかなか受け入れませんが、何かを極める達人や職人、芸術家の才能があるでしょう。

2024年はこんな年

プライドが高い一方で、ユーモアセンスもある知的なタイプ。つねに冷静な対応ができますが、言葉が冷たく聞こえてしまうことも多いので、今年は柔らかい言い方や、伝わりやすい言葉を選ぶよう心がけましょう。周囲の人の頑張りをねぎらったり、結果が出ていない人の努力を認められるようになると、味方が集まってくるはず。先輩や年上の人の話を聞き、情報をしっかり集めておくとよさそうです。健康運は、食事のバランスを整えるようにしましょう。

開運アクション

- 頑張りを認め、ねぎらう
- 誰に対しても尊敬できる部分を探す
- やさしい表現や伝え方を学ぶ

銀のイルカ座

命数 **51**

華やかで心は高校生

もっている星
- ★サッパリとした性格の星
- ★負けを認められない星
- ★お金に執着がない星
- ★異性の友達を好きになる星
- ★胃腸が弱い星

ラッキーカラー　ピンク　ブルー
ラッキーフード　かれいの煮付け　アサリの味噌汁
ラッキースポット　スポーツ施設　キャンプ場

基本性格　気持ちが若く、仲間から好かれる

負けず嫌いの頑張り屋で、目立つことや華やかな雰囲気が好き。やや受け身ですが、意地を張りすぎずに柔軟な対応ができ、誰とでもフレンドリーで仲よくなれます。心は高校1年生のまま、気さくで楽な感じでしょう。女性は色気があまりなく、男性の場合は少年の心のまま大人になった印象です。仲間や身近な人を楽しませることが好きなので、自然と人気者に。学生時代の友達や仲間をいつまでも大事にするでしょう。

2024年はこんな年

新たな友人や仲間ができる年。職場やプライベートで、これまでとは違ったタイプの人と仲よくなれるでしょう。親友や長い付き合いになる人に出会えることも。今年は、一歩踏み込んだ関係づくりに努めることが大切です。習い事をしたり、共通の目標がある人を探してみるのもいいでしょう。舞台や芝居を観賞すると刺激になり、表現力も学べそうです。努力している人を認めると、自分もパワーがわいてくるでしょう。健康運は、運動のスタートに最適なタイミングです。

開運アクション
- 新しい趣味をはじめる
- 舞台や芝居を観に行く
- 仕事関係者とプライベートで遊ぶ

銀のイルカ座

命数 **52**

刺激が好きな高校生

もっている星
- ★合理的な星
- ★刺激的な遊びに飛び込む星
- ★旅行で浪費する星
- ★野心のある人を好きになる星
- ★ヤケ食いで体調を崩す星

ラッキーカラー　ブラック　ダークブルー
ラッキーフード　いか飯　くるみ
ラッキースポット　リゾート地　ライブハウス

基本性格　頭の回転が速く、話題も豊富な人気者

家族の前と、外や人前とではキャラを切り替えることが上手な役者タイプ。目立つことが好きですが、全面的にそれを出すか、または秘めているか、両極端な人でしょう。何事も合理的に物事を進めるため、無駄と地味なことが嫌いで団体行動も苦手。一方で刺激や変化は好きなので、話題が豊富で人気を集めます。頭の回転が速くトークも上手ですが、「人の話の前半しか聞かない星」をもっているため、先走りすぎることも多いでしょう。

2024年はこんな年

興味のある場所にドンドン足を運ぶことで、いい刺激と学びを得られる年。多少出費がかさんでも気にせず、旅行やライブに行くなどして新たな経験を増やすと、素敵な出会いにもつながるでしょう。これまでとは違った目標ができることもありそうです。団体行動を避けていると大切な縁がつながらなくなってしまうため、苦手に感じても、人の輪に入るよう心がけましょう。雑用や面倒なことほど、率先して行うことも大切です。健康運は、ヤケ食いに注意すること。

開運アクション
- 団体行動を楽しんでみる
- 相手の内面を見るよう努力する
- 音楽フェスや食フェスに行く

銀のイルカ座

命数

53 陽気な遊び人

もっている星

- ★遊びが大好きな星
- ★文句が多い星
- ★かわいいものを買いすぎる星
- ★体の相性を大事にする星
- ★体が丸くなる星

ラッキーカラー　オレンジ　ライトブルー

ラッキーフード　麻婆豆腐　ロールキャベツ

ラッキースポット　音楽フェス　喫茶店

基本性格　欲望に素直な楽しい人気者

楽しいことやおもしろいことが大好きな陽気な人気者。人付き合いやおしゃべりが上手で、周囲を楽しませることが好きなタイプ。目立つことが好きで、音楽やダンスの才能があります。「空腹になると機嫌が悪くなる星」をもっているので、お腹が空くとイライラや不機嫌が周囲に伝わってしまいます。欲望に素直に行動し、つい余計なことをしゃべりすぎてしまうところがありますが、人間関係のトラブルは少ないほうでしょう。

2024年はこんな年

持ち前のサービス精神と人懐っこさが活かせる年。人気者のように注目が集まり、人とのつながりが増えて、慌ただしくなってくるでしょう。楽しく過ごすのはいいですが、もともと詰めが甘かったり誘惑に流されやすいところがあるので要注意。何かに取り組むときはメリハリをしっかりつけ、「やるときは最後までキッチリやる」ことを忘れないようにしましょう。また楽しむときは、自分も周りも、もっと楽しめるよう意識すること。健康運は、ダンスやヨガがオススメです。

開運アクション

- 締めくくりをしっかりする
- 周囲を楽しませる
- 本を読んで語彙を増やす

銀のイルカ座

命数

54 遊び好きの人情家

もっている星

- ★感性が豊かな星
- ★一言多い星
- ★気がついたら浪費している星
- ★デブが嫌いな星
- ★ストレスをためやすい星

ラッキーカラー　オレンジ　イエロー

ラッキーフード　ジンギスカン　大学芋

ラッキースポット　神社仏閣　お祭り

基本性格　根は人情家だけど、トークがうまい毒舌家

頭の回転が速く、何事も直感で決めるタイプ。遊び心がつねにあり、目立つことが大好き。トークが上手で、周囲を楽しませることが得意でしょう。しゃべりすぎて余計な一言が出てしまい、「毒舌家」と言われることもありますが、根は人情家で純粋な心をもっています。困っている人を見ると放っておけず、手助けをすることも多いでしょう。ストレートな意見を言えるので周囲からの相談も多く、自然と人脈が広がっていくでしょう。

2024年はこんな年

何事も人任せにしていると、愚痴や文句が増えて口が悪くなってしまいます。不満があるなら自ら動き、あえて愚痴の言えない状況をつくってみましょう。他人の努力や頑張りを認めると、あなたの才能や能力を認めてくれる人も現れるでしょう。年上の人からのアドバイスをしっかり受け止めることも大切です。直感を信じるのはいいですが、もともと短気を起こしやすい性格なので、早急に判断しないよう気をつけましょう。健康運は、基礎体力づくりが大切です。

開運アクション

- 他人の才能をほめる
- 上品さを意識する
- 周囲の見本となる人を目指す

銀のイルカ座

命数

55 華やかな情報屋

もっている星
- ★おしゃれで華のある星
- ★トークが薄っぺらい星
- ★ものが増える星
- ★流行に弱い星
- ★膀胱炎になりやすい星

ラッキーカラー　オレンジ　ネイビー
ラッキーフード　まぐろ丼　レンコンのきんぴら
ラッキースポット　水族館　海水浴

基本性格　情報収集が得意でトークの達者な人気者

人当たりがよく、情報収集が好きで、流行に敏感なタイプ。おしゃれでフットワークが軽く、楽しそうな場所にはドンドン顔を出す人です。華やかで目立つことが好きなので、遊びや趣味の幅もとても広いでしょう。損得勘定で判断することが多いのですが、周囲の人間関係とのバランスを図るのもうまく、ウソやおだても得意。トークも達者で周囲を自然と楽しませる話ができるため、いつの間にか人気者になっているでしょう。

2024年はこんな年

あなたの社交性を活かせる年。フットワークがより軽くなり人脈が広がって、これまでにない新たな縁がつながるでしょう。損得勘定で人を判断すると相手に見抜かれてしまう場合があるので、「どんな人にもいいところがある」と思って接すること。また、気になる人ができたら、受け身にならず自分から遊びに誘ってみましょう。ゴルフをする、ジャズを聴く、BARに入るなどして「大人の時間」を楽しんでみると、いい経験と人脈ができそうです。健康運は、休肝日をつくること。

開運アクション

- 損得勘定で人付き合いしない
- 大人っぽい趣味をはじめる
- フットワークを軽くする

銀のイルカ座

命数

56 真面目な目立ちたがり屋

もっている星
- ★やさしい星
- ★チャンスに弱い星
- ★少しでも安物に目がいく星
- ★キスが好きな星
- ★むくみやすい星

ラッキーカラー　オレンジ　ラベンダー
ラッキーフード　納豆　杏仁豆腐
ラッキースポット　海　書店

基本性格　人に好かれるのに遠慮する癖がある

陽気で明るい性格ですが、とても真面目で受け身です。本音では目立ちたいと思っていますが、遠慮する癖があって自分を押し殺しているタイプでもあります。親切で、誰かのために役立つことで生きたいと思っていますが、根は遊びが大好きで、お酒を飲むとキャラが変わってしまうことも。几帳面で気がきくので、人に好かれ、交友関係も広げられますが、臆病になっているとチャンスを逃す場合もあります。

2024年はこんな年

華やかな「銀のイルカ座」のなかで、もっとも控え目でいつも受け身になりがちですが、今年は楽しそうだと思ったら素直に行動に移すといいでしょう。真面目な性格をコンプレックスに思う必要はありません。楽しみながら地道にコツコツできることに挑戦してみましょう。楽器の演奏や筋トレ、資格の勉強などをするのがオススメです。ケチケチせず、気になることに思い切ってチャレンジしましょう。健康運は、白湯を飲むとよさそう。

開運アクション

- 図々しくなってみる
- 自分磨きと自己投資をケチらない
- 新たなジャンルの音楽を聴く

銀のイルカ座

命数

57 華やかなリーダー

もっている星

★仕切りたがりの甘えん坊な星
★ドジな星
★どんぶり勘定な星
★押しに弱い星
★転びやすい星

ラッキーカラー　グリーン　ネイビー

ラッキーフード　五目焼きそば　抹茶アイス

ラッキースポット　動物園　球場

基本性格　人から注目されたい甘えん坊

面倒見がよくパワフルで、人から注目されることが大好きな人です。おだてに極端に弱く、ほめられるとなんでもやってしまうタイプ。行動力があり、リーダー気質ですが、本音は甘えん坊で人任せで雑なところがあります。それでもサービス精神があるので、自然と人気を集めるでしょう。注目されたくてドンドン前に出てしまうことも。正義感が強いので、正しいことは「正しい」と強く主張するところがあるでしょう。

2024年はこんな年

行動範囲が広がり、いい人脈ができる運気。ただし他人任せにしたり周囲に甘えすぎると、せっかくの運気を無駄にしてしまいます。誘いを待たず自ら周囲に声をかけ、積極的に行動しましょう。後輩や年下と遊んだり、「面倒見のいい人」を目指すのもよさそうです。いつも通りにしていると雑なところを見抜かれてしまうので、何事も「必要以上にていねいに」を心がけましょう。上下関係を気にしすぎないことも大切です。健康運は、足腰を鍛える運動をしましょう。

開運アクション

- 後輩や部下と遊ぶ
- 何事も勝手に諦めないで粘る
- ていねいな言動を心がける

銀のイルカ座

命数

58 常識を守る遊び人

もっている星

★清潔感ある星
★打たれ弱い星
★品のあるものを欲しがる星
★上品な人を好きになる星
★肌荒れで悩む星

ラッキーカラー　ピンク　ライトブルー

ラッキーフード　ニラ玉　そらまめ

ラッキースポット　映画館　公園

基本性格　上品で社交性がある負けず嫌いの頑張り屋

上品で華があり、ルールやマナーをしっかり守るタイプです。遊び心や他人を楽しませる気持ちがあり、少し臆病な面はありますが、社交性があり年上やお金持ちから好かれることが多いでしょう。そして下品な人は自然と避けます。やわらかい印象がありますが、根は負けず嫌いの頑張り屋で意地っ張り。自己分析能力が高く、自分の至らないところを把握している人です。しかし、見栄を張りすぎてしまうことも多いでしょう。

2024年はこんな年

視野を広げ、勇気を出して行動するといい運気。順序を守っててていねいに動くのもいいですが、慎重になりすぎたり失敗を避けてばかりいると、肝心の経験や体験をする機会が減ってしまいます。失敗や恥ずかしい思いをしたほうが、強く厚みのある人間になれると思って、勇気を出して行動してみましょう。気になる人がいるなら、自分から話しかけて友人になれるよう頑張ってみて。健康運は、好きな音楽を聴いてリラックスする時間をつくるとよさそう。

開運アクション

- 失敗から学ぶ気持ちをもって行動する
- 人生には努力と勇気が必要だと忘れない
- 他人のいいところを見る

銀のイルカ座

命数

59 屁理屈が好きな遊び人

もっている星
- ★ 独自の美意識がある星
- ★ 言い訳が多い星
- ★ 浪費癖の星
- ★ 不思議な人を好きになる星
- ★ 食事のバランスが悪い星

ラッキーカラー　パープル　ブルー

ラッキーフード　ひじきご飯　ほうれん草のごま和え

ラッキースポット　美術館　音楽フェス

基本性格　斬新なことを生み出す、自由が好きな変わり者

人と違う生き方や発想をする変わり者です。芸術や美術などが好きで、ほかの人とは違った感性をもち、新しいことに敏感で斬新なものを見つけたり生み出したりできるタイプ。屁理屈や理屈が多いのですが、人当たりがよく、ノリやおもしろいことが好きなので自然と周囲に人が集まります。ただ他人には興味が薄いでしょう。熱しやすく冷めやすく、自由と遊びを好み、芸能や海外など、周囲とは違った生き方を自然と選ぶでしょう。

2024年はこんな年

好奇心旺盛な性格を活かして、少しでも気になることは即行動に移し、いろいろ試してみましょう。周囲に「落ち着きがない」「飽きっぽい」などと言われても気にせず、視野や人脈、世界を広げるときだと思うこと。初対面の人にはしっかり挨拶し、礼儀や品を意識して「常識ある態度」をとるようにすると、才能や魅力を引き出してもらえ、チャンスをつかめそうです。発想力があるのはいいですが、自由と非常識を履き違えないように。健康運は、食事が偏らないよう注意して。

開運アクション

- 礼儀と挨拶をしっかりする
- 言い訳できないくらい自分を追い込む
- 他人の才能や個性を認める

銀のイルカ座

命数

60 プライドの高い遊び人

もっている星
- ★ 知的好奇心豊かな星
- ★ 上から目線の言葉を使う星
- ★ 渋いものにお金を使う星
- ★ 尊敬できる人を好きになる星
- ★ 肩こりや目の疲れに悩む星

ラッキーカラー　パープル　ホワイト

ラッキーフード　中華丼　サーモンのカルパッチョ

ラッキースポット　劇場　美術館

基本性格　好きなことは追求するが、他人には興味ナシ

やわらかな印象をもたれる人ですが、根は完璧主義の理屈人間です。好きなことをとことん突き詰める力があり、すぐに「なんで?　なんで?」と言うのが口癖。人間関係をつくることが上手ですが、本音は他人に興味がなく、尊敬できない人には深入りしないでしょう。最初は仲がいい感じにしていても、次第に距離をとってしまうことも。冗談のつもりもありますが、上から目線の言葉が出やすいので、やさしい言葉を選ぶ心がけが必要でしょう。

2024年はこんな年

学ぶべきことを見つけられたり、尊敬できる人に出会える年。興味がわいたら待っていないで、すぐ行動に移しましょう。プライドは捨て、失敗から学ぶ姿勢を大切に。恥ずかしい思いをしても、それを上回る度胸をつけるつもりで挑戦し続けましょう。気になる人がいるなら、考えるより先に行動するくらいがちょうどいいと思って話しかけてみて。笑顔と愛嬌を意識してリアクションをよくすると、いい関係になれそうです。健康運は、歩く距離を増やすといいでしょう。

開運アクション

- 興味のあることを即行動に移す
- 失敗を恥ずかしがらない
- どんな人にも自分より優れている部分があると思う

ゲッターズ飯田（げったーず いいだ）

これまで7万人を超える人を無償で占い続け、20年以上占ってきた実績をもとに「五星三心占い」を編み出し、芸能界最強の占い師としてテレビなど各メディアに数多く登場する。『ゲッターズ飯田の五星三心占い』は、シリーズ累計1000万部を超えている（2023年9月現在）。6年連続100万部を出版し、2021、22年は年間BOOKランキング作家別1位（オリコン調べ）と、2年連続、日本で一番売れている作家。

▶オフィシャルブログ　https://ameblo.jp/koi-kentei/

［チームゲッターズ］

デザイン班	**装丁 星座イラスト**　秋山具義＋山口百合香（デイリーフレッシュ）
	本文デザイン　坂川朱音＋小木曽杏子（朱猫堂）
DTP班	髙本和希（天龍社）
イラスト班	INEMOUSE
校正班	株式会社ぷれす、溝川歩、藤本眞智子、会田次子
編集班	伊藤美咲（KWC）、吉田真緒
	大谷奈央＋小坂日菜＋鈴木久子＋白石圭＋富田遙夏＋稲田遼祐（朝日新聞出版）
企画編集班	高橋和記（朝日新聞出版）
後方支援班	海田文＋築田まり絵（朝日新聞出版）
資材調達班	井関英明（朝日新聞出版）
印刷班	小沢隆志（大日本印刷）
販売班	穴井美帆＋梅田敬＋村上“BIG”貴峰＋小林草太（朝日新聞出版）
宣伝班	長谷川拓美＋和田史朋＋神作英香（朝日新聞出版）
web制作班	川﨑淳＋松田有以＋浅野由美＋北川信二＋西村依泰（アム）
企画協力	中込圭介＋川端彩華（Gオフィス）
特別協力	おくまん、ポリプラス、カルメラ、市川康久、生駒毅
超絶感謝	読者のみなさま

ゲッターズ飯田《いいだ》の五星《ごせい》三《さん》心《しん》占《うらな》い2024　銀《ぎん》の時《と》計《けい》座《ざ》

2023年 9月 4日 第1刷発行

著　者　ゲッターズ飯田
発 行 者　宇都宮健太朗
発 行 所　朝日新聞出版
〒104-8011 東京都中央区築地5-3-2
電話　03-5541-8832（編集）
03-5540-7793（販売）
こちらでは、個別の鑑定等には対応できません。あらかじめご了承ください。
印刷製本　大日本印刷株式会社

ISBN 978-4-02-251920-7

ここから先は Bonus Page です。

「宝」にできるかは

あなた次第……。